Erica Fischer
FEMINISMUS REVISITED

Erica Fischer

FEMINISMUS REVISITED

BERLIN VERLAG

Mehr über unsere Autorinnen, Autoren und Bücher:
www.berlinverlag.de

Die Autorin wurde durch ein Aufenthaltsstipendium
des Literaturhauses Niederösterreich, Krems gefördert.

ISBN 978-3-8270-1387-3
© Berlin Verlag in der Piper Verlag GmbH, München 2019
Satz: Satz für Satz, Wangen im Allgäu
Gesetzt aus der Bodoni
Druck und Bindung: GGP Media GmbH, Pößneck
Printed in Germany

INHALT

ANMERKUNG DER AUTORIN   6

FEMINISMUS HÄLT JUNG   7

BESTANDTEILE EINER FEMINISTIN   19

GEHÖRT MEIN BAUCH MIR?   35

DIESE FREIHEIT!   Drei Niederösterreicherinnen   53

VERGEWALTIGUNG: ASPEKTE EINES VERBRECHENS
   Mithu M. Sanyal   81

IRGENDWAS DAZWISCHEN   Parisa Madani   123

GENDER-OUTLAW   Hengameh Yaghoobifarah   151

#METOO   179

SEXARBEIT: EINE FRAGE DER UMVERTEILUNG   Marleen   185

AIMÉE & JAGUAR   233

EIN LEBEN OHNE EXCEL   Katrin Rönicke   251

MIT ENERGIE UND LEIDENSCHAFT   Agnieszka Brugger   277

ZU GUTER LETZT   301

LITERATUR   317

ANMERKUNG DER AUTORIN

Ein Hinweis zur Schreibweise: Ich verwende in diesem Buch überwiegend das Gender-Sternchen (*), das sich zunehmend als Mittel der schriftlichen Darstellung aller sozialen Geschlechter und Geschlechtsidentitäten jenseits des herkömmlichen Zweigeschlechtersystems einbürgert. Das Sternchen verweist auf Menschen, die nicht in das binäre Frau-Mann-Schema passen oder passen wollen.

Im Kapitel »Gender-Outlaw« über Hengameh Yaghoobifarah verwende ich, weil sie es bevorzugt, den Gender-Gap, eine durch einen Unterstrich gefüllte Lücke (englisch *gap*). Er erfüllt eine ähnliche Funktion wie das Sternchen.

FEMINISMUS HÄLT JUNG

Am 1. Januar 2018 wurde ich fünfundsiebzig. Irgendwie unbegreiflich, wie es dazu kommen konnte. Ich blicke also zurück auf nahezu ein halbes Jahrhundert Feminismus. Nach der ersten Begeisterung der frühen Siebzigerjahre und einer längeren aktivistischen Phase in Wien zog es mich zu anderen Lebensthemen. Das Ausloten meines jüdischen Hintergrunds und des Schicksals meiner Großeltern und Eltern rückte in den Vordergrund. Die Arbeit an *Aimée & Jaguar* Anfang der Neunziger half mir dabei. Ich begriff, dass Frauenfeindlichkeit und Antisemitismus / Rassismus in meiner Biografie nicht voneinander zu trennen sind.

Ich bin eine Frau, nach der neueren feministischen Sprachregelung eine Cisfrau, also eine, die sich eins fühlt mit dem bei der Geburt festgestellten Geschlecht. Nach der Halacha, dem jüdischen Gesetz, bin ich als Tochter einer jüdischen Mutter Jüdin. Während eine Menge »Frau« in mir steckt, bei meiner Geburt festgelegt und durch die Heteronormativität und den allgegenwärtigen Sexismus stets von neuem bestätigt, ist die Jüdin eher eine kulturelle Aneignung. Meine Mutter betonte stets, dass erst Hitler sie zur Jüdin gemacht habe. Das stimmt nur teilweise, denn das Jüdische war ihr schon früher angeheftet worden. In ihrem polnischen Abiturzeugnis ist ihre Religion als »mosaisch« eingetragen, obwohl meine Mutter niemals in der Religion ihrer Vorfahren unterrichtet wurde. Doch konfessionslos konnte man damals in

7

dem katholischen Land nicht sein. Sie besuchte in Warschau sogar eine katholische Schule, die eine Quote für jüdische Schülerinnen hatte und in die sie nur aufgenommen wurde, weil ihre ältere Schwester die Quotenhürde vor ihr genommen hatte. Während ihres Studiums im Wien der späten Zwanzigerjahre ging es mit dem Antisemitismus weiter. Immer war es der Blick von außen, der aus meiner Mutter eine Jüdin machte.

Bei mir ist es umgekehrt. Ich habe mich freiwillig dafür entschieden, mich mit dem Schicksal meiner Vorfahren und aller anderen Jüdinnen und Juden zu identifizieren. Da ich mich in der österreichischen Mehrheitsgesellschaft nicht aufgehoben fühlte, entschied ich mich für die jüdischen Außenseiter*innen. Antisemitismus habe ich persönlich nie erfahren, denn ich habe weder eine »jüdische Nase«, noch trage ich Schläfenlocken. Aber ich spüre ihn immer mal wieder um mich herum.

Die Cisfrau hingegen war zwar körperlich vorgegeben, das meiste jedoch wurde mir von außen übergestülpt. Wie ich mich als Frau zu benehmen, zu bewegen, zu sprechen, zu denken, zu fühlen und zu kleiden und wie ich mir meine berufliche und private Zukunft auszumalen habe, wurde mir zugeschrieben. Es war wie eine Tarnkappe, die verbarg und verzerrte, was möglicherweise in mir steckte. Ich werde es nie erfahren. Für die Frau habe ich mich nicht entschieden, ich wurde zu ihr gemacht. Und zwar so sehr, dass ich durch den Einfluss der Frauenbewegung zwar einiges meiner inneren Textur auftrennen konnte, aber letztlich nur wenig. Auch mit fünfundsiebzig lebe ich mit meinem patriarchal geprägten kulturellen Erbe und habe es so weit verinnerlicht, dass ich mich darin relativ wohl fühle. Junge Frauen, die heute ebenso alt sind, wie ich es war, als ich mich aufmachte, meine Verwerfungen aufzuspüren, sind heute weiter. Vieles, was mich damals einschnürte und in Wut versetzte, ist nur noch Vergangenheit. Manches jedoch scheint schlimmer geworden zu sein. Aber die Frauen wehren sich, lauter, zahlreicher, selbstbewusster. Das immerhin.

Die zweite Welle des Feminismus, die mich geprägt hat, führte fort, was die erste eingeleitet hatte: Wahlrecht, Universitätsstudium, Berufstätigkeit und Karriere (bis knapp unter die gläserne Decke), freie sexuelle Partner*innenwahl, Empfängnisverhütung, gleichgeschlechtliche Liebe, Kinderlosigkeit und bis zu einem gewissen Grad auch der Schwangerschaftsabbruch können mehr oder weniger ungehindert gelebt und ausgelebt werden – in Deutschland und in einigen europäischen Ländern, aber keineswegs überall, wie wir von unserem Nachbarland Polen nur allzu gut wissen.

Dank der klugen Stimmen und Texte junger Frauen ist mein Interesse am Feminismus neu erwacht. Oft und mit Genugtuung totgesagt, entfaltet er heute eine erstaunliche Energie, wohl auch als Reaktion auf den sich immer stärker ausbreitenden Frauenhass, der mir jedoch wie ein verzweifelter Abwehrkampf gegen die zunehmende Ermächtigung der Frauen erscheint. Der westliche Feminismus hat sich aber auch verändert. Angesichts der verschärften Lebensbedingungen in Zeiten von Turbokapitalismus, Klimawandel und dem wachsenden Einfluss rechtsnationalistischer Tendenzen und Parteien haben junge Feminist*innen der dritten Welle (oder ist es schon die vierte?) weniger Aussicht auf ein sozial gerechtes Leben, als ich es in meinen Aufbruchsjahren hatte. Unter Bundeskanzler Bruno Kreisky gab es in Österreich ein soziales Netz, von dem wir heute nur noch träumen können. Laut Oxfam gingen 82 Prozent des globalen Vermögenszuwachses im Jahr 2017 an das reichste Prozent, während die ärmere Hälfte der Menschheit, rund

9

3,7 Milliarden Menschen, darunter ein Großteil Frauen, leer ausging. Feminist*innen müssen in diesem Millennium umfassende Akzente setzen. Zwar stellt männliche Gewalt – in Kriegs- und Krisengebieten und für Nichtweiße und Transpersonen verstärkt – nach wie vor eine existenzielle Bedrohung dar, doch angesichts der sich national und global vertiefenden Kluft zwischen Arm und Reich und des zunehmenden Rassismus ist bei vielen Feminist*innen der Kampf gegen männliche Vorherrschaft zu einem Teil eines breiteren Kampfes gegen den globalisierten patriarchalen Kapitalismus geworden.

Einer der Gründe mag auch sein, dass Feminismus aus den sozialen Bewegungen heute nicht mehr wegzudenken ist. Mehr denn je ist also Feminismus, so wie ich ihn schon immer verstanden habe, zu einer Bewegung für eine gesamtgesellschaftliche Veränderung zum Wohle der Menschen statt des Kapitals geworden. Und er muss sich gegen den an die Stelle des Anti-Feminismus getretenen militanten Anti-Genderismus behaupten, dem es darum geht, den über den formalen Gleichheitsanspruch hinausgehenden Analysen des Feminismus die wissenschaftliche Legitimität abzusprechen.

Überall auf der Welt kämpfen Frauen um ihre Rechte, doch die Bandbreite der Anliegen ist enorm. Während es in Saudi-Arabien ein Triumph ist, wenn Frauen endlich Auto fahren dürfen, und in Afghanistan schon der Schulbesuch für Mädchen ein Privileg darstellt, geht es in Deutschland und Österreich um Fragen, die anderswo vermutlich als Luxus gelten. Notgedrungen beschränke ich mich in diesem Buch auf Deutschland, wo ich seit dreißig Jahren lebe, und auf Österreich, wo ich vierzig Jahre meines Lebens verbracht habe. Aber auch in diesen Ländern sind wir nicht kulturell abgeschottet. Feminist*innen mit Migrationshintergrund, wie man so sagt, und Frauen* of Color erheben schon lange ihre Stimmen.

Feminismus ist ohne einen intersektionalen Ansatz nicht mehr denkbar, also ohne verschiedene Diskriminierungsformen in einer Person zu berücksichtigen. Es gibt Unterschiede zwischen uns, erhebliche, nicht nur zwischen Deutschland und Saudi-Arabien. Sexismus kann nicht mehr ohne das Mitdenken von Rassismus, Islamhass und Homo- und Transfeindlichkeit diskutiert werden. Schon seit der in den 1980ern von Christina Thürmer-Rohr ausgelösten Mittäterschaftsdebatte wissen wir, dass Frauen keineswegs immer Opfer sind. Sie können auch zu Täter*innen werden, je nach Machtkonstellation. Unumstritten ist diese Erkenntnis in der Frauenbewegung allerdings immer noch nicht.

Genährt wird die Sicht auf Frauen als Opfer auch durch das grelle Licht, das die ekelhaften Taten des mächtigen Hollywood-Moguls Harvey Weinstein und aller, die ihm weltweit folgten und noch folgen werden, auf den männlichen Machtmissbrauch geworfen haben. Er drückt sich in sexueller Belästigung, sexuellen Übergriffen und Vergewaltigung aus. Ans Tageslicht kommt trotz #MeToo nur die Spitze des gigantischen Eisbergs, von dem so gut wie *alle* Frauen weltweit betroffen sind. Aber der »Harvey-Effekt« zeigt Wirkung. Wenn Frauen nicht mehr aus Scham schweigen und man ihnen neuerdings sogar glaubt, wird der Schlaf von Männern, die Frauen als Beutegut sehen, unruhiger. Und kein Mann wird mehr sagen können, er habe nicht gewusst, wie er sich zu benehmen habe. Jede Revolution habe ihre eigenen Waffen, schreibt die amerikanische Kulturkritikerin Laura Kipnis; einst waren es Musketen und Guillotinen, heute sind es »Mitteilen« und mediale Offenlegung. Nicht

11

erst neuerdings haben die Frauen zu sprechen begonnen, jetzt aber verstärkt und zahlreicher.

Die Frauen, die sich bezüglich sexueller Belästigung in EU-Gremien zu Wort meldeten, taten es vorerst überwiegend anonym. Noch immer müssen viele um ihren Job fürchten, wenn sie die Verletzung ihrer körperlichen Integrität zu einem öffentlichen Thema machen. Sogar die schwedische Außenministerin Margot Wallström gab an, bei einem EU-Abendessen Opfer einer Grapsch-Attacke geworden zu sein. Eine Frau im Zentrum der politischen Macht! Wenn es jenseits aller Unterschiede ein Verbindungsglied zwischen Frauen und Transpersonen weltweit gibt, dann ist es sexualisierte Gewalt und Einschüchterung durch sexuelle Belästigung und Verspottung. Zwischen dem Femizid in Mexiko und Ministerin Wallström besteht ein Zusammenhang, auch wenn Letzterer unvergleichlich mehr Möglichkeiten der Gegenwehr zur Verfügung stehen.

»Schaffen wir eine Welt ohne Harveys«, forderte der Dokumentarfilmer Michael Moore (der wie so viele andere vom Verhalten Weinsteins schon lange gewusst haben musste). Allzu bald wird das nicht gelingen. Mediale Aufmerksamkeit schafft zwar vorübergehend Ekel vor den Tätern und Solidarität mit den Opfern und bringt so manche Karriere zum (vorübergehenden) Stillstand, vermag aber keine gerechtere Welt zu schaffen. Das weiß auch Michael Moore, weshalb er von einer demokratischen Ökonomie spricht, die in der Lage wäre, Männer mit Macht einzuhegen. Solange ökonomische Ungleichheit herrscht, werden die auf das Wohlwollen Mächtiger und weniger Mächtiger Angewiesenen missbraucht und ausgebeutet werden. Solange sich die ökonomische Macht mehrheitlich in der Hand weißer Männer befindet, werden vor allem junge Frauen Opfer von Sexismus und Gewalt und in der medialen Darstellung kaum mehr als konsumierbare

Körper sein. Das Patriarchat ist aber auch eine globale Kultur, die machtlosen Männern Macht über noch Machtlosere verleiht. Gene, Hormone und Biologie spielen dabei keine Rolle. Wir leben in einer phallokratischen Ordnung, in einer Kultur, in der sogenannte männliche Werte einen höheren Status genießen als sogenannte weibliche Werte. Es ist ein Krieg gegen alles Weibliche, wobei die Binarität zwischen maskulin und feminin nicht naturgegeben ist, sondern erst geschaffen werden musste. Was als weiblich gilt, ist weniger wert, wird schlechter bezahlt, herabgesetzt, belächelt, belästigt, ausgezogen, vergewaltigt und mitunter getötet. Tätigkeiten, die zerstören und gewalttätig sind, sind höherwertig als jene, die den Menschen, den Kindern, der Kultur, der Liebe und dem sozialen Miteinander dienen.

Dieses patriarchale Wertesystem richtet sich auch gegen Männer. Genauso wie Frauen werden sie gewaltsam in Identitätsschubladen gezwängt. Erzieher, Grundschullehrer und Altenpfleger teilen überwiegend den niedrigen Status und die schlechte Bezahlung ihrer Kolleg*innen. Die Linguistin Senta Trömel-Plötz hat beobachtet, dass in Gesprächssituationen unter Männern der statusniedrigere Mann ebenso behandelt wird wie üblicherweise Frauen. Er kommt seltener zu Wort und wird häufiger unterbrochen.

Wegen des geringeren Werts, der Care-Tätigkeiten beigemessen wird, geht eine Frau, die sich kein Personal leisten kann, ein absehbares Risiko ein, wenn sie sich für ein Kind entscheidet. Auf einen allenfalls vorhandenen Partner sollte sie sich besser nicht verlassen. Kinder stellen im Kapitalismus eine Störung des reibungslosen Ablaufs der Profitmaximierung dar, auch wenn sie für den Fortbestand des Systems unumgänglich sind. Doch die Mutter hat sie zur Welt gebracht, die Mutter soll sich gefälligst um sie kümmern. Und meistens tut sie es auch. Kostenlos. Mutterschaft hält Frauen beschäftigt und erschwert ihnen, Männern im außerhäuslichen Bereich in die Quere zu kommen. Deshalb sollen Kinder Privatsache bleiben und nicht gesellschaftliche Notwendigkeit und Bereicherung für alle.

»Gender« meint soziales Geschlecht. Spätestens seit der Vierten Weltfrauenkonferenz von Beijing 1995 haben wir die starren Vorstellungen von Geschlecht hinter uns gelassen. Auch Männer und Jungen werden vergewaltigt und missbraucht. Junge Männer werden im Gefängnis zu Menschen gemacht, mit denen man umgehen kann wie mit einer Frau. Schwule Männer und Transpersonen ohne Zugang zur Macht werden überproportional häufig Opfer von Gewalt. Mit ihrer Verweigerung binärer Geschlechtlichkeit stören sie die »Natur der Dinge« und lösen Verwirrung und Ängste aus, die sich in Aggression Luft machen.

Von der Norm abweichende sexuelle Praktiken und Lebensweisen stellen die Stabilität von Geschlecht als nicht hinterfragbare Kategorie in Frage. Und auf dieser ruht unser gesamtes gesellschaftliches und kulturelles Gefüge. Schmälert diese Erkenntnis den Kampf der Frauen um Menschenrechte? Bedeutet die Betonung von Gender eine Missachtung jener Frauen, die einzig und allein wegen ihres Geschlechts gepeinigt und ihrer Rechte beraubt werden?

In mehreren europäischen Ländern und in den USA haben sich rechtsnationalistische Parteien und Bewegungen auf Migrant*innen, Muslim*innen, Geflüchtete, Nichtweiße, Transpersonen, Homosexuelle und Frauen eingeschossen, auf alle also, die vorgeblich marginal sind, in der Summe aber die Bevölkerungsmehrheit ausmachen. Die wahre Minderheit ist der weiße Mann. Die Kulturwissenschaftlerin Christina von Braun weist darauf hin, dass sich gerade diese diskriminierten Menschengruppen durch soziale und öko-

nomische Mobilität auszeichnen und bei den Sitzengeblie-
benen Sehnsucht nach festen, »natürlichen« Verhältnissen
nähren. Fremden- und Frauenfeindlichkeit vermengen sich
zu einem Gebräu, dessen Ziel es ist, das seit Ende des letzten
Weltkriegs mühsam aufgebaute demokratische Miteinander
zu unterhöhlen; wobei dann »unsere« Frauen dazu benutzt
werden, gegen die Männer der »anderen« in Stellung zu
gehen, und Religionen missbraucht werden, um kriegeri-
schen Terror unter die Menschen zu säen. Stets richtet sich
die Gewalt gegen »Fremde« und Frauen*. Der jeweils herr-
schende Mann einer bestimmten Ethnie, Nation, Religion er-
hebt sich zum Maß aller Dinge.

Die Frauen* wehren sich mit den ihnen jeweils verfügba-
ren Möglichkeiten. Sie vernetzen sich im Internet, rotten sich
zu Massendemonstrationen zusammen, unterlaufen das System durch individuellen Ungehorsam, bilden Vereinigungen
und Lobbygruppen und haben schon längst den Marsch
durch die Institutionen angetreten, wobei Deutschland im
EU-Vergleich keine gute Figur abgibt. Oder sie flüchten. Und
fahren fort, Kinder und Alte vor Hunger und Gewalt zu
schützen, so gut sie können.

Dass Gleichberechtigung grundsätzlich ein erstrebenswertes Gut ist, wird im Westen nur noch selten in Frage
gestellt, selbst wenn der Weg dahin – vor allem über die
Quote – immer noch umstritten ist. Auch das Dilemma der
Mutterschaft kann als bekannt vorausgesetzt werden, doch
weder das organisierte Unternehmertum noch die Politik
sind ernsthaft um eine Lösung bemüht. Das Desinteresse
verweist auf die Perspektive des kapitalistischen Patriarchats. Warum sollten wir uns darum kümmern, wenn die
Frauen es so gut hinkriegen?

Eine Analyse der gesellschaftlichen Bedingungen, die das
Leben von Frauen, Männern und nichtbinären Personen

15

heute prägen, kann und will dieses Buch nicht leisten. Ebenso wenig ist es möglich, das vielfältige Spektrum feministischen Wirkens auch nur ansatzweise wiederzugeben. Viele Themen, die für das Leben aller Geschlechter von zentraler Bedeutung sind, streife ich nur oder behandle sie gar nicht. Hier geht es einerseits um mich selbst und meinen Weg als Frau und Feministin, andererseits – und das vor allem – um das Gespräch mit jungen Feminist*innen, deren Denken, Handeln und Leben meinen Blick für die aktuellen Konflikte und Genderthemen geschärft haben. Ich habe Unschätzbares von ihnen gelernt.

Vieles ist seit meiner Zeit als junge Feministin gleich geblieben und dreht sich wie eh und je um die Kontrolle des weiblichen Körpers mit dem Ziel, die Ungleichheit zwischen den Geschlechtern zu erhalten und zu festigen: sexuelle Belästigung, Herabsetzung von Frauen in Witzen und in der öffentlichen Rede, sexualisierte Gewalt, Homo- und Transfeindlichkeit, Stigmatisierung der Sexarbeit, eingeschränkter Zugang zu Verhütung und Abtreibung, unerreichbare Schönheitsideale, Diskriminierung dicker und alter Frauen, um nur einiges zu nennen. Gleichzeitig sind einige ganz oben angekommen. Verändert haben sich vor allem das Selbstverständnis der Frauen und ihrer Verbündeten sowie die Debatte und die Aktionsformen. Wir erleben eine verfeinerte und erweiterte Fortschreibung dessen, was die zweite Welle des Feminismus angestoßen hat.

Verändert hat sich auch der negative Beigeschmack des Wortes »Feminismus«. Während man Feministinnen jahrzehntelang unterstellt hat, Männer zu hassen, lila Latzhosen zu tragen, BHs zu verbrennen und sich die Beine nicht zu rasieren, eröffnete Dior die Pariser Frühjahrsmodenschau 2018 mit einem T-Shirt mit der Aufschrift *Why have there been no great woman artists?*. Das Zitat ist der Titel eines

Essays der im Oktober 2017 verstorbenen amerikanischen Kunsthistorikerin Linda Nochlin, die mit dieser Frage 1971 den Grundstein zu einer feministischen Kunstgeschichtsschreibung legte. Ein Fortschritt? In gewisser Weise schon. In manchen Kreisen ist es heute cool, sich als Feminist*in zu bezeichnen. Eine intelligente junge Frau kann es sich heutzutage kaum noch leisten, sich vom Feminismus zu distanzieren, ohne sich zu blamieren.

In Deutschland ist die feministische Community ungefähr zweigeteilt. Die Zeitschrift *Emma*, herausgegeben von einer Feministin meiner Generation, und die Zeitschrift *Missy Magazine*, herausgegeben von jungen Feminist*innen, haben annähernd dieselbe gedruckte Auflage: *Emma* 28 000, *Missy* 25 000 Exemplare. »Staunen ist kein geordnetes Betrachten, sondern die reine Freude an dem, was sich dem Auge bietet«, schreibt Aharon Appelfeld in seinem Roman *Meine Eltern* über seine Mutter. Mich interessieren die Autor*innen und Leser*innen von *Missy*. Stellvertretend für ihre Generation habe ich neun Frauen* befragt und mich ihnen auf ähnliche Weise genähert, wie Appelfeld seine Mutter beschreibt. Ich bin im Verlauf meiner Arbeit an diesem Buch immer glücklicher geworden – weil das Gespräch mit den jungen Frauen mich belebt hat wie eine Reise, aber auch weil ich nun definitiv weiß, dass es weitergeht. Und wie!

Während des Arbeitsprozesses begleitet haben mich nicht nur Laurie Pennys Bücher, aber die besonders. *Laurie, I love your rage.*

BESTANDTEILE EINER FEMINISTIN

An einem Sonntag Anfang Oktober 2017 wohnte ich in Berlin einem Gottesdienst bei. Mir ist zwar alles Religiöse fremd, aber am Ende sollte mein Mann im Chor ein Stück von Mendelssohn Bartholdy singen, das wollte ich mir nicht entgehen lassen. In meine wattierte Jacke gehüllt, trotzte ich der Erntedankstimmung und las auf meinem E-Book-Reader Marcel Reich-Ranickis Autobiografie *Mein Leben*. Das Desinteresse des Autors an jüdischer Religion gefällt mir, und doch blieb sein Judentum zeit seines Lebens an ihm kleben. Die Verfolgung durch die Nazis und der polnische und deutsche Antisemitismus nach dem Krieg erlaubten ihm nicht, seine Geburt zu ignorieren. Ähnlich erging es meiner Mutter, die von einer sozialistischen Revolution träumte, nach der es Rassismus und Antisemitismus nicht mehr geben würde. Mit dem Antisemitismus stalinistischer Prägung hat sie sich meines Wissens nie auseinandergesetzt.

Der Priester in seinem hübschen cremefarbenen Gewand mit hellgrünen Bordüren machte einen sympathischen Eindruck. Als er in seiner Predigt von der Bedeutung der Dankbarkeit sprach, horchte ich auf und unterbrach meine Lektüre. Ich ertappte mich dabei, mir zu überlegen, ob ich Grund habe, dankbar zu sein. Ja, doch. Bestimmt nicht einem Gott, sehr wohl aber den Umständen meiner privilegierten Geburt. Während meine Großeltern mütterlicherseits im Vernichtungslager Treblinka auf unvorstellbar grausame

Weise zu Tode gebracht wurden, meine Eltern 1938 aus Österreich fliehen und mittellos in der Fremde ein neues Leben aufbauen mussten, wurde ich mitten im Krieg in einer friedlichen englischen Kleinstadt geboren, wurde gehätschelt, adrett gekleidet, fotografiert und geistig gefördert.

Nachdem meine Eltern nach Wien zurückgekehrt waren, lernte ich im Alter von fünf Jahren, ohne den Prozess überhaupt wahrzunehmen, meine zweite Sprache, ein geistiger Vorsprung, der hierzulande bei den Kindern der Migrant*innen immer noch nicht ausreichend gewürdigt wird. Ich besuchte das Gymnasium, machte die Matura und studierte. Niemals stand zur Debatte, dass ich Ehefrau und Mutter werden sollte. Im Gegenteil: Meine Mutter, deren Lebensumstände ihre künstlerischen Ambitionen ausgetrocknet hatten, tat alles, um dem in den trüben Fünfzigerjahren herrschenden Anspruch an ein Frauenleben entgegenzuwirken. Dafür bin ich ihr dankbar. Leider habe ich es ihr nie gesagt. Mehr noch als ihre Worte bestimmte mich aber das Negativbild ihres eigenen unerfüllten Lebens. Eine Existenz als Mutter und Hausfrau war wohl das Letzte, was sie sich nach dem Abitur in Warschau von ihrer Zukunft erwartet hatte. Knapp vor ihrem Tod bezeichnete sie ihr Leben einer Journalistin gegenüber als gescheitert, wohl das traurigste Fazit, das ein Mensch über seine Zeit auf Erden ziehen kann.

Dankbar bin ich für die Periode des Friedens, in der mein Leben dahinfließt, während so viele Menschen in anderen Teilen der Welt nichts als Krieg und Gewalt kennen. Ich bin auch dankbar für meinen bescheidenen Wohlstand, der in anderen Regionen purer Luxus wäre. Ich weiß, dass ich diesen Wohlstand der historischen und aktuellen Ausbeutung von Menschen anderswo zu verdanken habe. Und schließlich bin ich dankbar für das Privileg, in einem politischen System zu leben, das mir erlaubt, zu denken, zu schreiben, zu lieben und mich zu kleiden, wie es mir passt. Und das mich nicht daran gehindert hat, kinderlos zu bleiben. Ob ich dankbar dafür bin, eine weiße Haut zu haben, weiß ich nicht. Es ist mir unangenehm, einer Dominanzkultur anzugehören, die überwiegend nicht bereit ist, ihre Privilegien zur Kenntnis zu nehmen.

Und doch war ich innerhalb meiner kleinen österreichischen Welt als Frau benachteiligt. Warum, bedarf keiner Erklärung, so viel hat sich herumgesprochen. In den Fünfziger- und frühen Sechzigerjahren gab es noch Gesetze, die mich diskriminierten, und selbstverständlich war der Schwangerschaftsabbruch illegal. Die größte Hürde jedoch, die mir die Zukunft verbaute, war emotionaler und kultureller Natur. Nicht jeder Frau erging es wie mir. Zu allen Zeiten gab es robuste, willensstarke Frauen, die gesellschaftliche Konventionen ignorierten und sich durch noch so viele Gesetze und kulturelle Vorgaben nicht daran hindern ließen, durchzusetzen, was in ihnen steckte. Ihnen gilt meine unumschränkte Bewunderung. Ich war nicht so strukturiert, vielleicht auch weil ich trotz des emanzipatorischen Anspruchs meiner Eltern zu den Marginalisierten gehörte. In England waren wir Flüchtlinge, in Österreich waren die Rückkehrer*innen unerwünscht, hatten diese doch miterlebt, was man ihnen vor ihrer »Auswanderung« angetan hatte. Daran wollten die Einheimischen nicht erinnert werden.

Meine Mutter durfte ihr Studium an der Kunstgewerbeschule nicht abschließen und eilte nach dem »Anschluss« Österreichs an Nazideutschland auf der Suche nach einem Visum für irgendein Land mit wachsender Verzweiflung von Botschaft zu Botschaft. Ob ich diese Marginalisierung als Kind gespürt habe? Meine Mutter gewiss. Aber neuere Erkenntnisse aus der Neuro- und Molekularbiologie haben auch ergeben, dass wir die Erfahrungen erben, die unsere

Eltern vor unserer Geburt gemacht haben. Erst allmählich lernte meine Mutter, in Wien nicht jedem Menschen jenseits des Kindesalters zu misstrauen, zu viele ehemalige Nazis waren im Umlauf. Was sie antwortete, wenn man ihr vorhielt, es in der Emigration besser gehabt zu haben als die »arischen« Wiener*innen, die den feindlichen Bomben ausgeliefert waren, weiß ich nicht. Ich weiß nur, dass sie den nervösen Tick entwickelt hatte, von Zeit zu Zeit ohne erkennbaren Grund die Hände aufeinanderzupressen und ihren Kiefer zu einer Grimasse erstarren zu lassen. Ich war daran gewöhnt. Über den abscheulichen Tod ihrer Eltern sprach sie nie. Ihre beiden nach Australien ausgewanderten Geschwister sah sie erst in den Siebzigern wieder. In Wien war sie allein, und auch mein eingeborener Vater war ihr keine große Hilfe.

Was mich hemmte, war ein Gefühl tiefer Minderwertigkeit. Zu Beginn schien ja alles in Ordnung. In England war ich ein putzmunteres Kind, das in unserer Straße von Haus zu Haus flanierte, um mit den dort tätigen Hausfrauen zu schwatzen. Ein Kind, das im Park sich sonnende tätowierte Matrosen ansprach und sie zum Stillhalten aufforderte, damit es sich die Bilder auf ihrer Haut anschauen könne. Auch die Schule verlief problemlos.

Als ich im Sommer 1948 mit meinen Eltern und meinem kleinen Bruder in Wien eintraf, sprach ich kein Wort Deutsch. Anfangs war es ein Schock. Ich konnte die auf der Straße spielenden Kinder nicht verstehen. Das redselige Mädchen war plötzlich stumm geworden und kündigte an, die Einzimmerwohnung, in der die Familie vorübergehend untergekommen war, nie wieder zu verlassen.

Doch als ich im Alter von sieben Jahren eingeschult wurde, war mein Deutsch schon einwandfrei. Nur Socken mochte ich nicht stricken. Meine acht- oder neunjährigen Kinderhände verweigerten sich den fünf Stricknadeln. Braun war die Wolle, ich weiß es noch genau. Der Lehrer, ein cholerischer Mann, der uns mit seinem Schlüsselbund bewarf, wenn ihm etwas nicht passte, warnte mich, dass ich keinen Ehemann finden würde, und beschimpfte mich als Modepuppe, weil ich besser gekleidet war als meine in der Nazizeit aufgewachsenen Mitschülerinnen. Meine Mutter lenkte ihre unbefriedigten künstlerischen Ambitionen in das Nähen hübscher Kleider für mich und sich selbst. Auch dafür bin ich ihr dankbar. Immer noch macht es mir Spaß, mich gut zu kleiden.

Eine Modepuppe, die keinen Mann finden wird – dass mich diese Warnung besonders beeindruckt hat, erscheint mir unwahrscheinlich, zumal meine Mutter über meinen Bericht in schrilles Gelächter ausbrach.

Wie das leutselige Kind zu einem übertrieben schüchternen Teenager wurde, weiß ich nicht. Ich besuchte eine Mädchenschule, war eine gute Schülerin und hatte auch Freundinnen, doch ich fühlte mich einsam und unzugehörig. Als ich – später als viele in meiner Klasse – die Regel bekam, führte mich meine Mutter in den Gebrauch der Binde ein und setzte, an der Badezimmertür lehnend, den mir schon bekannten traurig umflorten Blick auf.

Was ist?, fragte ich. Jetzt bist du eine Frau, seufzte sie. Keine ermutigende Initiation. Bis mir im Alter von vierzig Jahren die Gebärmutter entfernt wurde, was ich als Befreiung erlebte, war mir die monatliche Blutung eine Belästigung, die stets mit der Angst vor sichtbaren Blutflecken verbunden war. Mit dem Aufkommen von Tampons wurde die Angelegenheit erträglicher, denn wenn es keine Toilette gab, etwa bei einem Schulausflug, hatten die blutgetränkten Binden zuvor an der empfindlichen Innenhaut des Schritts gescheuert.

Neben diesem Seufzer meiner Mutter ist mir noch die Ermahnung in Erinnerung, meine Knie in der Straßenbahn zusammenzuhalten. Auf mein Warum erhielt ich keine Antwort. Ich wusste sofort, dass es etwas mit dem Zugang zu meinem Körper zu tun hatte, der aus irgendeinem Grund geschützt werden musste. Seltsam, wie tief sich gerade solche an sich unbedeutenden Äußerungen einprägen. Ebenso wie später die Bemerkung meiner Mutter, manche Frauen würden *es* brauchen, sie jedoch würde *es* nicht brauchen. Ich ahnte nur unbestimmt, was sie meinte. Was sich mir jedoch vermittelte, war, dass Frausein keine erfreuliche Angelegenheit war.

Es muss bei uns zu Hause ziemlich körperlos zugegangen sein. Ich kann mich an keine liebevollen Berührungen erinnern. Wenn ich heute junge Mütter mit ihren Babys sehe, die im Tragetuch glückselig schlummern, beneide ich sie. Nicht die Mütter, sondern die Babys. Als ich einmal in einer gruppendynamischen Sitzung mit Töchtern und Söhnen von Holocaust-Überlebenden vor die Frage gestellt wurde, von wem ich lieben gelernt hatte, traf es mich wie ein Schlag: Ich habe nicht lieben gelernt. Ich konnte meine Eltern nicht lieben, meine Mutter noch weniger als meinen Vater. Mein ganzes Leben habe ich mich an meiner Mutter abgearbeitet, die mich – so mein Gefühl – nie ermuntert und gelobt hat. Stolz war sie schon auf mich, wenn ich einen Vortrag hielt oder ein Buch veröffentlichte, aber es war ein an die Außenwelt gerichteter Stolz, keine liebevolle Freude über die Leistung ihrer Tochter. Als mein Vater 1974 starb und meine Mutter 1999, konnte ich nicht um sie weinen. Ich war keine gute Tochter, sie hat es mir oft genug vorgeworfen und hielt sich an meinem Bruder schadlos.

Das prägendste Gefühl meiner Jugendjahre war Hunger nach Liebe. Später suchte ich sie bei Männern, und natürlich konnte mir keiner geben, was ich brauchte. Bereitwillig bot ich mich als Beute an und wurde immer wieder von neuem verletzt. Ich hatte kein Selbstwertgefühl, hielt mich nicht für gleichwertig und konnte mir nicht vorstellen, wie ein dem übergeordneten Geschlecht Angehörender eine so minderwertige Person wie mich lieben konnte. Tatsächlich liebten mich die wenigsten, und jene, die es doch taten, konnte ich nicht lieben.

Gleichzeitig hatte ich durchaus selbstbewusste politische Meinungen, dachte radikales Zeug und träumte wie meine Mutter von der Revolution. Doch als ich als Teenager Hemingways *Wem die Stunde schlägt* las, identifizierte ich mich nicht mit dem Guerillakämpfer im Spanischen Bürgerkrieg Robert Jordan, sondern mit der jungen Guerillera Maria, zu der Jordan in romantischer Liebe entbrennt. Niemals führte ich in meiner Phantasie selbst einen Kampfeinsatz an, sah mich nur als Geliebte des Helden. Einen Roman nach dem anderen verschlang ich, und nie fehlte darin die Liebe. Als Raskolnikow in Dostojewskis *Schuld und Sühne* im sibirischen Gefangenenlager seine Liebe zu Sonja erkennt, verändert er sich und ist zu bereuen bereit. Die Liebe zu einer Frau läutert den Helden. Diese Rolle wollte ich spielen.

Als ich in den frühen Siebzigern Feministin wurde, erkannte ich, wie sehr die – überwiegend von Männern geschriebene – Literatur mein Frauenbild und meine Vorstellungen von der Liebe geprägt hatte. Einige Jahre lang las ich dann nur noch Bücher von Frauen.

Interessant ist rückblickend die Mischung aus großer Schüchternheit und Furchtlosigkeit. Einen Raum zu betreten, in dem sich mehrere Personen befanden, die ich nicht kannte, war für mich eine Qual. Noch heute fühle ich mich unwohl unter Menschen, wenn mir kein offizieller Raum zugewiesen wird. Bekomme ich ihn, ist von meiner Schüchternheit und Unsicherheit nichts mehr zu spüren. Es ist, als wäre ich auf mich allein gestellt nichts als ein Schatten, der erst mithilfe einer äußeren Instanz zum Leben erwacht.

Die Rolle der äußeren Instanz, die mir Bedeutung zuwies, erfüllten dann auch die Männer. Gleichzeitig begab ich mich als junge Frau immer wieder in riskante Situationen, reiste allein per Anhalter durch Italien, Frankreich, Deutschland, England und stieg in jedes Auto, das für mich anhielt. Ich war davon überzeugt, durch das Gespräch Gefahr von mir abwenden zu können. Meistens gelang es. Aber nicht immer.

In das richtige Leben wagte ich mich nur zaghaft. Bis zum Alter von fünfundzwanzig Jahren wohnte ich zu Hause in unserer kleinen Neubauwohnung am Stadtrand, in der ich kein Zimmer für mich allein hatte. Nach dem Aufstehen musste ich mein Bett zu einer Couch umbauen, um dem Wohnzimmer Platz zu machen, in dem meine Mutter am Nachmittag Schüler*innen Englischunterricht erteilte. Dieser Zustand wurde immer unerträglicher, aber mein Studium zog sich hin, und ich traute mir nicht zu, mir mit Nachhilfestunden und diversen Jobs als Übersetzerin, Schreibkraft und Hostess bei Konferenzen ein unabhängiges Leben zu verdienen. Wohngemeinschaften gab es damals noch nicht.

Ich befasste mich zwar viel mit der Welt, der kleinen Welt meines eigenen Lebens wagte ich mich jedoch nicht zu stellen. Meine Eltern ermunterten mich auch nicht dazu und boten mir niemals an, mich für den Start ins Leben finanziell zu unterstützen. Meinem Bruder nahm diese Umklammerung die Luft zum Atmen. Im Alter von zweiundfünfzig Jahren nahm er sich nach dem Tod unserer Mutter das Leben. Mich haben die Männer gerettet. Der Sog, den sie und die Hoffnung auf Liebe auf mich ausübten, half mir, mich von meinem Elternhaus zu entfernen. Mein Bruder blieb kleben.

Als ich endlich den Absprung schaffte, zog ich in ein fensterloses Untermietzimmer. Dort war es wie in einer Gefängniszelle und doch eine Befreiung. Nie werde ich die betroffenen Gesichter meiner Eltern vergessen, als ich den Koffer packte. Es dauerte lange, ehe sie sich damit abgefunden hatten, dass ihre Tochter erwachsen geworden war. Dabei war meine Mutter selbst nach dem Abitur von Warschau nach Wien gezogen, um an der Kunstgewerbeschule zu studieren. Sie wollte weg von der Familie, und anders als bei mir bezahlten die Eltern ihr den Unterhalt. Schließlich gelang es mir dank purer Naivität, am anderen Donau-Ufer eine bezahlbare helle Garçonniere zu mieten, eine geräumige Einzimmerwohnung. Über die genaueren Umstände des Zustandekommens dieses Mietvertrags wird noch zu berichten sein.

Von da an ging's bergauf. Es waren die späten 1960er, und ich geriet in die linke Szene. Seit meinen Teenagerjahren war ich ein politischer Mensch gewesen. Vieles hat mir an meinen Eltern nicht gepasst, doch politisch musste ich mich nie von ihnen distanzieren. Besonders dafür bin ich ihnen dankbar. Ich musste mich nicht für meine Eltern schämen.

Als ich lange nach dem Tod meines Vaters seine Papiere durchforstete, entdeckte ich kluge Leserbriefe, die er an diverse Zeitungen geschrieben hatte, namentlich an das Organ der Sozialistischen Partei Österreichs (SPÖ) *Arbeiter-Zeitung*. Besonders der Vietnamkrieg beschäftigte ihn sehr. Er wäre gern Journalist geworden, doch die Lebensumstände ließen es nicht zu. Aus einfachen Verhältnissen stammend, wurde er ein kleiner Angestellter, dann die Arbeitslosigkeit in der Zeit der Wirtschaftskrise, dann die Emigration und das Überleben in England als Hausangestellter, dann nach der Rückkehr die Notwendigkeit, im Nachkriegswien für die Familie zu sorgen. Es reichte eben nur für Leserbriefe.

27

Meine Mutter war eher eine »Salonkommunistin«, die nicht bereit war, einmal eingenommene Positionen zu hinterfragen. Verständnislos erlebte sie noch die Wende in Europa. Mein Vater wäre vielleicht in der Lage gewesen, sich mit den historischen, kulturellen und ökonomischen Ursachen des Zusammenbruchs des sozialistischen Systems auseinanderzusetzen.

Politik war immer Thema bei uns zu Hause. Die *Arbeiter-Zeitung* interessierte mich als Jugendliche in den Fünfzigern zwar nicht, aber die Befreiungskriege in den britischen Kolonien verfolgte ich aufmerksam. Wir hatten die englische fotojournalistische Zeitschrift *Picture Post* abonniert. Wenn der Briefträger sie zusammen mit anderen englischen Zeitungen, darunter auch eine Mädchenzeitung für mich, zu einem dicken Packen eingerollt brachte, stürzten wir uns darauf wie auf ein kostbares Geschenk.

Mit einer Mischung aus Entsetzen und Begeisterung studierte ich die Fotostrecke über die Mau-Mau-Guerillabewegung, die die Kolonialherrschaft der weißen Siedler in Kenia ins Wanken brachte und mit einem immensen militärischen Aufwand von Großbritannien bekämpft wurde. Fast die gesamte Bevölkerung Zentralkenias wurde in Internierungslager gepfercht. Die Bilder von den weißen Bewachern in Kniehosen, die ihre Gewehre auf die auf dem Boden hockenden Afrikaner*innen richten, riefen in mir Erinnerungen wach, die ich gar nicht hätte haben können. Mit all meiner jugendlichen Empathie identifizierte ich mich mit den schwarzen Kämpfer*innen und war überzeugt, dass sie letztlich siegen würden. Was auch tatsächlich eintrat. 1963 musste Großbritannien Kenia in die Unabhängigkeit entlassen. Noch immer glaube ich daran, dass keine Unterdrückung ewig währt. Alle Menschen auf der Welt haben den Willen zur Freiheit. Das Bewusstsein für die Menschenrechte ist keine europäische Erfindung. Nur müssen alle ihren eigenen Weg dorthin finden.

1958 fand im englischen Aldermaston zu Ostern ein Marsch für nukleare Abrüstung statt. Es war die erste Protestbewegung in Westeuropa nach dem Krieg, die ich bewusst wahrnahm. Ungeduldig erwartete ich das Eintreffen der Ostermärsche in Österreich. 1963 war es endlich so weit. Wie es der Zufall will, erschien an prominenter Stelle ein Foto von mir als junger Demonstrantin im Zentralorgan der Kommunistischen Partei *Volksstimme*.

Ich marschierte mit, Jahr für Jahr, aber immer blieb ich allein. Auch die Studentenbewegung von 1968 erwartete ich sehnsüchtig, besuchte Teach-ins und demonstrierte gegen den Vietnamkrieg und den Schah von Persien. Immer allein. Anfangs nahm ich an dieser oder jener Versammlung von Studierenden teil, doch ich fand keinen Anschluss. Das aggressive Auftreten der Männer ebenso wie der Frauen erschreckte mich und schüchterte mich ein. Sie schienen so selbstbewusst, ihrer Sache so sicher zu sein. Ich selbst fühlte mich wie eine leere Hülle.

Zur selben Zeit lernte ich meinen politisch engagierten Freund kennen, der bald in meine kleine Wohnung zog. Er war es, der den Kontakt zu einer Gruppe junger Leute herstellte, Frauen und Männer, die sich mit der »Frauenfrage« beschäftigten. Sie nannten sich »Arbeitskreis Emanzipation«. Und mit einem Mal war all meine Schüchternheit verflogen. Ich hatte mein Thema gefunden. Nun wusste ich es genau: Das Patriarchat war schuld an meinem bisherigen Unglück. Erst später erkannte ich, dass diese Erklärung zu kurz griff, aber das spielte damals keine Rolle. Die Erleichterung über diese Erkenntnis verlieh mir Flügel. Schon bald wurde ich beauftragt, meinen ersten öffentlichen Vortrag zu halten, und ich hatte keine Scheu.

Es dauerte nicht lange, bis es in der Gruppe zu Konflikten zwischen den Männern und den Frauen kam. Obwohl man sich die Frauenfrage zum Thema gewählt hatte, hielten vor allem die Männer weiter an der marxistischen These von Haupt- und Nebenwiderspruch im Kapitalismus fest. Zuerst ginge es darum, den Hauptwiderspruch – das Verhältnis von Kapital und Arbeit – anzugehen, dem Nebenwiderspruch, der Frauenfrage, würde man sich später widmen.

Als wir 1969 im *Kursbuch 17* zum Thema »Frau, Familie und Gesellschaft« Karin Schrader-Kleberts Aufsatz »Die kulturelle Revolution der Frau« lasen, flippte die Mehrzahl der Frauen in der Gruppe vor Begeisterung förmlich aus. Es war wie eine Erleuchtung. Die Autorin schrieb: »Der geschichtlich begründete Antagonismus zwischen Mann und Frau kann nur auf dem Wege der Selbstbewusstwerdung und Politisierung der Frau überwunden werden, die *sie selbst* erreicht und durchführt.« Und: »Die Situation der Frau gleicht der des Negers in Amerika, aber ihre Strategie muss eine andere sein, weil sie anders an ihren Unterdrücker gebunden ist.« (Für die diskriminierende Bedeutung des N-Worts gab es damals im deutschen Sprachraum noch keine Sensibilität.)

Die Afroamerikaner*innen können den Konsens mit der weißen Gesellschaft aufkündigen, schrieb Schrader-Klebert, die Frauen haben das Problem, durch die Liebe »an ihren Unterdrücker gebunden« zu sein. »Die Frau muss die gesellschaftliche Natur des Menschen entweder total verändern oder ihren Status als Opfer und Objekt, ihren Verzicht auf Selbstbestimmung bis in alle Ewigkeit perpetuieren.« Die spätere apodiktische Forderung der Lesbenbewegung »Feminismus ist die Theorie, Lesbianismus die Praxis« ist nicht umsetzbar. Es wird immer genügend Frauen geben, die »an ihren Unterdrücker gebunden« sind. Es geht also tatsächlich darum, »die gesellschaftliche Natur des Menschen« total zu verändern.

Die Begeisterung der Frauen ging den Männern in unserer Gruppe gegen den Strich. Danach brachte ein weiterer Konflikt den Arbeitskreis endgültig zu Fall. Anlässlich des Muttertags organisierten wir Frauen eine Demonstration gegen das Verbot des Schwangerschaftsabbruchs. Viele waren wir nicht auf der Mariahilferstraße, aber als einer der ersten lautstarken öffentlichen Auftritte zu diesem Thema sorgten wir für Medieninteresse. Im Radio sprach der Journalist, der mich interviewte, von demonstrierenden »Mädchen und Burschen«.

Nur ein einziger »Bursch« aus unserer Gruppe solidarisierte sich mit uns Frauen. Die anderen hielten die Forderung nach Abschaffung des »Abtreibungsparagrafen« 144 für reformistisch, also für das Gegenteil von revolutionär. Warum sie eigentlich nicht für die totale Veränderung der »gesellschaftlichen Natur des Menschen« waren, kann ich nicht erklären. Sie dachten wohl, der Mann sei der Maßstab, an den sich die noch nicht hinreichend emanzipierte Frau anzugleichen habe.

Dafür spricht auch unsere gruppeninterne Kleiderordnung. Frauen hatten Hosen zu tragen. Hosen mit ihren zwei beweglichen Beinen symbolisierten das Fortschreiten, Röcke, zumal lange, den Stillstand. Damals waren aber bodenlange indische Wickelröcke modern. Hippielook. Ich hatte einen, den ich selbstredend nicht zu den Gruppentreffen trug. Als ich einmal dergestalt angetan einem aus unserer Gruppe auf der Straße begegnete, flüchtete ich in einen Hauseingang. Das gab mir ernsthaft zu denken. Am Ende war unsere Gruppe nur noch Geschichte.

In den USA, in Frankreich, in der Bundesrepublik gingen die Frauen mit radikalen Forderungen auf die Straße und schrieben Bücher, die wir verschlangen. Genauso, wie ich in den frühen Sechzigern ungeduldig die Ankunft der Anti-Atombomben-Bewegung aus England erwartet hatte, wartete ich nun auf die Frauenbewegung. Doch diesmal ergriff ich selbst die Initiative. Angeregt durch einen Vortrag einer Vertreterin der Schweizer Frauenbefreiungsbewegung FBB, beschlossen sieben Frauen aus zwei verschiedenen Gruppen, dass wir den Schweizerinnen nicht nachstehen wollten.

Im Herbst 1972 fand in der Wiener Innenstadt das erste feministische Treffen statt, das wir damals aber noch nicht so nannten. Feminismus verbanden wir mit einer überwiegend in den USA beheimateten bürgerlichen Frauenbewegung. Und bürgerlich wollten wir auf keinen Fall sein. Noch hatte das männerdominierte linke Revolutionsdenken seinen Zugriff auf uns nicht verloren. Der Zulauf zu unserem improvisiert einberufenen Treffen war überwältigend. In einem Thesenpapier rechtfertigten wir uns zwar für den Ausschluss der Männer, doch sehr bald hatten wir anderes zu tun. Wir nannten uns »Aktion Unabhängiger Frauen« (AUF).

Mittlerweile war ich dreißig geworden und keine leere Hülle mehr. Ich hatte etwas zu sagen. Ohne es bewusst gewollt zu haben, nur kraft meiner jugendlichen Energie und Begeisterung für die »totale Veränderung der Natur des Menschen«, entwickelte ich mich zu einer sichtbaren Figur der österreichischen Frauenbewegung, die erst allmählich den Mut aufbrachte, sich feministisch zu nennen. Ich gehörte zu jenen, die keine Angst vor Journalist*innen hatten und begriffen, dass unser Kampf um Gerechtigkeit ohne die Medien keine Breitenwirkung erzielen würde, egal wie sie über uns berichteten. Während manche es ablehnten, mit männlichen Journalisten zu sprechen, stellte ich mich allen zur Verfügung, die etwas von mir wissen wollten, und nahm jede Einladung zu einem öffentlichen Auftritt an.

Je ablehnender das Publikum, desto streitbarer wurde ich. Ein zentraler Antrieb für meinen Aktivismus blieb die Liebe. Ich wollte die Kluft zwischen Männern und Frauen überwinden, die die heterosexuelle Liebe in meinen Augen unmöglich machte und für so viel emotionales Elend sorgte. Als zunehmend erfahrene Rednerin wurde ich zu Podiumsdiskussionen und Vorträgen eingeladen, gab Interviews für Radio und Fernsehen, schrieb zuerst in unserer feministischen Zeitschrift, wurde später von linken und bald auch von weniger linken Medien mit Kommentaren und Artikeln beauftragt und machte schließlich – reichlich spät für heutige Verhältnisse – den Journalismus und das Schreiben zu meinem Beruf. Mein Lieblingsprojekt waren meine – honorarfreien – Kommentare unter dem Titel »Fragen Sie Xantippe« in einer trotzkistischen Zeitschrift. Das Logo der Kolumne war eine kleine Schere.

Marginalisiert bin ich geblieben. Eine feste Anstellung mit sicherem Einkommen blieb mir verwehrt. Anders als heute, wo Margarete Stokowski ihre frechen Kommentare bei *Spiegel Online* veröffentlichen kann, war eine ausgewiesene Feministin für österreichische Mainstream-Medien untragbar. Als ich einmal kurzfristig beim Österreichischen Rundfunk in die engere Wahl kam, scheiterte meine Bewerbung daran, dass in der entsprechenden Redaktion bereits eine als Frauenrechtlerin bekannte Journalistin tätig war. Zudem waren wir befreundet. Zwei von unserer Sorte in einer Redaktion wollten sich die Herren nicht zumuten.

Doch das Schicksal der marginalisierten Freiberuflerin teile ich heute mit vielen meiner Kolleg*innen. Es ist auch überhaupt nicht schlimm, denn die fehlende Sicherheit wurde wettgemacht durch ein Mehr an Freiheit.

GEHÖRT MEIN BAUCH MIR?

Über sechzig Jahre war ich alt, als wir uns wiedersahen. Er lebte im kalifornischen Sacramento, ich arbeitete in Beverly Hills an einem Auftragsprojekt reicher Leute. Als seine Mail in meinem Postfach auftauchte, *out of the blue*, erschien mir Telepathie durchaus glaubwürdig. David hatte gespürt, dass ich in der Nähe war, so muss es gewesen sein. Wir telefonierten – dieselbe Stimme; dasselbe immer ein wenig verlegene Lachen. Wenn ich mich erinnere, hatte er sich gedacht, wird auch sie sich erinnern.

Und ob ich mich erinnerte.

Er kam auf mich zu, mit seinem schiefen Lächeln, mit den linkischen Bewegungen eines großen, sehr dünnen Menschen, der eigentlich lieber einen Kopf kürzer wäre. Es war unglaublich: Er hatte sich nicht verändert. Nur der schwarze Haarschopf war weiß geworden. Und die Augenbrauen. Mit Unbehagen dachte ich an meinen eigenen feisten Körper. Im Auto lagen seine langgliedrigen Finger auf dem Lenkrad wie damals.

Er hatte ein Auto gehabt, Anfang der Sechzigerjahre in Wien, schon das war außergewöhnlich. Meine Familie hatte nie ein Auto besessen. Er trug weiße Sneakers und karierte Bermudas, aus denen seine mageren, dunkel behaarten Beine ungelenk herausschauten wie bei einem Teenager. Das gefiel mir.

In Beverly Hills versuchten wir uns zu erinnern. Zwischen

uns lagen zwei unterschiedliche Leben auf unterschiedlichen Kontinenten. Hatten wir uns damals geliebt? Wir wussten es beide nicht. Als ich heiratete, Jahrzehnte später, warf ich unsere Korrespondenz in den Müll, ein Tribut an meinen neuen Mann, unzählige Luftpostbriefe zwischen Österreich und den USA. Manchmal schrieb ich mit Durchschlag, schöne, romantische Briefe voller Sehnsucht.

Für mich war David etwas Besonderes gewesen, der erste Mann, mit dem ich *made love*, auf Deutsch fehlt mir das passende Wort. Reichlich spät, aber so war das damals bei mir. Die Angst vor einer Schwangerschaft hemmte das Begehren.

Es hatte nur kurze Zeit gedauert. Wir studierten beide, er hatte ein Stipendium in Wien. Schon wenige Monate nach unserer Begegnung kehrte er in die USA zurück, um in Harvard sein Jurastudium zu beginnen. Seine Augen waren so dunkel, dass man die Pupillen nicht sehen konnte, seine Nase sehr groß. Auf seine schwarzen Schamhaare sprühte er ein wohlriechendes Puder. Er war einige Jahre älter als ich, Amerikaner und wusste Bescheid. So dachte ich. Ich vertraute ihm vollkommen. Außerdem war er Jude.

Und dann fiel 2005 der schuldbeladene Satz: Meinetwegen hattest du eine Abtreibung.

1963 arbeitete ich in den Ferien in Cattolica an der italienischen Adria in einer Wechselstube. Er kam mich besuchen. Um Abschied zu nehmen. Dort muss es passiert sein.

Ach, das war nichts, eine Abtreibung, ach, das ist normal in einem Frauenleben, winkte ich ab. Immer noch wollte ich ihn schonen. In den frühen Siebzigerjahren war es anders gewesen. Noch einmal kam er nach Wien, auf der Durchreise aus Griechenland, da hatte er schon eine Tochter. Damals wollte ich darüber sprechen. Doch er bat mich, es zu lassen, es würde ihn zu sehr belasten. Ich unterließ es.

Mit über sechzig war es mir kein Bedürfnis mehr. So lange

ist das her. Aber eine Art Phantomschmerz war geblieben, ein winziger Stich. Er hat zwei Töchter, ich bin kinderlos geblieben. Immer mal wieder in den vielen Jahren hatte mich der Gedanke gestreift, wie es wohl gewesen wäre, hätte ich die »Frucht meines Leibes« damals nicht beseitigen lassen. Eine Tochter von David. Heute wäre es schön, sie wäre eine erwachsene Frau, ich vielleicht Großmutter. Damals war es unvorstellbar. Ich war Studentin, das Leben lag glitzernd vor mir, ich wollte etwas erreichen, wusste zwar nicht, was, nur dass ich nicht so werden wollte wie meine Mutter: unglücklich, unzufrieden, unerfüllt. Der Kinder wegen.

Nichts wie weg damit. Nur das konnte ich denken. Es fiel mir auch nicht ein, von ihm zu verlangen, mir beizustehen. Längst war er in Harvard, um Anwalt zu werden, er räumte aber sein Sparschwein aus und schickte mir einen Scheck. Das immerhin. Ich selbst hatte kein Geld. Ob ich ihm schrieb, wie es abgelaufen war? Ich weiß es nicht. Ich weiß nur, dass ich ihn nicht verantwortlich machte. Es war einfach Pech. Die Pille gab es wohl damals schon, sie war aber in Österreich noch nicht ausreichend im Umlauf. Ich kann mich nicht erinnern, je an Verhütung gedacht zu haben. David würde schon das Richtige tun.

Hatte er aber nicht. Ich war noch in Italien, als ich es erfuhr, er schon auf der anderen Seite des Atlantiks. Ich hatte ein Sprachstipendium in Urbino und wohnte bei den Nonnen. Um zehn Uhr nachts mussten wir Mädchen zu Hause sein, danach wurde die Eingangstür abgeschlossen. Wenn eine von uns nicht rechtzeitig heimkehrte, saß die diensthabende Nonne hinter der Tür und wartete, steif und mit zusammengekniffenem Mund.

Dann wurde mir übel, jeden Morgen musste ich mich erbrechen. An ein Frühstück war nicht zu denken. Da wusste ich Bescheid.

Ich ging mit meinem Italienischlehrer aus, der in mich verliebt war. Er gab mir die Adresse eines Gynäkologen. Jeder Zweifel war ausgeschlossen, ich war schwanger. Mein Lehrer wollte mich heiraten, samt Kind. Ich fand das komisch. Der Gedanke an Ehe, und schon gar mit einem ungeliebten Mann, erschien mir ebenso absurd, wie ein Kind auszutragen, mit oder ohne David.

So richtig konnte ich nicht begreifen, was mit mir geschehen war. Ich war doch selbst noch ein Kind und sollte schwanger sein? Der Zellklumpen in meinem Inneren war wie ein Kloß im Hals, den ich nicht ausspucken konnte. Lange betrachtete ich mich in der Klostertoilette im Spiegel, suchte nach Spuren in meinem Gesicht. War ich mit einem Schlag gealtert? War ich nun endgültig zur Frau geworden? Ich konnte nichts erkennen. Ob ich in Panik war, weiß ich nicht. Ich war jung und wohl zuversichtlich, dass ich schon eine Lösung finden würde, ich beendete sogar meinen Italienischkurs, ehe ich nach Wien zurückkehrte. So bin ich geblieben, führe immer alles artig zu Ende, was ich einmal begonnen habe. Nur die Schwangerschaft nicht.

Der Abbruch war damals in Österreich illegal. Doch es gab Möglichkeiten, so viel wusste ich. Man musste nur Geld haben. An meine Mutter wollte ich mich nicht wenden. Sie hatte zwar selbst irgendwann in ihrer Jugend eine Abtreibung vornehmen lassen, das hatte sie einmal nebenbei erwähnt. Sie hätte mir bestimmt keine moralischen Vorhaltungen gemacht, denn sie war Frauenrechtlerin, hatte sich immer für die Liberalisierung des Schwangerschaftsabbruchs eingesetzt. Aber vielleicht wäre sie hysterisch geworden. Vielleicht hätte sie ein so direkter Hinweis auf meine Sexualität angeekelt. Sex war kein Thema zwischen uns. »Manche Frauen brauchen *es*«, hatte sie einmal fallenlassen, »ich brauche *es* nicht.« Ich hatte kein Vertrauen.

Es blieben nur meine Schulfreundinnen. Eine hatte einen Freund, der einige Jahre älter war als wir, ein Autohändler. Tatsächlich konnte er helfen, gab mir die Adresse eines Gynäkologen. Der Eingriff erfolgte in dessen Wohnung. Wir waren allein. Im Nebenzimmer lief der Fernseher – für den Fall, dass ich schreien würde. Ich schrie nicht. Der Arzt gab mir eine Äthermaske und wies mich an, tief einzuatmen, wenn die Schmerzen kämen. An Schmerzen kann ich mich nicht erinnern, nur mein eigenes Atemgeräusch klingt mir noch in den Ohren. Es war schnell vorbei, so scheint es mir heute, am Ende ein ziehender Schmerz. Ist das eine Wehe?, fragte ich. Er zog aus meinem Inneren eine unendlich lange Watteschnur heraus, ich war erstaunt, wie viel Platz dort drinnen war. Und er schärfte mir ein, in den nächsten Wochen keinen Geschlechtsverkehr zu haben.

Die Scham darüber ist mir am stärksten im Gedächtnis geblieben. David war mein erster Lover gewesen, und ich hatte nicht vor, jemals wieder »Geschlechtsverkehr« zu haben. Ich fühlte mich wie eine Hure behandelt. Später versuchte ich mich selbst davon zu überzeugen, dass es ja nichts anderes gewesen war als ein durchaus nützlicher ärztlicher Rat. Doch die Scham saß fest.

Als wir alles Nötige abgewickelt hatten, regnete es. Er schenkte mir einen Schirm. Ich nahm ein Taxi und fuhr zur Schulfreundin, deren Mutter eingeweiht war. Sie gab mir eine Suppe. Dieses Detail, an das mich meine Freundin erst jetzt erinnert hat, war mir vollkommen entfallen.

Woran ich mich erinnere, ist, dass ich zu Hause meinen vier Jahre jüngeren Bruder bat, mir das Bett vorzubereiten. Ich schlief im Wohnzimmer. Tagsüber war das Bett eine Couch. Zum Schlafen wurden die drei Matratzen umgedreht und das Bettzeug aus der Lade geholt. Ich war erschöpft und wollte nur noch schlafen. Und plötzlich war ich auch wütend. Jeder Mann, egal wie unwürdig, selbst mein kleiner Bruder, wäre in der Lage, meinen Körper mit einer Schwangerschaft zu versehren. Ich fand das ungerecht. Es war vielleicht mein erster feministischer Impuls. David kam in meiner Wut nicht vor.

Mit meiner Mutter habe ich nie darüber gesprochen. Doch unser Verhältnis verschlechterte sich. Ich hatte erkannt, dass ich mich im Augenblick höchster Not nicht an meine Mutter wenden konnte. Dafür hasste ich sie. Unter Umständen hätte sie anders reagiert, als ich es von ihr erwartet hatte. Unsere gesamte Beziehung, die bis zu ihrem Tod gestört blieb, hätte sich vielleicht anders entwickelt.

Das überwältigende Gefühl danach war Erleichterung. Das Unheimliche, das sich in meinem Körper zusammengeklumpt hatte, war entfernt worden. Mein Leben würde weitergehen. Doch dem gesellschaftlichen Druck im katholischen Österreich konnte ich mich nicht ganz entziehen. Plötzlich wurde ich sentimental, wenn ich ein Baby sah, redete mir ein, ich müsste traurig sein über den Verlust. Natürlich war das Unsinn. Eine schwere Last war mir genommen worden, und ich besorgte mir die Pille, sobald sich die Notwendigkeit ergab. Auf »Geschlechtsverkehr« wollte ich dann doch nicht verzichten, von Schwangerschaften nahm ich in der weiteren Folge Abstand. Ein zweites Mal wollte ich diese Erfahrung nicht machen.

David habe ich nach unserer Begegnung in Beverly Hills nie wiedergesehen. Immer wieder träume ich von ihm. Es sind sanfte, wohlige Träume, aus denen ich beglückt erwache. Er wird jetzt auf die achtzig zugehen.

1963 war das also. Die Pille hatte mich damals noch nicht erreicht, sie war auch erst seit 1962 auf dem Markt. Ich hatte keine Erfahrung mit Gynäkolog*innen und kam gar nicht auf den Gedanken, sie mir rechtzeitig zu besorgen. Lieber verließ ich mich auf David. Als ich sie dann hatte, bedeutete die Pille für mich die Befreiung von der Angst vor einer Schwangerschaft. Erinnern kann ich mich an die Namen Lyndiol, eine der ersten Antibabypillen, an Novogynon und an Anovlar. Alle enthielten eine viel höhere Hormondosis als die heutigen Produkte. Über die tägliche Menge an Hormonen, die ich mir damals zuführte, machte ich mir keine Gedanken. Alles war besser, als noch einmal schwanger zu werden.

Derzeit gebe es in der Bevölkerung eine große Angst vor Hormonen, sagt mir Bianca Burger vom Museum für Verhütung und Schwangerschaftsabbruch in Wien. Die wenigsten Frauen würden heute hormonell verhüten und zögen Selbstbeobachtung oder Temperaturmessung vor, Methoden, die nicht sicher und gerade für junge Mädchen ungeeignet seien. Ich kann nicht einschätzen, ob Hormone wirklich so schädlich sind. Mir haben sie nicht geschadet, wenigstens weiß ich nichts davon. Katrin Rönicke schreibt in ihrem Buch *Bitte freimachen. Eine Anleitung zur Emanzipation*, dass sie durch die Pille an Libidoverlust litt. Auch daran kann ich mich nicht erinnern. Aber wer weiß, wie es ohne Pille gewesen wäre. Auf jeden Fall löst diese Antipathie gegen Hormone für mich teilweise das Rätsel, warum Frauen trotz des reichhaltigen Angebots an Verhütungsmitteln, von denen ich damals nicht einmal träumen konnte, dennoch Schwangerschaftsabbrüche vornehmen lassen müssen.

»Alles wird in den Medien schlechtgemacht, was irgendwie mit Hormonen zu tun hat«, sagt Bianca Burger. »Zurück zur Natur, vegan, Bio, natürliche Verhütung. Man könne gegen Hormone allergisch sein, wird behauptet. Das ist Unsinn, denn jeder hat Hormone im Körper. Natürliche Verhütung ist ein Widerspruch, denn natürlich wäre, dass du fünfzehn Mal im Leben schwanger wirst. Die Hormondosis der Pille ist heute sehr gering. Nur dass du ein bestimmtes hormonelles Verhütungsmittel nicht verträgst, bedeutet nicht, dass du gar keins verträgst. Es gibt über sechzig verschiedene Pillensorten.«

Langzeitverhütung kannte ich in der Anfangszeit nicht. Burger hält Implantate und die Spirale für die beste Methode. Die Langzeitverhütung lohne sich auch finanziell, und das Einsetzen der Spirale sei nicht mehr so schmerzhaft. Auch darüber schreibt Katrin Rönicke, sie wäre dabei fast in Ohnmacht gefallen. Auch ich kann mich erinnern, dass es sehr schmerzhaft war und dass ich das Kupfer-T bald wieder entfernen ließ, weil ich starke Blutungen hatte. Heute würde man den Frauen eine Tablette geben, die den Muttermund weich macht, erklärt Burger.

Dr. med. Christian Fiala vom Gynmed-Ambulatorium für Schwangerschaftsabbruch und Familienplanung, an welches das Museum am Mariahilfergürtel angeschlossen ist, weiß, womit die Frauen »verhütet« haben, die zu einem Schwangerschaftsabbruch zu ihm kommen: mit Kondom, mit der Pille oder gar nicht. Langzeitverhütungsmittel sind selten darunter. »Ich möchte dazu beitragen, dass das, was bis vor fünfunddreißig Jahren ›Normalität‹ war, nie mehr passiert. Mit Abtreibung verbundene Todesfälle sind keine Naturkatastrophe, sondern die logische Konsequenz von politischer Ignoranz«, teilt Fiala auf seiner Webseite mit.

Eine Webseite wie die des Wiener GynMed-Ambulatoriums wäre in Deutschland nicht möglich. Schwangerschaftsabbrüche sind hier verboten, aber straffrei. Wer sich in einer anerkannten Beratungsstelle beraten, dann eine dreitägige Bedenkfrist verstreichen und den Abbruch innerhalb der ersten zwölf Schwangerschaftswochen nach Empfängnis vornehmen lässt, wird nicht verfolgt, regelt der Paragaf 218. Auch Ärzt*innen, die den Abbruch unter diesen Bedingungen durchführen, handeln nach geltendem Recht, nicht jedoch, wenn sie das in schriftlicher Form öffentlich mitteilen. Der § 219a StGB droht Personen wie Fiala eine Freiheitsstrafe von bis zu zwei Jahren oder eine Geldstrafe an. Auf der Webseite der Ärztin Kristina Hänel informiert diese neben »Familienplanung« und »Lungenfunktionsuntersuchung« auch über »Schwangerschaftsabbruch«. Wegen dieses Wortes wurde die Gießener Ärztin von radikalen Abtreibungsgegner*innen angezeigt und musste sich am 24. November 2017 vor Gericht verantworten.

Der § 219a StGB verbietet die »Werbung für den Abbruch der Schwangerschaft«. Er stammt aus dem Jahr 1933 und diente dazu, jüdische, kommunistische und liberale Ärzt*innen zu kriminalisieren, die Schwangerschaftsabbrüche anboten, ein skandalöses Relikt aus einer längst überwunden geglaubten Zeit, das »Lebensschützer*innen« die Möglichkeit bietet, Ärzt*innen einzuschüchtern. Auf Babycaust.de und Abtreiber.com werden Schwangerschaftsabbrüche mit dem Holocaust gleichgesetzt, und Ärzt*innen mit Namen und Adressen zwischen Bildern blutiger Föten öffentlich angeprangert. Hänel wird dort als »Tötungsspezialistin ungeborener Kinder« diffamiert.

Kristina Hänel wurde vom Amtsgericht Gießen zu vierzig Tagessätzen à 150 Euro, also zu einer Strafe in der Höhe von 6000 Euro, verurteilt. Natürlich ging sie in Revision. Doch am 12. Oktober 2018 konnte das Landgericht Gießen nicht anders, als das Urteil zu bestätigen. Hänel bleibt also wegen unerlaubter Werbung für Schwangerschaftsabbrüche verurteilt. Allerdings sagte der Vorsitzende Richter Johannes Nink, als er sich zur Urteilsbegründung an die Angeklagte wandte, sie solle »das Urteil tragen wie einen Ehrentitel im Kampf für ein besseres Gesetz«. Der Prozess um Kristina Hänel führte zu einer politischen Debatte, bei der die SPD unter Zugzwang geriet. Monatelang rangen Union und SPD um eine Lösung. Am 12. Dezember 2018 kündigte Justizministerin Katarina Barley an, im Januar einen Gesetzesentwurf vorlegen zu wollen. Das Verbot der »Werbung« soll beibehalten, aber ergänzt werden, der »Schutz des ungeborenen Lebens« gestärkt, die Information von staatlicher Seite ausgebaut und die »seelischen Folgen von Schwangerschaftsabbrüchen« wissenschaftlich erforscht werden. Bundesärztekammer und Bundeszentrale für gesundheitliche Aufklärung sollen Kontaktinformationen von Ärzten bereithalten, an die sich Frauen für einen Abbruch wenden können, wenn die betreffenden Ärzt*innen und Krankenhäuser dem zugestimmt haben. Kristina Hänel und andere Ärzt*innen reagierten scharf: »Wir als von Strafverfahren betroffene Ärztinnen sind entsetzt.« Der Vorschlag sei eine »Nullnummer«: Die Strafandrohung bleibe bestehen, und die flankierenden Maßnahmen seien auch heute schon möglich.

In Österreich ist ein Schwangerschaftsabbruch seit 1975 auf Verlangen der Frau ohne Angabe eines medizinischen Grundes legal, wenn er vor der 16. Schwangerschaftswoche und nach vorhergehender Beratung durch einen Arzt oder eine Ärztin durchgeführt wird, die sogenannte Fristenlösung. Die Frau muss ihre Gründe für den Abbruch nicht angeben. Allerdings wird er in Österreich nicht wie in fast allen anderen westeuropäischen Ländern von der Krankenkasse übernommen. Nur bei einer medizinischen Indikation müssen die Frauen ihn nicht selbst bezahlen.

Der Kampf um die Straffreiheit des Schwangerschaftsabbruchs in Österreich hat eine lange Geschichte. Erstmals stellten Sozialistinnen 1923 im Parlament den Antrag auf Straffreiheit. Wir Feministinnen traten auf den Plan, als der Kampf sich seinem Ende zuneigte. Am 1. Januar 1975 trat die Fristenlösung in Kraft. Einige Jahre zuvor war die »Aktion Leben« gegründet worden, die ein Volksbegehren zur Schaffung eines Bundesgesetzes zum Schutz des menschlichen Lebens einleitete und nahezu eine Million Unterschriften sammelte. Es wurde trotzdem im Nationalrat abgewiesen.

Die diversen Aktionen der feministischen Aktion Unabhängiger Frauen dienten in erster Linie dazu, den Kampf um die Fristenlösung in der Endphase zu unterstützen. Gegen die »Aktion Leben« und die mit ihr verbündeten Kirchen setzten wir radikalere Mittel ein als die Sozialdemokrat*innen. Regelmäßig besuchten wir Versammlungen der »Aktion Leben« und meldeten uns zu Wort, störten ihre Auftritte mit Plakaten und Sprechchören, schrieben Artikel, in denen wir die bevölkerungspolitischen Absichten des reaktionären Sammelsuriums von Gynäkologen, Richtern, Pfaffen und Neonazis anprangerten.

Einmal legten wir blutgetränkte Tampons ins Weihwasser der Stephanskirche (es war kein richtiges Blut) und trugen bei einer Demonstration eine ans Kreuz genagelte Sexpuppe mit. Bei einer Demonstration gegen den § 144 im Dezember 1972 in Wien ließ sich die Aktionskünstlerin Erika Mies in Sträflingskleidung mit der Nummer 144 an einem Samstag in einem Käfig durch die weihnachtliche Mariahilferstraße ziehen. Gezogen wurde der Karren von einem Priester, einem Richter und einem Arzt. Die Aktion endete damit, dass Mies den Käfig mit einer Axt zerschlug.

In dem Erinnerungsband an die Wiener Frauenbewegung *Zündende Funken* beschreibt Marie-Thérèse Escribano eine Aktion, bei der sich einige Frauen konventionell anzogen, um ein Hearing der »Aktion Leben« an der Uni Wien auf spezielle Art zu stören. Marie-Thérèse, eine Sängerin mit einem Humor ohnegleichen, besorgte sich aus dem Bühnenfundus einen Mantel, eine Mitstreiterin holte ihr Dirndl aus dem Schrank. »Ja, das gehört alles verboten! Die freie Liebe gehört bestraft!«, riefen sie aus dem Publikum. Vor ihr drehte sich ein Mann um und fragte Marie-Thérèse, von welcher Organisation sie sei. »Ich bin nur eine Frau«, antwortete diese. Dann begannen andere Frauen rotgefärbte Binden aufs Podium zu werfen.

»Wir haben uns so in die Rolle hineingelebt, dass ich und eine zweite AUF-Frau in dem ganzen Durcheinander schließlich aufs Podium stürmten«, schreibt Marie-Thérèse. »Auf der riesigen Bühne im NIG [Neues Institutsgebäude, Anm. d. A.] saßen auch die Herren Sachverständigen. Lauter Professoren, natürlich nur Männer. Schließlich haben wir dann doch ein Mikro gekriegt und haben uns wie total konservative Muttchen aufgeführt. Wir bedauerten die von Sex verblendeten heutigen Studentinnen und gebärdeten uns als Muster von säuerlicher Frömmigkeit und Sexualfeindlichkeit. Schließlich wurden wir so radikal in unserer Ironie, dass sogar die von der JES [Junge europäische Studenteninitiative, Anm. d. A.] begriffen haben, dass wir sie reingelegt haben. Daraufhin gab es einen Riesentumult. Ein ungeheures Getöse entstand. Schließlich stürmten alle von der ›Aktion Leben‹ von der Bühne und machten sich Hals über Kopf davon. Beim Davonlaufen wurden sie noch von der einen oder anderen rotgefärbten Binde getroffen, die weiterhin als Wurfgeschosse dienten. Vollkommen blamiert räumten JESler und die von der ›Aktion Leben‹ das Feld. Wir paar Frauen waren dageblieben und waren nun die Herrscherinnen der Szene! Mit den knappen Mitteln des Aktionismus hatten wir für diesmal gesiegt.«

In einem Artikel in der Zeitschrift der Aktion Unabhängiger Frauen *AUF – Eine Frauenzeitschrift* bezeichnete ich, die ich in unseren Publikationen meistens die Rolle der Ideologin übernahm, die Aktion Leben als ein »lautstarkes Element der allgemeinen Faschisierungstendenzen in Europa«. Am Tag der Einführung der Fristenlösung in Österreich habe ein evangelischer Bischof im Fernsehen die Strafrechtsreform mit »der Abwertung des Bundesheeres, der Zuweisung der Frau in die Gleichberechtigung, dem Ansteigen der Kriminalität, dem Sinken der Moralität und dem Aufkommen von Freiheitsbestrebungen« verglichen. Ein Gynäkologieprofessor wiederum habe die Geburtenziffern in Europa gegen jene in den Entwicklungsländern abgewogen und vor einer Flut von Gastarbeitern gewarnt. In meinem Artikel verwies ich auch auf den Zusammenhang zwischen Embryoschützer*innen und Befürworter*innen der Todesstrafe.

Eine nicht unähnliche Stimmung breitet sich gerade heute in Deutschland aus. Aber es hat sich auch eine Gegenbewegung entwickelt. Rund um die Anklage gegen Kristina Hänel gibt es wieder mehr feministischen Protest gegen den § 218, besonders aber gegen den § 219a. Junge Frauen*, die gewohnt sind, selbstbestimmt zu leben und über das Internet Zugang zu allen Informationen zu haben, stellen mit einem Mal erschrocken fest, was für eine rückständige Gesetzgebung es immer noch in Deutschland gibt. Erst jetzt erkennen viele, dass der Schwangerschaftsabbruch in Deutschland keineswegs legal ist, wenn auch mithilfe der Beratungsstellen zugänglich und nicht bestraft.

Trotz der rückläufigen Zahlen – 2017 wurden nur noch etwas mehr als 100 000 Abbrüche verzeichnet – sind die Hindernisse erheblich: Immer weniger Ärzt*innen nehmen Schwangerschaftsabbrüche vor, weil sie die »Schmuddelecke« scheuen. Medizinische Leitlinien zur Durchführung von Abbrüchen gibt es keine, insbesondere schonende Abbruchsmethoden wie das Absaugen und der medikamentöse Abbruch werden an den medizinischen Hochschulen nicht unterrichtet.

An der Berliner Charité – Europas größter Uniklinik – sind die Methoden des Schwangerschaftsabbruchs kein Bestandteil des Medizinstudiums. Angehende Mediziner*innen müssen den Eingriff in ihrer Freizeit unter ehrenamtlicher Anleitung erfahrener Ärzt*innen anhand von Papayas erlernen, deren Form der des Uterus ähnelt. Und der Druck auf Ärzt*innen und Patientinnen nimmt zu. In Augsburg stellten Abtreibungsgegner*innen gegenüber einer Beratungsstelle von pro familia ein meterhohes Kreuz auf, und die eintretenden Frauen wurden mit dem Spruch »Bring dein Kind nicht um« belästigt.

In meiner Lebensplanung kam ein Kind nicht vor, denn eine Lebensplanung hatte ich nicht. Im Sommer arbeitete ich als Reiseleiterin und begleitete amerikanische Tourist*innen durch Europa, ein Job, der mir absolut nicht lag und den ich nur mit einer halben Valiumtablette täglich überstehen konnte. Doch das so verdiente Geld reichte meistens für das darauffolgende Jahr. An die Zukunft dachte ich nicht. Ich bin meinem damaligen Freund zutiefst dankbar, dass er mich dazu überredet hat, ein Programm in Anspruch zu nehmen, das es mir erlaubte, Versicherungszeiten für meine Pension günstig nachzukaufen, eine Maßnahme, die vor allem Hausfrauen zu den erforderlichen Pensionsjahren verhelfen sollte. An meine Rente oder Pension zu denken, erschien mir der Gipfel an Bürgerlichkeit. Ich war dreißig, was scherte mich die Rente? Heute wird meine kleine österreichische Pension immerhin vierzehn Mal ausbezahlt und steigt prozentual rascher an als die fast unverändert bleibende deutsche Minirente.

In meinem Fall war es nicht die Karriere, die mich daran

hinderte, an ein Kind zu denken, sondern die Politik, der Rausch, an einer epochalen Entwicklung aktiv beteiligt zu sein. So schien es mir damals, und vielleicht war es ja auch wirklich so. Bis zum Beginn der Frauenbewegung war ich viel zu konfus, um überhaupt an eine Zukunft zu denken, und dann nahm mein Leben plötzlich Fahrt auf. Mit einem Mal war alles, was ich tat, von höchster Bedeutung für meine Zukunft und die des ganzen Landes. Kaum hatte ich Zeit, an die Liebe zu denken, geschweige denn an ein Kind. Ich raste nur noch von einer Versammlung zur nächsten, schrieb in einem fort Texte, zog im Frauenzentrum auf der Gestetner-Abziehmaschine mit von Druckerschwärze verschmierten klammen Fingern Flugblätter von Wachsmatrizen ab und musste zwischendurch auch noch ab und zu für die WG kochen. Ständig gab es Gespräche, Auseinandersetzungen, Streit. Immer passierte irgendwo irgendetwas.

Ich war dreißig und lebenserfahren genug, um einschätzen zu können, dass ich mit einem Kind so nicht würde weitermachen können. Doch mein Leben gefiel mir, endlich hatte es die Spannung, die ich mir immer ersehnt hatte. Ich war nicht bereit, mich auf die Verantwortung für ein Kind einzulassen. Abgesehen davon, dass mein damaliger Freund keinen Nachwuchs wollte und ich mir mit ihm auch keinen vorstellen konnte, war der sogenannte Kinderwunsch bei mir einfach unterentwickelt. Meine beiden besten Freundinnen entschieden sich gegen Ende dreißig für ein Kind und haben es nicht bereut. Sie sind heute glückliche Großmütter. Aber ich beneide sie nicht. Ich finde Kinder interessant und bedaure, dass es in meinem Umfeld keine gab und gibt, aber sie fehlen mir nicht. Ich hatte und habe genügend anderes zu tun.

Nur ärgere ich mich über mich selbst, dass ich immer noch dieses kleine Gefühl von Scham verspüre, wenn ich gefragt werde, ob ich Kinder (oder Enkelkinder) habe. Ich lächle verlegen, so als müsste ich mich entschuldigen. Aber warum soll ich der Welt meine Gene hinterlassen? Meine Bücher werden in den Bibliotheken zwar verstauben, sich aber inhaltlich auch nach langer Lagerung nicht verändern. Von einem Kind kann man das nicht behaupten.

Frauen, die sich heute für ein Kind entscheiden, wird das Leben keineswegs leicht gemacht. Die Sozialwissenschaftlerin Kirsten Achtelik hat 2015 ein Buch vorgelegt, in dem sie das Spannungsfeld zwischen den emanzipatorischen und systemerhaltenden Potenzialen des feministischen Konzepts »Selbstbestimmung« auslotet. Sie findet den feministischen Kampfruf »Mein Bauch gehört mir!« zu kurz gefasst, weil dieser offen sei für neoliberales, marktkompatibles Denken. In ihrem Buch *Selbstbestimmte Norm, Feminismus, Pränataldiagnostik, Abtreibung* kritisiert die Autorin, dass Schwangere über die drei von den Mutterschaftsrichtlinien empfohlenen regulären Ultraschalluntersuchungen hinaus von der Notwendigkeit weiterer pränataldiagnostischer (PND) Untersuchungen überzeugt werden, um einer »Risikoschwangerschaft« vorzubeugen. Das Risiko ist aber nicht die Gesundheit der Schwangeren, sondern eine mögliche Behinderung des werdenden Kindes.

Die meisten dieser Untersuchungen, so Achtelik, würden auch nicht nach gesundheitlichen Problemen des Fötus suchen, wie etwa nach einem Herzfehler, sondern vor allem nach von der Norm abweichenden genetischen Besonderheiten. Eine positive Diagnose gilt nach Abschaffung der embryopathischen Indikation im Jahr 1995 als medizinische Indikation, die einen Abbruch unbefristet möglich macht, theoretisch bis zum Zeitpunkt der Geburt. Die Vielzahl der möglichen Diagnoseverfahren würden bei den Schwangeren Ängste auslösen und sie zu immer weiteren Untersuchungen verleiten, schreibt Achtelik. Dabei kommen lediglich drei Prozent aller Kinder mit Krankheiten oder Beeinträchtigungen zur Welt, und viele davon sind durch PND nicht feststellbar. Abgesehen davon, dass nicht vorausgesagt werden kann, wie gravierend sich eine bestimmte Beeinträchtigung auf die Entwicklung des Kindes auswirken werde.

»Die Möglichkeiten pränataler Diagnostik werden immer ausgefeilter und niedrigschwelliger«, fasst Achtelik zusammen. »Der Gesetzgeber ist zwar vordergründig um Regulierung bemüht, eine Eindämmung der Untersuchungen wird jedoch nicht diskutiert. Die Normalisierung von PND hat verschiedene, einander verstärkende Effekte, wie Druck auf die einzelne Schwangere*, Etablierung von immer mehr Risikofaktoren sowie die Verstärkung der gesellschaftlich vorhandenen Meinung, dass Behinderung vermeidbar sei und vermieden werden müsse.«

Rund um PND stellen sich also Fragen: Was ist selbstbestimmt? Warum haben wir Angst vor Behinderung? Was verstehen wir gesellschaftlich unter Behinderung? Achtelik sagt es klipp und klar: PND ist nicht Prävention, sondern Selektion. »Wenn Frauen* so viel Angst vor Behinderung und Anderssein haben, dass sie ohne PND nicht mehr entspannt schwanger sein und sich auf ihr Kind freuen können, dann ist das für die Frauen* und gesellschaftlich ein Problem – und kein emanzipiertes, selbstbestimmtes Verhalten. ... Wenn Frauen* sich unter Druck gesetzt fühlen, ein problemloses Kind zu bekommen, weil der Alltag schon stressig genug ist und die Arbeitsanforderungen nicht zu bewältigen sind, dann müssen wir dafür sorgen, dass das nicht länger so bleibt.«

Dem ist grundsätzlich nichts zu entgegnen. Außer dass eine Schwangere, die sich für die Abtreibung eines (möglicherweise) behinderten Fötus entscheidet, nur dieses eine

51

Leben hier und jetzt hat und nicht auf die Veränderung der Verhältnisse warten kann. Bei der Diskussion von Achteliks Buch in der Berliner Charité sah ich bei den Studierenden viele nachdenkliche und skeptische Blicke. Natürlich setze ich mich für Inklusion ein und für eine Verbesserung der Lebensbedingungen von Menschen mit Behinderung, aber im Zweifelsfall würde ich mich für mich selbst entscheiden, für mein eigenes Leben.

Doch auch ich weiß: Meine Entscheidung für ein Leben ohne Kind war keineswegs »selbstbestimmt«, sondern durch die gesellschaftlichen Verhältnisse beeinflusst. In einer anderen Welt hätte ich vielleicht gern ein Kind gehabt, hätte seine Erziehung und Betreuung mit anderen geteilt, sodass mir genügend Zeit geblieben wäre, unendlich viel anderes zu unternehmen und zu genießen. Das trifft aber praktisch auch auf alle anderen Entscheidungen zu, die ich im Laufe meines Lebens gefällt habe: was und wie ich arbeite, wo und wie ich wohne, wen und wie ich liebe …

DIESE FREIHEIT!

Drei Niederösterreicherinnen

Im Juni 2017 hatte ich ein Aufenthaltsstipendium in Krems, einer reizenden Kleinstadt an der eilig dahinfließenden Donau eine Bahnstunde von Wien entfernt. Ich nutzte die Gelegenheit, um mit drei jungen Frauen zu sprechen, die in der Stadt im Kulturbereich arbeiten. Sie waren meine ersten Gesprächspartnerinnen für dieses Buch, und ich hatte noch kein klares Konzept, nur einfach Lust, mit diesen Frauen zu reden, denen ich zufällig begegnet bin. Ich hatte keine Ahnung, wie sie auf das Wort »Feminismus« reagieren würden. Wegen der vielen negativen Reaktionen, die ich mir im Lauf meines feministischen Lebens eingehandelt habe, bin ich daran gewöhnt, das F-Wort entweder vorsichtig zu verwenden oder aber provokativ, je nachdem, welche Wirkung ich erzielen will. Zudem ist das Bundesland Niederösterreich ein sehr konservativ geprägtes Terrain. Ich war also auf der Hut. Doch das F-Wort schreckte keine. Im Gegensatz zu ihren Eltern haben alle drei studiert oder studieren noch. Und zwei von ihnen haben starke Mütter oder Großmütter, die ihnen als Vorbild dienen.

In einem Artikel in der *Washington Post* vom 10. November 2017 habe ich einen Artikel über die prägende Funktion der Eltern für ihre Kinder gelesen. Darcy Lockman, eine Psychologin aus New York City, verweist auf die unzähligen amerikanischen Studien, die zeigen, wie sehr das in heterosexuellen Familien vorgelebte Rollenbild die nächste Generation beeinflusst. Selbst in den allerprogressivsten Familien würden Frauen, die ebenso erwerbstätig sind wie ihre Partner, immer noch fünfundsechzig Prozent der Arbeit am Kind erledigen. Und erwerbstätige Mütter mit Kindern im Vorschulalter stehen zweieinhalbmal so oft nachts auf, um ein weinendes Kind zu trösten, wie ihre Partner. Bei der organisatorischen Arbeit, die das Leben mit Kindern mit sich bringt, werden sie überwiegend ganz allein gelassen.

Untersuchungen zeigen auch, dass bei heterosexuellen Paaren selbst dann keine gleichberechtigte Kinderbetreuung stattfindet, wenn die Frau einer Vollzeitbeschäftigung nachgeht und der Mann arbeitslos ist. Bei gemeinsam gefällten Entscheidungen werden eher die Bedürfnisse des Vaters berücksichtigt als die der Mutter. Die Kinder beobachten und übernehmen. »Ideale sind kein Ersatz für Verhalten«, schreibt Lockman. Ein Satz, den man den Männern der 68er-Generation ins Stammbuch hätte schreiben müssen. Denn schon mit achtzehn Monaten nehmen die Kinder die Machtstrukturen ihrer Eltern wahr und übernehmen sie als Leitlinien für ihr eigenes Verhalten. Die Familienforschung zeigt, dass Jungen ebenso wie Mädchen eher das männliche Verhalten in der Partnerschaft verinnerlichen als das weibliche. Vermutlich, weil schon Kinder wahrnehmen, dass das männliche Prinzip in der Gesellschaft das angesehenere ist.

Zwei meiner drei jungen Frauen hatten also ausgesprochenes Glück. Auch für mich war die Konstellation in unserer Familie prägend, wenn sie mich auch in die umgekehrte Richtung gelenkt hat. Mit aller Macht suchte ich meinen eigenen Weg. Ich wollte nur eins: nicht so werden wie meine Mutter, nicht so leben wie meine Eltern. Auch wenn diese mit ihrer Lebensgeschichte alles andere als spießig waren, vor allem meine Mutter, bewirkte das bescheidene Leben, zu dem sie gezwungen waren, eine Spießigkeit, die für mich schwer zu ertragen war. Der Vater, der jeden Tag mit der Straßenbahn in die Zentrale der Wiener Verkehrsbetriebe fährt, um dort seine kostbare Lebenszeit abzusitzen, und Monat für Monat seinen Lohn abliefert, die Mutter im Haus beschäftigt mit Kochen, Putzen, Einkaufen und Nähen. Was mir half, war, mit anzusehen, wie unglücklich meine Mutter in dieser Konstellation war. Als Vorbild diente sie nicht. Nicht ohne Klagen fügte sie sich in ihr Schicksal, verteidigte die Aufgabenverteilung in unserer Familie nicht wie wohl die meisten Hausfrauen ihrer Generation. Sie litt darunter, dass sie über kein eigenes Geld verfügte, und verlangte irgendwann, ganz im Sinne der späteren Kampagne »Lohn für Hausarbeit«, von meinem Vater einen Lohn für ihre Tätigkeit im Haus.

Ob er, der als kleiner Beamter wenig verdiente, ihn ihr gewährte, weiß ich nicht, ich weiß nur, dass er einmal nach einem Streit meiner Mutter im Zorn entgegenschleuderte, dass alles im Haus ihm gehöre und sie vollkommen auf ihn angewiesen sei. Und natürlich nahm er sich auch heraus, im Büro eine Liebschaft zu haben. Gewiss war meine Mutter eifersüchtig, und es kam bei uns zu Hause immer wieder zu lautstarken Auseinandersetzungen. Meine Mutter war keine, die schweigend litt. Einmal schlug sie mit der Faust das Fenster der Balkontür ein. Als ich ein Teenager war, wünschte ich mir nichts sehnlicher als die Scheidung meiner Eltern, doch finanziell war ein solcher Schritt nicht denkbar. Also harrte meine Mutter aus. Ich fand es als Kind keineswegs angenehm, dass meine Mutter immer zu Hause war, wenn ich von der Schule kam.

Meine Mutter war zweiunddreißig, als sie mich, ihr erstes Kind, bekam, damals schon eine »Spätgebärende«. Bei Nora, mit der ich mein erstes Gespräch führte, war es umgekehrt. Sie hatte sehr junge Eltern und litt darunter, dass sie diese so selten sah. Als sie geboren wurde, war ihr Vater zwanzig, ihre Mutter neunzehn. Biologisch betrachtet eigentlich – zumindest für die Mutter – ein ideales Alter, doch im Kopf waren beide noch nicht reif für die Elternschaft. Sie gingen viel aus, und ihre Partys waren ihnen wichtiger als ihr Kind. So wenigstens kam es bei Nora an. Glücklicherweise hatte sie Großeltern, die selbst noch recht jung waren.

»Alles, was ich gelernt habe, über Politik und über Literatur, kommt von den Großeltern, mit denen ich viel Zeit verbracht habe. Ich war ein Nomadenkind, die schwarze Tasche mit meinen Sachen war immer griffbereit. Beide Omas haben teilweise schlimme Erfahrungen mit Männern gemacht und sind daraus sehr stark hervorgegangen. Das haben sie an mich weitergegeben.« Und die Großväter, einer von ihnen ein Stiefgroßvater, haben den Frauen diesen Platz gelassen. »So bin ich groß geworden.« Bei den Großeltern gab es eine klare Rollenaufteilung: »Die Oma hatte die Hosen an. Immer schon. Bei mir in der Familie sind alle Frauen dominant, sehr stark. Das habe ich auch nie hinterfragt.«

Nora ist schön. Je älter und unansehnlicher ich selbst werde, desto mehr verfalle ich der Schönheit junger Menschen, ob Männer oder Frauen. Ich kann nachvollziehen, warum ältere Männer die Nähe junger Frauen suchen. Ich selbst war zwar immer mal wieder eine Weile mit jüngeren Männern liiert, doch hielt sich der Altersunterschied in Grenzen. Heute sind die glatte Haut, die klaren Augen, die kantigen Ellbogen für mich irgendwie heilig geworden, unantastbar. Anders als im Museum, wo die geschliffene Rundung eines Steins in mir das fast unkontrollierbare Bedürfnis auslöst, das Kunstwerk zu berühren, seine Form mit der Hand nachzuzeichnen, wenn gerade kein Aufsichtspersonal in der Nähe ist.

Bei den jungen Leuten brauche ich keine Hände, es reichen mir die Augen und die Freude, die mir der Anblick verschafft. Aber die Vollkommenheit von Noras zarter Gestalt, ihr offener Blick und die Schlüsselbeine über ihrem Ausschnitt lenken mich ab von dem, was sie sagt, ich gebe es zu. Ich muss mich daran erinnern, dass auch ich einmal so glatte Arme und Schultern hatte. Und doch war ich unglücklich. Das Wunderbare an der Jugend ist, dass sie sich der Wirkung ihrer eigenen Schönheit nicht bewusst ist. Verliert sie diese Unschuld und setzt ihren Körper zielbewusst ein, ist der Zauber verflogen.

Nora hat Philosophie studiert, es fast bis zum Bachelor geschafft und das Studium dann abgebrochen, möchte den Abschluss aber irgendwann doch noch schaffen und danach Psychologie studieren. »Das wäre mein Traum. Ich bin ein empathischer Mensch und möchte mit Menschen arbeiten.« Ich beneide Nora um die vielen Wege, die ihr mit ihren 23 Jahren noch in alle Richtungen offenstehen.

»Die Rechte der Frauen sind mir ein starkes Anliegen«, sagt Nora, als ich sie nach dem Feminismus frage. Und nach einigem Zögern: »Ich denke schon, dass ich Feministin bin. Ab und zu spiele ich spaßeshalber mit den Klischees: Wenn eine Autofahrerin schlecht einparkt, sage ich ›Typisch Frau‹, aber da mache ich mich auch über mich selbst lustig. Ich sehe mich als sehr selbständige Frau und mache mir um meinen Platz in der Gesellschaft keine Sorgen. Deshalb kann ich so etwas auch sagen.« Ja, das ist ein Satz, der neidisch macht. In ihrem Alter stolperte ich orientierungslos durchs Leben, hoffte auf irgendeinen Prinzen, der mich retten würde.

In Noras Freundeskreis ist Feminismus kein Thema. So vieles ist für die Frauen selbstverständlich geworden. »Solang die Leute ein Auskommen haben, wird nichts hinterfragt. Keinem geht es wirklich schlecht, aber auch keinem wirklich gut. Ich glaube, sie wollen es gar nicht so genau wissen. Nichts brennt. Es ist kein Druck dahinter.« Aber sie wissen, wie sehr Nora politisch engagiert ist, und es geht für sie in Ordnung. Vor allem der Gender Pay Gap, die ungleiche Entlohnung von Männern und Frauen, ist für Nora ein wichtiges Thema. Das ist mittlerweile ein Feminismus, den alle akzeptieren können.»Was mir weniger ein Anliegen ist, ist das Gendern in der Sprache«, sagt Nora.»Ich finde das einen falschen Ansatz. Man sollte zuerst die Gesellschaft verändern, bevor man die Sprache umstellt.«

Aber teilweise scheint für Nora die Gesellschaft schon recht weit gekommen zu sein:»Ich denke schon, dass ich alles erreichen kann, was ich mir vornehme. Wenn ich an einen Punkt komme, wo es nicht weitergeht, kann ich dafür kämpfen. Es steht überall ein Türchen offen.« Was für eine wunderbare Zuversicht! Nora ist sich dessen bewusst, dass ihr meine Generation den Weg geebnet hat.»Dass die Abtreibung Anfang der Sechzigerjahre noch illegal war, kann man sich heute gar nicht vorstellen. Diese Freiheit! Ja, das ist schon eine Freiheit. Heute ist es die alleinige Entscheidung der Frau. Das finde ich gut. Wenn sie sich nicht bereit fühlt oder die Umstände nicht entsprechend sind, dann ist es die bessere Option.«

Selbstverständlich hat Nora auch mit Sexismus ihre Erfahrungen gemacht. Einige Jahre lang hat sie in einer Bar gearbeitet, oft auch nachts.»Natürlich gab es viele Männer an der Theke, und immer wieder hatte ich eine Hand auf dem Po. Meistens waren es ältere Männer, so um die fünfzig. Jüngere tun das weniger, die suchen eher das Gespräch. Oft sind sie auch gehemmt im Umgang mit Frauen.»Wenn ich also darüber nachdenke, hat sich ja doch nicht allzu viel geändert«, räumt sie ein.»In der Nacht allein habe ich schon manchmal Angst.« Der Unterschied: Die Frauen lassen sich nicht mehr alles gefallen.»Man geht in die Offensive und sagt nein. Sehr streng. Wenn das noch einmal vorkommt, möchte ich dich hier nie wieder sehen. Du bekommst Lokalverbot. Das ist der Unterschied: Heute wehren wir uns. Manchmal habe ich in der Bar sehr aggressiv reagiert. Und manchmal habe ich die Männer in ein Gespräch verwickelt. Das war eigentlich die schlimmste Variante für sie, weil ich sie geistig herausgefordert habe. Das ist eine sehr gute Methode. Ja, wir Jungen sind heute anders.«

In der Bar, in der Nora arbeitete, als sie erst siebzehn war, gab es eine Chefin um die sechzig.»Gleich am Anfang meiner Karriere dort habe ich ihr erzählt, dass Männer mir gegenüber aufdringlich werden. Sie geben viel Trinkgeld, wollen mich dafür aber kaufen. Das konnte ich nicht akzeptieren. In der ersten Zeit habe ich sogar geweint, ich war noch nicht durchsetzungsstark genug und sehr schüchtern. Aber die Chefin hat gesagt, das gehört zum Geschäft. Der Gast soll ja schließlich wiederkommen. Wenn du damit Probleme hast, bist du hier falsch. Ich war fassungslos. Aber genau dieser Satz von ihr hat mich stark gemacht. Entweder ich bin am falschen Platz, oder ich muss mich wehren.«

Durch die Emanzipation sei es für die Frauen nicht unbedingt leichter geworden, sagt Nora. Auch nicht für die Männer. Die Männer heutzutage wüssten nicht mehr, wo sie hingehören.»Ich darf nicht mehr der Starke sein, ich darf nicht mehr sagen, wo's langgeht, ich darf mich aber auch nicht unterbuttern lassen, denn dann bin ich ein Weichei. Ja, und der Gentleman, den man als Feministin eigentlich auch schätzt, einer, der einem die Tür aufhält, der geht halt verloren. Das muss klar sein. Also, was wollen wir Frauen?«

Ich gebe ihr recht, gebe zu, dass auch ich bisweilen den Gentleman alter Schule vermisse, den mir auch mein eigener Mann nicht bieten mag.

»Für uns ist es auch nicht leichter geworden, weil wir noch mehr Aufgaben haben als früher«, fährt Nora fort. »Wir sollen erfolgreich sein. Wir sollen schön sein. Wir müssen ins Sportstudio gehen, damit wir fit bleiben. Finanziell gut dastehen sollen wir auch. Und dabei immer lustig sein, aufmerksam und liebevoll. Das wird immer mehr. Wir wollen alle Möglichkeiten haben, aber mit jeder kommt eine neue Pflicht dazu. Nein, es ist nicht leichter geworden für die Frauen – aber trotzdem schöner. Denn jede Frau kann sich heute entscheiden, wo ihre Prioritäten liegen. Das ist das Schöne.«

Bei allem Verständnis für deren Schwierigkeiten erwartet Nora mehr Umdenken, als die Männer derzeit aufzubringen bereit sind. Angefangen von der Bereitschaft, sich am Haushalt zu beteiligen. Doch Nora gibt sich teilweise selbst die Schuld: »Ich lasse den Mann zum Beispiel nicht gern die Wäsche waschen. Richtig finde ich das nicht, aber ich mache die Dinge lieber selbst. Ich kann schlecht abgeben. Das ist mein persönliches Problem. Ich erledige auch typische Männerarbeiten lieber selbst, wie zum Beispiel den Abfluss reinigen. Mein Vater hat mir alles beigebracht, als ich mit siebzehn von zu Hause ausgezogen bin. Du brauchst für nichts einen Mann, hat er gesagt, du brauchst weder die Mama noch einen Mann. Ich zeig dir das, du merkst es dir, und dann erledigst du es selbst.« Eine gute Grundlage, um sich im Gestrüpp der sich wandelnden Genderverhältnisse durchzuschlagen.

Als Mädchen benachteiligt wurde Nora nur in der Schule. Es gab Lehrerinnen, meistens ältere, die die Jungs bevorzugten. Wenn Nora etwas zu sagen hatte, nahm es die Lehrerin weniger ernst als bei ihrem Sitznachbarn. Diese Erfahrung hat auch die 26-jährige Natalie gemacht. Sie war sehr gut in Mathe, doch ihre Lehrerin hat ihr davon abgeraten, in diesem Fach zu maturieren. Jungs in ihrer Klasse, die schlechter waren als sie, traten hingegen in Mathematik an. Als Siebzehnjährige fiel ihr das damals nicht auf, erst im Nachhinein dachte sie darüber nach. Also hat sie eben in Kunst maturiert und danach Kunstgeschichte studiert. »Hätte die Lehrerin mein Talent gefördert, wäre ich vielleicht Mathematikerin geworden.«

Obwohl noch jung, hat Nora mit Männern schon genügend Erfahrungen gesammelt. Frauen würden anders mit Sexualität umgehen als Männer, meint sie. »Wir haben nicht diesen gedankenlosen Trieb, der steht bei uns nicht an erster Stelle. Gut, den Trieb kann man nicht ändern, die Einstellung dazu aber schon. Die Männer müssen lernen, bewusster mit ihren Trieben umzugehen.« Verantwortlich macht sie die Mütter, die ihre Söhne verhätscheln, sodass diese sich daran gewöhnen, sich alles erlauben zu können. »Das Verhältnis von Mutter zu Sohn ist immer speziell, immer anders als von Mutter zu Tochter. Uns Frauen wird nie vermittelt, dass wir alles dürfen.«

Nora hat sich darüber viele Gedanken gemacht, weil sie einmal mit einem Bosnier liiert war, der ihr viel bedeutet hat. Sie macht seine Mutter für die Trennung mit verantwortlich. »Ich bin eine sehr emanzipierte Frau und ein Mensch, der gern streitet. Ich lasse mir nichts gefallen und bemuttere keinen Mann. In meinen Beziehungen muss Gleichberechtigung herrschen. Und dann steht da hinter dem Mann die Mutter, der das nicht gefällt. Das ist doch mein kleiner Bub, wie kannst du so mit ihm sprechen!«

Und Kinder? Eine naheliegende Frage an eine junge Frau. Ja, irgendwann schon, sagt Nora nach einigem Zögern. Aber erst so um die zweiunddreißig, ein Alter, in dem sie hofft mit sich »komplett im Reinen« zu sein. Sie will ihrem Kind nichts von ihrer eigenen Vergangenheit mitgeben. Am liebsten sollte es mit beiden Elternteilen aufwachsen, »aber ich habe trotzdem immer die Vorstellung, dass ich alleinerziehend sein werde. Das ist so ein Gefühl, auch wenn ich es mir nicht wünsche. Vorstellen kann ich es mir aber auf jeden Fall.« Den Kontakt zum Vater würde sie ihrem Kind aber nie verbieten. Noras Eltern haben sich getrennt und verstehen sich hervorragend. So würde sie es auch haben wollen. Auch bei der Aufteilung der Aufgaben im Haushalt dienen ihr der Vater und seine jetzige Frau als Vorbilder.

Dass sie sich vorstellen kann, alleinerziehende Mutter zu sein, hat auch etwas mir ihren Freundinnen zu tun, von denen einige alleinerziehend und sehr verantwortungsbewusst sind. Sie denkt dabei besonders an eine Freundin, die mit achtzehn geheiratet hat und schon in der Trennungsphase war, als sie schwanger wurde. Da sie aber unbedingt ein Kind haben wollte, hatte sie die Pille abgesetzt. Die Pille abzusetzen, ohne den Mann davon in Kenntnis zu setzen, findet Nora nicht fair. Verhütung sollte eine Aufgabe für beide sein.

Die Männer von Noras Freundinnen übernehmen nach der Trennung durchaus Verantwortung. Auf einen Mann verzichten manche aber lieber. »Warum? Wahrscheinlich sind sie enttäuscht von den Männern, und gerade diejenigen, die schon Mütter sind, sind sehr selbständig. Sie sehen, dass sie den Alltag alleine schaffen, und sagen sich: Mann, nein danke. Ich komme allein super klar, warum muss ich mich kränken lassen? Wozu soll ich mir das antun mit einem Mann? Der Mann wird als zusätzliche Belastung gesehen. Ich kenne einige solche Fälle. Sie haben dann schon immer mal wieder Freunde oder Liebhaber, aber sie schicken sie auch wieder nach Hause. Nur wann ich will!« Und das alles, ich muss es mir immer wieder bewusst machen, in Kleinstädten in einem sehr konservativ geprägten Teil Österreichs. Es ist aber nicht anders zu erwarten, dass Nora auch das Gegenteil kennt: Frauen in ihrem Alter, die sehr abhängig sind von Männern und sich verbiegen, um ihnen zu gefallen. Gewaltbeziehungen kennt Nora in ihrem Bekanntenkreis nicht. Aber erst kürzlich wurde in Tulln ein fünfzehnjähriges Mädchen von drei Männern vergewaltigt. »Was mich gerade bei diesem Fall sehr traurig macht, ist, dass es leider Flüchtlinge waren. Nicht dass es einen Unterschied macht, aber ich setze mich sehr für die Flüchtlinge in Tulln ein. Ich war auch bei den Erstversorgungsstellen immer dabei, und da tut es mir weh, wenn diese Leute so etwas machen, denn man kann sie dann auch schlecht verteidigen. So etwas passiert in unserer Kleinstadt eigentlich kaum, und wenn, dann sind es leider meistens Migranten. In den letzten zehn Jahren war das vielleicht drei Mal der Fall. Nicht dass ich mir wünschen würde, dass es Österreicher gewesen wären. Es ist egal, wer es ist. Nur macht es dann die Arbeit mit den Flüchtlingen noch schwieriger.«

Das ist Noras eigentliches politisches Engagement: Sie setzt sich für Geflüchtete ein, besucht Veranstaltungen, äußert bei Diskussionen selbstbewusst ihre Meinung. Sie verteidigt die Geflüchteten, unterstützt sie in Deutschkursen, mit Spenden, Gesprächen und gemeinsamen Spaziergängen. »Denn in ihrem Leben sind so schlimme Sachen passiert.« Überwiegend hat sie mit Männern zu tun, meistens aus Syrien. Sie wird von ihnen mit größtem Respekt behandelt. »Nicht ein einziges Mal bin ich belästigt worden. Mit den Afghanen ist es etwas anders, da lässt der Respekt oft zu wünschen übrig. Aber nicht nur bei Frauen, auch Männern gegenüber. Sie sind eher Einzelgänger, die gleich Geschütze aufbauen und sich verteidigen. Im Allgemeinen aber herrscht uns Österreichern gegenüber eine extreme Dankbarkeit – was mir manchmal unangenehm ist. Denn ich würde erwarten, dass man auch mir hilft, wenn ich in eine ähnliche Situation gerate.«

Wenn alle eine solche Empathie aufbringen könnten und wollten, sähe die politische Debatte um die Aufnahme von Geflüchteten anders aus; wenn mehr Menschen in der Lage wären, den Gedanken zuzulassen, dass auch sie einmal in eine ähnliche Lage geraten könnten. Während des Krieges in Ex-Jugoslawien in den frühen 1990ern hatte ich den Eindruck, dass es noch viele Deutsche gab, die sich an die Fluchtgeschichten ihrer Eltern oder Großeltern erinnern konnten. Und viele nahmen mit beeindruckender Großzügigkeit ganze Familien geflüchteter Bosnier*innen auf. Heute scheint diese Erinnerung verblasst. Besonders Noras Engagement für die Geflüchteten hat mich für sie eingenommen. Auch ich habe in Berlin angefangen, syrischen Geflüchteten Deutschunterricht zu erteilen, muss aber feststellen, dass ich nicht genug Ausdauer aufbringen kann. Immer wieder findet sich etwas, das mir schließlich wichtiger ist. Oder ich bin einfach zu müde, um abends nochmals außer Haus zu gehen. Kolleginnen, besonders solche, die in Rente sind, nehmen ihr Engagement viel ernster. Ich habe zwar ein schlechtes Gewissen, aber das hilft den Syrer*innen natürlich nicht.

Dabei komme ich selbst aus einer Familie von Geflüchteten. Meine Mutter war den Engländer*innen zeit ihres Lebens dankbar, dass sie und ihr Mann 1938 von Großbritannien aufgenommen wurden. Dabei mussten beide als Hausangestellte arbeiten und wurden nicht immer gut behandelt. Mehrmals wechselten sie ihre Stelle, weil sie es nicht mehr aushielten. Eine reguläre Arbeit annehmen durften sie als Geflüchtete nicht.

Und dann wurde mein Vater 1941 auch noch als »feindlicher Ausländer« nach Australien deportiert und vollkommen grundlos ein Jahr lang in einem Camp im Outback festgehalten. Derweil lebte meine Mutter in London unter dem Bombenhagel der Wehrmacht. Es ging ihr schlecht, und in jener Zeit lichtete sich ihr volles dunkles Haar. Meinem Vater ging es im Camp unter der australischen Sonne vergleichsweise besser, aber er litt unter der erzwungenen Untätigkeit und der Sorge um seine Frau. Als er endlich nach einer gefährlichen sechswöchigen Schiffsreise nach England zurückkehrte, wurde er für weitere Monate auf der Isle of Man interniert.

Doch dann ging alles ganz schnell: Am 1. Januar 1942 wurde er entlassen, am 1. Januar 1943 kam ihr erstes Kind auf die Welt: ich. Noch immer bin ich voller Bewunderung, dass sie es mitten im Krieg und angesichts einer mehr als ungewissen Zukunft wagten, ein Kind in die Welt zu setzen. Aber ich sehe, dass Geflüchtete weltweit unter den grausamsten Bedingungen dasselbe tun. Vielleicht hilft die Sorge um ein Kind, die Hoffnung aufrechtzuerhalten. Und Hoffnung muss man ja haben, um weiterzuleben.

Also kann ich die Dankbarkeit der Syrer*innen nachvollziehen. Die Deportation der überwiegend jüdischen Geflüchteten nach Australien und Kanada war eine unsinnige Aktion, die der britischen Regierung im Nachhinein peinlich war. Der Dankbarkeit meiner Eltern tat es keinen Abbruch. Auch in Österreich, in das sie – sehr zum Leidwesen meiner Mutter – 1948 zurückkehrten, hielten sie die Erinnerung an England aufrecht. Sie lasen englische Zeitschriften, sprachen zu Hause mit den Kindern Englisch, schrieben mich und meinen Bruder in der amerikanische Leihbibliothek ein, ja meine Mutter, die Hausfrau wider Willen, kochte bisweilen sogar englisches Essen.

Lammfleisch war in den Fünfzigern in Wien nicht erhältlich, die Leute ekelten sich vor dem Geruch und aßen nur Schweinefleisch; wenn aber einmal tiefgefrorenes Lamm aus

Neuseeland aufzutreiben war, gab es bei uns zu Hause ein Festessen: Lammbraten mit Kohlsprossen und Yorkshire-Pudding. Und als Nachspeise Custard, den englischen Vanillepudding, den uns Freunde regelmäßig schickten. Ich bin unseren englischen Gewohnheiten teilweise treu geblieben. Noch nach siebzig Jahren brauche ich zum Frühstück Tee mit Milch und Orangenmarmelade.

Meinen britischen Pass würde ich nie aufgeben. Als ein in England geborenes Flüchtlingskind hatte ich Anspruch auf die britische Staatsbürgerschaft. Das war damals so. Viel später bildete sie die Grundlage für meinen erleichterten Aufenthalt in der Bundesrepublik, in die ich 1988 – ohne jedes finanzielle Netz – einwanderte. Damals war Österreich noch nicht in der EU, und meine österreichische Staatsbürgerschaft war wenig hilfreich. Sogar mein damaliger österreichischer Mann, Freiberufler wie ich, profitierte von meinem britischen Pass. Die immer wieder vorgebrachte Rede vom angeblichen Loyalitätskonflikt bei Personen mit doppelter Staatsbürgerschaft ist läppisch. Nur noch wenige Menschen sind aus einem Guss. Die meisten haben vielfältige Identitäten, die sich durchaus miteinander vertragen. Nach drei Jahrzehnten in Deutschland fühle ich mich diesem Land weit mehr verbunden als meiner angeblichen »Heimat« Österreich, auch wenn ich dort, hier jedoch nicht wählen kann.

Wirklich heimisch habe ich mich in Österreich nie gefühlt. Und das Land meiner Geburt wird immer England bleiben, wo mir – Brexit hin oder her – bei Reisen dorthin das Herz aufgeht. In mir steckt etwas Englisches, auch wenn es dafür keine genetische Grundlage gibt. Ich liebe den englischen Humor, den britische Akzent in der Sprache, und noch das abscheulichste englische Essen, das in Gaststätten wohl nur noch selten zu finden ist, kann mich in sentimentale Verzückung versetzen.

Im Film *Die Unsichtbaren*, der einige Geschichten von Jüdinnen und Juden erzählt, die während der Nazizeit in Berlin untergetaucht waren und überlebt haben, gibt es eine Szene, in der ein sowjetischer Soldat nach Kriegsende seine Pistole auf zwei junge Juden richtet, die freudig aus ihrem Versteck kommen, um sie zu begrüßen. Der Soldat glaubt ihnen nicht, dass sie Juden sind, die seien doch alle ermordet worden. Als Beweis verlangt er von den beiden das Gebet *Schma Jisrael*, das – so behauptet er – alle Juden und Jüdinnen kennen würden. Zitternd vor Angst und mit erhobenen Händen sagen die beiden es auf: *Schma Jisrael, Adonaj Elohejnu, Adonaj Echad*. Bei dieser Filmsequenz stiegen mir Tränen in die Augen, und ich dachte: Alle Jüdinnen und Juden kennen das Gebet, nur ich nicht. Ich muss es unbedingt lernen, wenigstens den Anfang. Was werde ich tun, wenn ich in eine ähnliche Situation gerate?

Ich werde immer ein Flüchtlingskind bleiben. Die syrischen und afghanischen Geflüchteten sind meine Schwestern und Brüder.

Auch Petras Mutter war in der Familie die treibende Kraft. Sie hat die Dreißigjährige geprägt, »und ich bin auf jeden Fall Feministin. Ich bin dazu erzogen worden, mich für die Rechte der Frauen einzusetzen.« Ihr ganzes soziales Umfeld denkt ähnlich, einschließlich der Männer. »Ich denke aber, man muss aufpassen, dass es nicht zu selbstverständlich wird. Dass Probleme angesprochen werden, auch wenn wir persönlich keine haben. Wir dürfen nicht vergessen, dass es anderen anders geht und dass unsere Gleichberechtigung keine Selbstverständlichkeit ist.«

Doch auch Petra nimmt wahr, dass das Wort »Feminismus« bisweilen negative Reaktionen auslöst und dass diejenigen, die sich als Feministinnen zu erkennen geben, einen

Stempel aufgedrückt bekommen. Wie Nora denkt Petra bei Feminismus als Erstes an die ungleiche Bezahlung von Männern und Frauen. Für junge Frauen, die mit dem Gefühl aufgewachsen sind, den gleichen Wert zu haben wie Männer, ist der Umstand, dass es bei gleicher Qualifikation immer noch dieses Einkommensgefälle gibt, schwer zu verkraften. »Ich verstehe es einfach nicht«, sagt Petra. Es ist einfach unverständlich. Doch bei Ungerechtigkeit geht es ja um den Vorteil derer, die diskriminieren, nicht um Vernunft.

Auf Nachfrage fallen Petra aber noch andere Mängel in der österreichischen Gesellschaft ein, die Feminismus rechtfertigen: die Kinderbetreuung. Petra ist dreißig, und in ihrem gleichaltrigen Freundeskreis bekommen viele Frauen Kinder. Auch ihre Schwester hat gerade ein Baby bekommen, und eine Freundin wurde ungeplant schwanger. »Sie hatte gerade ihren Traumjob gefunden, als sie es erfuhr, dabei hatte sie nie allzu viel Zugang zu Kindern. Aber ihr Partner hat sich total gefreut, und da hat sie sich gefreut, dass er sich freut.« Niemals wollte ihre Freundin zu Hause bleiben und von ihrem Partner abhängig sein, aber jetzt tut sie es doch. Da der Vater des Kindes als Mediziner wesentlich mehr verdient als sie und das Paar gerade umzieht, bietet sich erneut die traditionelle Rollenaufteilung an. Der Chef der Freundin hat ihr versprochen, sie nach der Elternzeit zurückzunehmen, also muss sie sich nun entscheiden, ob sie noch länger zu Hause bleibt oder das Kind in eine Krippe gibt. Eine schwere Entscheidung. »Da liegt noch vieles im Argen. Ich würde mir wünschen, dass es Modelle gibt, die es der Frau ermöglichen, rasch wieder arbeiten zu gehen.«

Als Teenager schien der Ablauf von Petras Leben vorgezeichnet: erst studieren, dann arbeiten und dann Kinder kriegen. Aber jetzt ist sie sich nicht mehr sicher. »Manche denken verstärkt darüber nach, wenn sie dreißig werden, aber für mich ist es momentan keine Frage, die ansteht.«

Petra hat Anglistik, Theaterwissenschaft, Film und Medien studiert und wurde während des Anglistikstudiums mit dem Feminismus konfrontiert. Das Studium ist breit gefächert und umfasst auch Cultural und Gender Studies. Der Feminismus war dann für sie einfach eine Weiterentwicklung ihrer Erziehung im Elternhaus. Außerdem ist Feminismus auf Facebook und Twitter immer ein Thema. Ihre Professorin an der Uni war eine große Anhängerin von Judith Butler, doch Petra findet zu deren Denken keinen Zugang. »Sie ist mir zu theoretisch und abgehoben. Das ist nicht anwendbar. Aber an der Uni haben wir viel über ihre Theorie gesprochen.«

Im Gegensatz zu Nora ist Petra das Gendern der Sprache sehr wichtig. Mit ihrer Haltung stößt sie oft auf Widerstand, scheut sich aber nicht, mit anderen darüber zu diskutieren. Sprache kann verändern. »Zum Beispiel: Spricht man von einem Piloten, denkt man garantiert an einen Mann. Das muss sich ändern, und die Sprache kann dabei helfen. Freundinnen sagen, es stört den Textfluss, aber ich meine, dass man sich daran gewöhnen kann. Dann stört es auch nicht mehr. Die Gesellschaft entwickelt sich weiter, und das muss in der Sprache einen Niederschlag finden.«

Wenn sie Texte schreibt, geht Petra mit dem Gendern pragmatisch um. »Ich schreibe so, wie es für mich gut klingt. Meistens verwende ich die Verdoppelung. Das ist oft schwerfällig, ich weiß, aber ich bin ja keine Schriftstellerin, ich schreibe nur kurze Pressetexte oder auf der Uni wissenschaftliche Texte. Das ist dann schon in Ordnung. Das Binnen-I verwende ich in E-Mails, für schnelle Dinge, wo die Verdoppelung zu lange dauern würde. Eine Freundin gendert nicht, weil sie bei der männlichen Form nicht nur an

69

Männer denkt. Sagt sie. Das halte ich für einen Denkfehler.«

Mit dem Sternchen kann sie sich noch nicht anfreunden. »Aber ich weiß, dass ich sonst Transpersonen ausschließe, also sollte ich es mir vielleicht noch überlegen und mich weiterentwickeln. Ich habe eine Freundin, die von Geschlechterlosigkeit spricht, aber in der Sprache geht das nicht. Sie weiß auch nicht, wie sie es handhaben soll, aber ich finde es einen schönen Gedanken, dass man einfach von Menschen spricht, ohne ein bestimmtes Geschlecht zu benennen. In der Praxis ist es aber nur schwer umsetzbar.«

An der Uni war Gendern ein wichtiges Thema. Sobald Petra anfing, wissenschaftliche Texte zu schreiben, musste sie sich damit auseinandersetzen. Spätestens bei der Diplomarbeit muss man sich entscheiden, wie man es halten will. Es besteht jedoch auch die Möglichkeit, gleich zu Beginn anzukündigen, dass man nur die männliche Form verwendet, aber beide Geschlechter meint. Ohne diese Vorbemerkung wird eine Arbeit von den Professor*innen nicht mehr akzeptiert.«In der Anglistik, aber auch in der Theaterwissenschaft ist es sehr streng, da gibt es auch, glaube ich, keinen Unterschied zwischen männlichen und weiblichen Profs, es ist allen wichtig. Ich glaube, dass sich die wenigsten dafür entscheiden, nur die männliche Form zu verwenden. So ist es wenigstens in den Geisteswissenschaften.«

Das ist Lichtjahre von meiner Studienzeit entfernt. Damals sprachen die Studierenden einander noch mit Frau Kollegin und Herr Kollege an. Ich habe am Dolmetschinstitut der Universität Wien studiert. Es war ein Studienfach für überwiegend bürgerliche Mädchen in Faltenröcken. Ich erinnere mich noch gut an eine junge Frau, die immer perfekt gestylt und mit knallroten Lippen zu den Vorlesungen erschien. Oft auch verspätet. Für eine Frau sei es immer noch günstiger, geschminkt zu spät zu kommen, als ungeschminkt pünktlich, sagte sie.

Ich selbst befand mich zu jener Zeit, also Anfang der Sechzigerjahre, auf dem Weg zur wilden Linken, wenn ich auch keine Subkultur hatte, in die ich hätte eintauchen können. Doch zeitgeistig modisch fühlte ich mich dem Existentialismus nahe, was ich vor allem mit der Kleidung ausdrückte. Ich trug weite anthrazitfarbene Männerpullover und Hosen, die mir vermutlich noch meine Mutter geschneidert hat. Körpernahe feminine Kleidung, die mir noch mit sechzehn hervorragend stand, war mir ein Gräuel. Gegen Ende meiner Schulzeit war der Grufti-Look modern: schwarz geschminkte Augen und weißer Lippenstift. An der Uni fiel der Lippenstift weg. Geblieben waren die mit schwarzem Stift umrandeten Augen. Dazu passend ein unglücklicher Gesichtsausdruck, der wohl auch meinem Lebensgefühl entsprach. Die Sängerinnen Juliette Gréco und Françoise Hardy gefielen mir sehr. Françoise Hardy ist kürzlich gestorben, das hat mich geschockt. Sie war ein Jahr jünger als ich.

Am Uni-Institut der Faltenröcke fiel ich mit meiner Aufmachung auf. Der Bibliothekar, der Kubitschek hieß, konnte es nicht lassen, Bemerkungen über meine Hose zu machen; vielleicht waren sie sexistisch, das Wort kannte ich noch nicht. Eigentlich passte ich nicht ins Dolmetschinstitut. Es war ein Studium für höhere Töchter, obwohl die Tätigkeit einer Simultandolmetscherin ein nervenaufreibender Knochenjob ist, den ich – auch mangels Interesse – nie richtig erlernt habe. Viele erfolgreiche Dolmetscher*innen, aus denen sich unser Lehrpersonal rekrutierte, waren Männer. Dolmetscher*innen sind viel unterwegs und arbeiten bisweilen bis in die Nacht hinein.

Ich hatte mich aus hehren Absichten für dieses Studium entschieden, ich liebte Sprachen – als ich zu studieren be-

71

gann, beherrschte ich bereits vier –, vor allem aber wollte ich dem Frieden dienen. Ich wollte zur Völkerverständigung beitragen, um zu verhindern, dass es jemals wieder zu Faschismus und Krieg kommen würde. Das Wort »dienen« ist richtig gewählt. Mehr konnte ich mir als Tätigkeit für eine Frau nicht vorstellen. Mehr traute ich mir auch nicht zu. Heute würde eine junge Frau mit meinen Idealen vielleicht Politikwissenschaft oder Internationale Studien studieren. Ich hätte mir eine Tätigkeit bei der UNO, in der Entwicklungszusammenarbeit oder bei Amnesty International vorstellen oder auch ein politisches Amt anstreben können. Alles jenseits meines Horizonts.

Ich war eine mittelmäßige Studentin, litt darunter, dass unsere Vorlesungen und Seminare oft schon um acht Uhr früh begannen und nicht selten bis in den Abend reichten. Wenn ich in der vorangegangenen Nacht bis spät aufgeblieben war, legte ich während der Vorlesung am frühen Vormittag meinen Kopf auf die Bank und schlief. Es war ein extrem verschultes Studium, und ich absolvierte brav mein Pensum, ohne mich besonders zu engagieren. Da gab es nichts, was mich geistig anregte. Nur selten waren die Texte, die wir übersetzen mussten, interessant. Um Geld zu verdienen, gab ich Englischunterricht, tippte Matrizen und übernahm bei Konferenzen sprachliche Hilfsjobs als Hostess oder Übersetzerin. Ich brauchte nicht viel, denn noch wohnte ich bei meinen Eltern.

Was mich mehr als alles andere interessierte, war das Leben. Also die Liebe. Also die Männer. Meine erste Abtreibung hatte ich 1963 hinter mich gebracht, danach erreichte uns auch in Österreich die Antibabypille. Endlich konnte ich sorglos vögeln mit wem ich wollte. Bei internationalen Konferenzen war das fremdsprachige Männerangebot groß. So vertrödelte ich meine Zeit, verliebte mich ab und zu und unternahm Reisen zu dem einen oder anderen, den ich kennengelernt hatte.

Eine Zeitlang hatte ich einen verheirateten italienischen Freund, der doppelt so alt war wie ich und natürlich verheiratet. Seine Töchter waren in meinem Alter. Der erste Geschlechtsverkehr in seinem Fiat war zwar keine Vergewaltigung, ein Machtmissbrauch aber allemal. Schließlich war er mein Professor. Die Liebschaft endete tränenreich. Ohne mich zu informieren, hatte sich meine Mutter eingemischt und ihn ersucht, die Finger von mir zu lassen. Von einem Tag auf den anderen war er verschwunden. Der Schmerz war riesig. Was meine Mutter getan hatte, erfuhr ich erst nach ihrem Tod von einem Freund meines ebenfalls verstorbenen Bruders.

Ich sehnte mich nach Liebe, nicht aber nach Beständigkeit und schon gar nicht nach Familie. Oft war ich unglücklich. Was ich wirklich wollte, wusste ich nicht. Immer wieder setzte ich mit dem Studium aus und machte später einen erneuten Anlauf. Weder an Kinder noch an Karriere verschwendete ich auch nur einen Gedanken. So vergingen die Jahre. Nach insgesamt zehn Jahren schaffte ich endlich die Abschlussprüfung. Nun war ich Diplomdolmetscherin – Dipl. Dolm. –, was einem MA entspricht.

Obwohl ich nicht die Absicht hatte, in diesem Beruf tätig zu werden, ja eigentlich überhaupt keinen Beruf anstrebte, war ich doch froh, das Studium ordentlich abgeschlossen zu haben. Man weiß ja nie. Später habe ich tatsächlich in diesem Beruf gearbeitet, von Zeit zu Zeit als gut verdienende Dolmetscherin, vor allem aber als schlecht verdienende Übersetzerin von etwa fünfundzwanzig Büchern. Einen Abschluss hätte ich dazu nicht gebraucht, aber ich schließe immer alles ordentlich ab. Nur zu einer Familie habe ich es nicht gebracht.

Ich bin mit Petra einverstanden, dass die Sprache auf gesellschaftliche Veränderungen reagiert, sie aber auch vorantreiben kann. Sprache entwickelt sich nicht im luftleeren Raum. Wie Nora meinen viele, dass Frauen gravierendere Probleme haben als ihre fehlende Nennung in der Sprache. Reale Probleme. Das stimmt zwar, aber diese Argumentation erinnert mich auch an den »Nebenwiderspruch« der Frauenfrage in der marxistischen Theorie. Doch in revolutionären Situationen gibt es immer einen magischen Augenblick, in dem die Revolution alle gesellschaftlichen Bereiche erfasst. Da gibt es keine Wertung von Wichtigem und weniger Wichtigem. Arbeit, Kindererziehung, Literatur, Theater, Forschung, Schule, Universität, die Liebe und das Verhältnis der Geschlechter, alle wollen gleichzeitig revolutioniert werden. Die symbolische Bedeutung von Denkmälern und Sprache ist nicht zu unterschätzen. Leider dauert dieser Moment immer nur kurz.

Im krassen Gegensatz zur Überzeugung, dass die Sprache ein solcher Nebenwiderspruch ist, der auf später verschoben werden kann, stehen die Emotionen, die hochschießen, wenn vom sprachlichen Gendern die Rede ist. Ich leite alljährlich einen Schreibworkshop an der Österreichischen Sommerakademie auf der griechischen Insel Zakynthos. Meine Kursteilnehmer*innen schreiben einen Text, den sie in der Gruppe vorlesen. Fällt mir ein falsches grammatikalisches Geschlecht auf – etwa wenn auf die Partei oder die Regierung ein männliches Possessivpronomen folgt oder wenn die männliche Form benutzt wird, obwohl von Frauen die Rede ist –, weise ich darauf hin. Es folgt so gut wie immer heftige Abwehr, insbesondere von Seiten der Männer. Vom Sternchen ist da noch lange keine Rede. Der Hinweis, dass die Verwendung des generischen Maskulinums weibliche Personen unsichtbar macht, treibt viele auf die Palme. Haben wir keine anderen Probleme? Als ob der Umstand, dass Männer sprachlich als Menschen behandelt werden und Frauen als Sonderfälle, kein Skandal wäre. Als die Universität Leipzig, an der sechzig Prozent der Studierenden Frauen sind, 2011 in ihrer Grundordnung das generische Femininum festlegte, erhitzten sich die Gemüter. Plötzlich war es für Männer schwer erträglich, zu akzeptieren, was bislang für Frauen als selbstverständlich vorausgesetzt wurde: mitgemeint zu sein.

»Weibliche Bezeichnungen sind für Männer genauso untragbar wie weibliche Kleidungsstücke«, schrieb die Linguistin Luise Pusch in der Einleitung zu ihrem 1984 erschienenen Buch *Das Deutsche als Männersprache*. Das war natürlich lange bevor Cross Dressing populär wurde. Ehe sie gemeinsam mit ihrer Kollegin Senta Trömel-Plötz in Deutschland die feministische Linguistik begründete, war sie eine angesehene Wissenschaftlerin, die häufig zu Vorträgen und internationalen Konferenzen eingeladen wurde. Das änderte sich schlagartig, als Luise Pusch 1979 anfing, den Androzentrismus in der deutschen Sprache zu hinterfragen. »Mutter Sprache ist auf meine Existenz etwa so gut vorbereitet wie Vater Staat auf die Existenz von Behinderten«, schrieb sie.

Mitte der 1970er begannen die bundesrepublikanischen Feministinnen einen Feldzug zur Rettung der deutschen Sprache. Es hat gefruchtet. Um nichts in der Welt würde ich mich heute als »Autor« oder »Übersetzer« bezeichnen. Und kein Politiker würde es sich erlauben, nicht von »Bürgerinnen und Bürgern« zu sprechen, auch wenn es so verwischt wird, dass es bei SPD-Politikern und Gewerkschaftern nicht selten wie »Genossen und Genossen« klingt. Politiker*innen und Gewerkschafter*innen wissen, dass sie auch die Frauen ansprechen müssen, wollen sie von ihnen gewählt werden.

Als nach der Wende Feministinnen aus der Bundesrepublik mit Feministinnen aus der DDR zusammentrafen, verlief die Trennlinie auch über die Sprache. Wir im Westen zuckten jedes Mal zusammen, wenn eine von ihnen »Ich bin Lehrer« sagte, während die DDR-Feministinnen unser Beharren auf dem Femininum affig fanden. Habt ihr keine anderen Sorgen? Inzwischen ist so einigermaßen zusammengewachsen, was zusammengehört, aber noch immer lässt sich ein DDR-Hintergrund daran erkennen, dass eine Frau für sich selbst das Maskulinum verwendet. Und noch immer zucken wir zusammen. Wenn jedoch in einem Chor fünfundneunzig Soprane und fünf Bässe und Tenöre singen, irritiert es uns kaum, wenn von hundert Sängern die Rede ist.

Frankreichs Premier Edouard Philippe irritiert wiederum etwas ganz anderes. Ende November 2017 mischte er sich in die seit langem geführte Debatte um eine gendersensiblere Sprache ein und wies die Ministerien an, gewisse geschlechtergerechte Formulierungen nicht zu verwenden. Wenn es nach ihm geht, soll es weiterhin »Madame le ministre« und »Madame le senateur« heißen. Unterstützt wird er von der altehrwürdigen Académie française, welche die »Feminisierung« gewisser Bezeichnungen 2002 ablehnte. »Cheffe« statt »chef« oder »écrivaine« statt »écrivain« sollte es weiterhin nicht geben. Mittlerweile wird der Gebrauch solcher Berufsbezeichnungen im Alltag zwar widerwillig toleriert, nicht jedoch in offiziellen Texten. Erst Ende Oktober 2017 warnte die Académie française vor der tödlichen Gefahr, in der die französische Sprache schweben würde.

Auch die Arbeitsgruppe der Sektion Literatur an der deutschen Akademie der Künste äußerte im Januar 2018 »nach mehreren Sitzungen« Einspruch gegen Bestrebungen, eine gendergerechte Sprache zu finden. Nach acht Ratschlägen »zum Versuch der Entideologisierung der Gendersprachde-

batte« kommt die Arbeitsgruppe zu folgendem Fazit:»Diese
Ratschläge scheinen uns besser als die bequemen und büro-
kratischen Sternchen, Binnen-Is, Schräg- oder Unterstriche,
die nicht gesprochen werden können und in der orthografi-
schen Praxis einer Akademie der Künste zu vermeiden sind.
Sie sind respektlos gegenüber Leserinnen und Lesern und
untergraben das Sprachgefühl.«

Die 26-jährige Natalie, die dritte der drei Niederösterreicherinnen, die ich während meines Aufenthalts in Krems interviewt habe, denkt gleich zu Beginn unseres Gesprächs über
die Generationenfolge in ihrer Familie nach. In den 1950ern
war es für ihre Großmutter in gewisser Weise ein feministischer Schritt, keinen Bauern zu heiraten. Sie wurde Hausfrau, nähte, kochte und putzte, musste aber nicht mehr auf
dem Feld arbeiten, was sie mit einem Bauern als Ehemann
hätte tun müssen. Natalies Mutter hatte schon eine höhere
Schule besucht, eine Haushaltsschule. Sie hatte das Abitur
gemacht und war Lehrerin geworden. Und Natalie schließlich hat die Universität besucht.»Das ist für mich interessant, wie sich ein feministischer Schritt in jeder Generation
anders anfühlen kann. Natürlich hat das auch mit der Klasse
zu tun. Kam in den Fünfzigern eine Frau aus einem Akade-
mikerhaushalt, hatte sie schon damals die Voraussetzungen,
um an die Universität zu gehen. So wie das auch heute noch
ist.«
Sollte Natalie einmal eine Tochter haben, wäre der nächste
feministische Schritt auf dem Weg zur realen Gleichberechtigung, dass geschlechtsspezifische Vorurteile weiter abgebaut
werden und Mädchen zum Beispiel auch in den Naturwis-
senschaften gleichberechtigt gefördert werden. Denn entsprechend gefördert wäre Natalie vielleicht Mathematikerin
geworden.»Ich bin mit meinem Leben zufrieden, finde es

aber im Nachhinein interessant, wie mich meine Lehrerin davon abgehalten hat, in Mathematik zu maturieren. Hätte ich das nötige Bewusstsein gehabt, hätte ich mich vielleicht nicht unterkriegen lassen.« Der Feminismus war zwar damals schon in der Welt, aber Natalie stammt aus einem sehr konservativen Ort in Niederösterreich. In Wien wäre es vielleicht anders gewesen.

»Als ich fünfundzwanzig wurde, wurde meine Mutter fünfzig und meine Oma fünfundsiebzig. Da habe ich schon einmal darüber nachgedacht, okay, jetzt wäre ich dran mit einem Kind. Das hat niemand gesagt, und niemand hat mich unter Druck gesetzt, aber es fiel mir auf, dass seit zwei Generationen anscheinend alle fünfundzwanzig Jahre eine neue Generation beginnt.« Doch Natalie strebt eine wissenschaftliche Karriere an und hofft, sich nicht zwischen Kind und Karriere entscheiden zu müssen. Im Augenblick kann sie sich eher vorstellen, auf ein Kind zu verzichten als auf die Karriere. »Aber das ist eine Momentaufnahme, in zehn Jahren – *who knows?*« Vielleicht würde es ihr aber auch genügen, bloß Tante zu sein. Soll sich doch ihr Bruder um Nachwuchs kümmern. Wie Nora kann sich Natalie auch vorstellen, eines Tages alleinerziehend zu sein, obwohl es auch für sie kein anstrebenswertes Modell ist. Aber auch ihre Mutter war alleinerziehend. Es ist heute keine Seltenheit mehr.

Wissenschaft und Familie sind nicht einfach zu vereinbaren. Es gibt in der Wissenschaft wenige Frauen und nur befristete Verträge. Man muss sich bei verschiedenen Unis bewerben und ständig das Land wechseln. Ein Mann findet häufig eine Frau, die mit ihm zieht und ihre eigene Karriere zurücksteckt. Für eine Frau bietet sich eine solche Option nur selten an. »Kinder sind vermutlich das größte Hindernis für eine Karriere«, sagt Natalie. »Richtig wäre, dass ich die

78

ersten neun Monate mache, da gibt es keine andere Lösung, und in den nächsten neun Monaten gibt es verschiedene gesellschaftlich gleichberechtigte Modelle.« Natalie glaubt allerdings, bereits eine Änderung des männlichen Verhaltens zu erkennen. Der Mann einer Freundin zum Beispiel übernimmt einen großen Anteil der Kinderbetreuung und des Haushalts. Als die beiden geheiratet haben, hat er ihren Namen angenommen. Unter Feminismus versteht Natalie, dass auch Männer die Chance haben, sich in den Familienalltag einzubringen.

Es kann ihnen nur guttun. Nicht von ungefähr leben Männer durchschnittlich fünf Jahre kürzer als Frauen, haben eine dreimal so hohe Suizidrate und stellen neunzig Prozent der Gefängnisinsass*innen. Als mein erster Mann (dreizehn Jahre jünger als ich) bei der Heirat 1987 meinen Namen annahm, löste das in seinem Freundeskreis blankes Entsetzen aus – ebensolches Unverständnis wie das generische Femininum. Unser Standesbeamter musste die Zeremonie neu beginnen, weil er sich bei den Namen verhaspelt hatte. Und noch heute wundern sich Männer und Frauen gleicherweise, dass der Geschiedene immer noch Fischer heißt. Als wäre das jemals bei Frauen ein Thema gewesen.

Für eine junge Frau, die eine wissenschaftliche Karriere anstrebt und noch gar nicht weiß, ob sie wirklich ein Kind haben will, ist natürlich Verhütung ein wichtiges Thema. Natalie: »Die Verhütungsmethoden sind heute leider immer noch sehr stark darauf ausgerichtet, dass ein großer Teil der Verantwortung bei den Frauen liegt.« Die Pille hält Natalie für keine feministische Verhütung mehr, auch wenn sie in den 1960ern eine Befreiung darstellte. Heute wünschen sich beide Geschlechter mehr Alternativen. Die Pille für den Mann gibt es noch nicht, weil sie in den Testphasen zu viele Nebenwirkungen hatte.

»Wenn man an die Nebenwirkungen der Pille für die Frau denkt, kommt einem diese Begründung wie ein Scherz vor. Ich kenne noch viele Frauen, die die Pille nehmen, aber auch viele, die das nicht mehr wollen. Ich selbst habe sie nie genommen. Die Frauenkörper werden mit Hormonen vollgepumpt, die wahnsinnig viele Nebenwirkungen haben. Und die Frauen und Mädchen werden oft nicht hinreichend aufgeklärt. Dass deinem Körper ständig vorgegaukelt wird, schwanger zu sein, finde ich furchtbar. Es gibt Frauenärzte und -ärztinnen, die den Mädchen in der Pubertät die Pille gegen Beschwerden wie Akne oder Regelschmerzen empfehlen. Und dann haben sie mit siebenundzwanzig zum ersten Mal ihre Tage. Das ist absurd! Man hat ja keine normale Regelblutung, während man die Pille nimmt.« Eine Freundin von Natalie leidet oft an Migräne und überlegt, die Pille abzusetzen. Sie vermutet einen möglichen Zusammenhang zwischen Pille und Migräne, aber kein Arzt hat sie bisher darauf hingewiesen.

Die Pille danach hat Natalie schon genommen. »In Österreich brauchst du kein Rezept. Es hat mich schon Überwindung gekostet, sie in der Apotheke zu verlangen. Warum eigentlich? In Deutschland muss man sich ein Rezept besorgen. Vielleicht sollte ich sie auf Vorrat kaufen, man weiß ja nie, ob das Gesetz nicht plötzlich geändert wird.«

Durchaus denkbar bei den gegenwärtigen Verhältnissen in Österreich.

VERGEWALTIGUNG: ASPEKTE EINES VERBRECHENS

Mithu M. Sanyal

Ich war dreißig, als ich mich dem Arbeitskreis »Gewalt gegen Frauen« anschloss. Warum wohl? Mit mir selbst hatte es nichts zu tun. Physische Gewalt hatte ich nie erlebt. Weder mein Vater noch meine Mutter hatten mich geschlagen, geschweige denn einer meiner Freunde. Die waren allesamt sanfte Männer, Machos fand ich nie anziehend. Vielleicht ahnte ich, dass es ein politisch brisantes Thema war. Denn darum ging es mir vor allem: Ich wollte politisch etwas bewirken. Seit ich ein Teenager war, sehnte ich mich danach, einzugreifen in den Lauf der Welt – wie meine Eltern es vergeblich versucht hatten. Die eben gegründete Frauenbewegung bot mir endlich Gelegenheit dazu.

Anfang November 1972 hatten wir uns in Wien zu unserem ersten frauenbewegten Treffen zusammengefunden. Eine Gruppe von sieben Frauen: einige Sozialdemokratinnen, einige hervorgegangen aus der Neuen Linken, wie es damals hieß, hielten die Zeit für gekommen. Erst kurz zuvor waren zwei Aktivistinnen der Schweizer Frauenbefreiungsbewegung (FBB) bei uns zu Besuch gewesen und hatten uns ordentlich eingeheizt.

Also schrieben wir ein Positionspapier. Gründlich durchdiskutiert, auf Wachsmatrizen getippt, mit der Abziehmaschine einer befreundeten Organisation abgezogen, mit der Post an ein Netz von Freundinnen und Bekannten verschickt. E-Mail und Social Media gab es natürlich nicht. Die

Flugblätter, die wir bastelten, sehen heute rührend handgemacht aus.

Der Saal war zum Bersten voll. Unverkennbar lag der Feminismus-Virus in der Luft. Es bedurfte bloß des zündenden Funkens. Was wir Initiatorinnen eigentlich vorhatten, war uns selbst nicht klar, wir wollten einfach etwas tun. Der unerwartete Andrang verwirrte und überforderte uns. Ich selbst wollte die Linke, meine politische Heimat, mit dem »Frauenthema« aufmischen. Mehr wusste ich auch nicht.

Doch schon bald erkannte ich, dass meine politischen Absichten nebensächlich waren. Der Saal flimmerte vor freigesetzter Energie, die ihren eigenen Weg nahm. Ohne Männer! Ein Tabubruch. Ist das zulässig? Darüber wurde gleich zu Beginn heftig gestritten. Doch daran zerbrach die Gruppe nicht. Innerhalb kürzester Zeit bildeten sich Arbeitskreise zu einer Vielzahl von Themen: Körpernormen, Sexualität, Mutterschaft, Lesben, Gewalt, politische Theorie ... Dann stoben die Frauen auseinander, keine Spur eines politischen Konzepts. Ich wusste nicht, wo mir der Kopf stand. Wie sollte ich mit einem unordentlichen Haufen wie diesem die Linke aufmischen? Was hatten wir da losgetreten?

Und was hatte das alles mit mir zu tun? Nur ein vages Unbehagen trieb mich an. Ich war sehr schüchtern, traute mir wenig zu, hatte trotz eines abgeschlossenen Dolmetscherstudiums keine Berufspläne, verdiente mein Geld mit Tipparbeiten und kleinen Übersetzungen und litt unter meinen wechselnden Liebesverhältnissen. Das vor allem. Die Männer meiner Generation schienen allesamt »beziehungsunfähig« zu sein, wenigstens jene, mit denen ich mich einließ. Nur eines wusste ich bestimmt: Mutter und Hausfrau wollte ich nicht werden, wollte nicht werden wie meine Mutter, die mir, ich muss es ihr zugutehalten, seit meiner Kindheit eingeschärft hatte, vom Heiraten und Kinderkriegen Abstand zu nehmen.

Insofern unterschied ich mich von den meisten meiner Mitstreiterinnen, deren Mütter ihnen anderes mit auf den Weg gegeben hatten. Meine Mutter war eine gescheiterte Frauenrechtlerin, deren Leben ihr durch erzwungene Emigration und Rückkehr ins Täterland zehn Jahre danach keine Karriereplanung ermöglicht hatte. Ich hielt mich an ihren Rat. Mit den Männern, die an mir vorübergehend Gefallen fanden, war das aber auch nicht schwierig, keiner wollte bleiben. Kinder habe ich keine bekommen, und die Ehe kam spät und war von kurzer Dauer. Um meine Unabhängigkeit zu wahren, sollte ich, wenn es nach meiner Mutter ging, lieber auch nicht lieben. Schließlich hatte ihr, neben den Nazis, die Liebe zu meinem Vater, so sah sie es, das Leben vermasselt. Aber lieben wollte ich, mehr als alles andere. Die Liebe brachte mir in jungen Jahren eine Abtreibung ein. Eine Gewalterfahrung, die ich als solche nicht erkannte.

Unser Arbeitskreis traf sich einmal wöchentlich in wechselnden Wohnungen, nicht selten waren es Wohngemeinschaften. *Consciousness-raising.* Die US-amerikanische Frauenbewegung hatte es uns vorgemacht. Das gegenseitige Erzählen von Erfahrungen führt zum Erkennen von Gemeinsamkeiten und das wiederum zu politischem Bewusstsein. Das Persönliche ist politisch. Was uns bis dahin als unsere ureigene Unzulänglichkeit erschienen war, wurde mit einem Schlag zu einem patriarchalen Muster, dessen Aufgabe darin bestand, unsere untergeordnete Stellung zu festigen. Da die Struktur, in der wir lebten, alle Bereiche unserer Existenz umfasste, hatten wir unsere Diskriminierung nicht erkannt und sie für die natürliche Ordnung der Dinge gehalten.

Wir sprachen über Gewalt. Über physische Gewalt an unserem Körper und über strukturelle Gewalt, die sämtliche Werte, Normen, Institutionen, Diskurse und Machtverhältnisse durchdringt. Mich interessierte vor allem die strukturelle Gewalt, ich war ja keine Betroffene. Aber dann machte es plötzlich klick. Wie konnte es sein, dass ich es vergessen hatte? Kaum mehr als zehn Jahre war es her. Natürlich war ich persönlich betroffen! Gleich mehrmals. Noch heute wabert eine Begebenheit so sehr im Nebel der Erinnerung, dass ich beim besten Willen nicht weiß, ob Gewalt im Spiel war oder nicht.

In meinen Zwanzigern war ich viel durch Europa getrampt. Ein Gefühl für die Gefahr, die ein solches Unterfangen für eine junge Frau bedeutete, hatte ich nicht. Ich fühlte mich unverletzbar. Oft war ich aber auch einsam und sehnte mich nach Zuwendung. Diese war leicht zu finden. Doch die Grenze zwischen Freiwilligkeit und Gewalt verlief oft undeutlich – zumal mir das feministische Bewusstsein fehlte, das mir unmissverständlich klargemacht hätte, dass mein Nein tatsächlich nein bedeutete. Es waren die frühen Sechzigerjahre.

Ich war achtzehn und reiste mit meiner Mutter in ihr Heimatland Polen, nach Warschau, wo sie das Gymnasium besucht und die Matura abgelegt hatte. Ich war aufgeregt, meine erste Reise in ein sozialistisches Land. Zwar kannte ich von Urlaubsreisen Jugoslawien, aber das war nicht so richtig sozialistisch. Polen hingegen schon. Ich war begierig, junge Leute kennenzulernen, junge Sozialisten, die gewiss ganz anders waren, freier, engagierter, idealistischer als wir, die wir vom konsumversessenen Kapitalismus deformiert waren. Wir wohnten bei Jadzia, einer ehemaligen Schulfreundin meiner Mutter, und alles, was ich sah, gefiel mir. In Erinnerung geblieben sind mir bloß die mehrere Meter lange Telefonschnur und Jadzias unendlich lange Telefongespräche. Im Kapitalismus mussten wir stets die Telefonrechnung im Blick haben.

In einem Café, das ich mit Jadzia, ihrer Tochter in meinem Alter und meiner Mutter besuchte, kam ich mit einer Gruppe von Leuten ins Gespräch, von denen einige bestimmt wesentlich älter waren als ich. Ich war selig über diese Begegnung und bereit, auf jeden ihrer Vorschläge einzugehen. Sie luden mich für den nächsten Tag zu einer gemeinsamen Unternehmung ein. Ich fragte nicht nach. Die Gruppe bestand aus mehreren Männern und einer Frau. Diese ist mir im Gedächtnis geblieben. Sie hatte pechschwarzes Haar und einen mondänen Pagenschnitt. Man gab mir eine Adresse, an der ich mich am folgenden Tag einfinden sollte.

Es war eine spärlich möblierte Wohnung in einem Hochhaus. Die Leute vom Vortag waren schon da, als ich eintraf. Man sprach Polnisch. Und plötzlich waren sie alle weg. Mit einem Schlag verschwunden. Die Tür fiel ins Schloss, und ich war allein mit einem Mann. Er sprach nur Polnisch und Bulgarisch. An eine verbale Kommunikation war also nicht zu denken. Doch was er von mir erwartete, verstand ich.

Ich wollte nicht. Er warf mich auf die Couch. Ich schrie. Er gab mir eine Ohrfeige und schloss das Fenster. Ich redete auf ihn ein, aber wir hatten keine gemeinsame Sprache. In meiner Erinnerung war das das Schlimmste: mich nicht verständigen zu können. Ich glaubte an die Macht des Wortes. Vergewaltigungsopfer werden heute Überlebende genannt. War ich mir einer Lebensgefahr bewusst? Ich weiß es nicht. Ich weiß nur, dass ich blitzschnell überlegte, eiskalt kalkulierte. Er war eindeutig stärker als ich. Um weitere Gewalt abzuwenden, erschien mir Mitmachen das Ratsamste.

Ich hatte meine Tage und den Zugang zu meinem Inneren mit einem Tampon verschlossen. Vor der großen Gefahr, die damals in der Vorpillenzeit wie ein Damoklesschwert über jeder Penetration hing, war ich also geschützt. Er konnte nicht in mich eindringen. Dass er mich bei dem gewaltsamen Versuch schwer hätte verletzen können, kam mir nicht in den Sinn. Ob ich ihm dabei half, mich zu entkleiden, weiß ich nicht. Wahrscheinlich trug ich eine Strumpfhose. Es war Frühjahr und noch recht kühl. Auf einem Foto mit Jadzias Tochter Anna tragen wir beide Mäntel.

Meine Rechnung ging auf. Was er wollte, gelang ihm nicht, und er begriff nicht, warum. Ich kann mich nur an einen einzigen Satz erinnern, den ich seltsamerweise verstand: »Ist das die österreichische Leidenschaft?« Vielleicht sagte er sogar »deutsche«. Er war sich also überhaupt nicht bewusst, dass er dabei war, ein junges Mädchen zu vergewaltigen, schien das Geschehen für einvernehmlich zu halten. Damals wurde ein Nein in den meisten Fällen für ein Ja gehalten. Und bisweilen war es ja auch wirklich so. Ein anständiges Mädchen sollte immer ein Nein vortäuschen, ehe es sich verführen ließ. Keinesfalls durfte eine junge Frau den Eindruck erwecken, leicht zu haben zu sein. Nach der damaligen – bestimmt auch polnischen – Rechtsprechung war das, was mir in Warschau widerfuhr, auch tatsächlich keine Vergewaltigung. Der Geschlechtsakt wurde nicht vollzogen. Ich hatte kooperiert. Äußerliche Spuren des Geschehens waren nicht vorhanden.

Nach erfolglosem Bemühen begab sich der Mann schließlich frustriert ins Badezimmer und blieb dort längere Zeit. Ich zog mich an. Schließlich brachte er mir eine Tasse Tee und schickte sich an, sich mit Handschlag von mir zu verabschieden. Ob ich ihm tatsächlich die Hand reichte, weiß ich nicht mehr, halte es aber durchaus für möglich. Ich war ein gut erzogenes Mädchen.

Ich ging. Benommen setzte ich einen Fuß vor den anderen die Treppe hinunter und machte mich auf den Weg zur

Adresse, an der mich meine Mutter erwartete. Wie fühlte ich mich? Ich erinnere mich an ein gewisses Triumphgefühl. Ich war unbeschädigt geblieben und hatte ihn ausgetrickst. Der Gedanke, dass es nicht um Sex ging, leuchtete mir schon damals ein. Vielleicht war es ein Racheakt eines Polen gegen eine »Deutsche«?

Meine Mutter war zu Besuch bei Schulfreundinnen. Ich klopfte, grüßte, täuschte Müdigkeit vor und bat darum, mich hinlegen zu dürfen. Man verwies mich auf eine Couch im Nebenzimmer, auf der ich unverzüglich in tiefen Schlaf fiel. Meine Mutter fragte mich nicht, was ich mit den Leuten unternommen hatte, und ich habe ihr nie von dem Ereignis erzählt. Dass ich eine Anzeige hätte erstatten können, fiel mir erst zehn Jahre später ein. Doch sie hätte bestimmt nichts gebracht, ich wusste ja nicht einmal, wie der Mann hieß.

Wieder in Wien, traf ich mich mit meinem Freund. Er war überzeugter Katholik, und wir hatten eine sehr keusche Beziehung. Wahrscheinlich hatten wir beide Angst vor den möglichen Folgen. Wir kuschelten und küssten uns, und er las mir Hölderlin-Gedichte vor, die mich nicht sonderlich interessierten. Wirklich verliebt war ich nicht in ihn. Aber ich hatte Vertrauen und erzählte ihm, was mir in Polen zugestoßen war. Seine Reaktion traf mich wie ein Schlag: »Eine Frau, die nicht will, kann man nicht vergewaltigen.« Darauf sagte ich nichts mehr, und er stellte keine weiteren Fragen.

Ich vergaß den Vorfall. Total. Verdrängt. Bis er mehr als zehn Jahre später plötzlich aus der Erinnerung auftauchte. Dass mich das Ereignis traumatisiert hat, kann ich nicht behaupten. Ich war, wie gesagt, intakt geblieben, die erlittene Gewalt hatte sich auf eine Ohrfeige beschränkt. Ich zog aus dem Erlebnis keine Konsequenzen, verhielt mich nicht vorsichtiger, lehnte es ab, mir meine Verletzlichkeit als Frau einzugestehen und entsprechend zu handeln. Die beiden anderen Gefahren, denen ich mich später aussetzte, einmal in London, ein anderes Mal in Mosambik, konnte ich durch den Versuch eines Gesprächs erfolgreich abwenden. Das dritte Mal schloss der deutschsprachige Bewohner die Tür seines Zimmers im Prager Studentenwohnheim hinter uns ab. Was dann passierte, ist aus meiner Erinnerung gelöscht.

Am 31. Dezember 2016, als ich gerade das Silvesterabendessen für fünf Personen vorbereitete, klingelte das Telefon. Ein mir unbekannter Mann mit einer sehr alten Stimme behauptete, wir würden uns aus Prag kennen, 1967 muss es gewesen sein. Er nannte seinen Namen, der mir nichts sagte. Ich reagierte abweisend, und er hat nie wieder angerufen. Es meldete sich eine nebelige Erinnerung. War das vielleicht der Bewohner des Studentenwohnheims, mit dem ich vor einer Ewigkeit »einvernehmlichen Sex« hatte? Ich weiß es nicht.

In der Frauenbewegung lernte ich, über das Erlebte zu sprechen, und begann zu begreifen, dass Gewalt im Streben der Frauen nach Gleichheit und Selbstbestimmung von zentraler Bedeutung ist. Und dass die Debatte um sexualisierte Gewalt unseren Kampf von dem der ersten Frauenbewegung unterschied. Wir hatten das Wahlrecht, wir hatten kostenlosen Zugang zu Schulen und Universitäten, selbst die Liberalisierung des österreichischen Abtreibungsparagrafen 144 stand bevor. Doch die allgegenwärtige Gewalt an den Körpern und Seelen der Frauen wirkte wie ein schleichendes Gift, das sich unter diese wunderbare Chancengleichheit mischte und sie gründlich verdarb. Solange Mütter, wie meine es getan hatte, ihren Töchtern einschärften, die Knie in der Straßenbahn zusammenzupressen, ohne zu erklären warum, würden wir das gefährdete Geschlecht bleiben.

Das Sprechen und Schreiben über Gewalt gab uns Kraft. Das ungläubige Staunen und die Abwehr und Betroffenheit von Medien und Menschen schärften unser Selbstbewusstsein. Im Anschluss an das Internationale Tribunal über Gewalt gegen Frauen 1976 in Brüssel schrieb ich mit zwei Kolleginnen ein einschlägiges Buch. Es brachte mir einen Fernsehauftritt in der legendären Talkrunde des ORF »Club 2« ein, und ich sprach über meine Erfahrung, damals eine mutige Entscheidung. Einer der Debattenteilnehmer war von der Wiener Polizei. Mit hochrotem Gesicht schleuderte er mir entgegen, dass es für die große Zahl vergewaltigungswilliger Frauen nicht genügend Kandidaten gebe. Damals sagten die Männer noch, was sie dachten. Es bekam ihm nicht gut. Der ORF wurde mit Anrufen empörter Frauen überflutet, der Polizist erhielt Auftrittsverbot, und ich war einige Zeit lang berühmt.

Das verdrängte Warschauer Ereignis hatte ein Nachspiel. Als ich irgendwann Anfang der Siebzigerjahre in Salzburg bei einer internationalen Konferenz als Dolmetscherin arbeitete, stand sie plötzlich vor mir, die Polin mit dem schwarzen Pagenkopf. Sie erkannte mich nicht, ich sie aber schon. Es gibt von dieser Begegnung sogar ein Foto, auf dem wir beide lächelnd nebeneinanderstehen, von Männern umringt, sie Konferenzteilnehmerin und schon älter, ich junge Dolmetscherin. Ich wagte nicht, sie zur Rede zu stellen. Rückblickend ist das Bedrückendste an der ganzen Geschichte der Umstand, dass das Geschehen von einer Frau orchestriert wurde. Wer weiß, wie sie heute darüber denkt, wo die Regierung ihres Landes auch vergewaltigten Frauen verbieten will, eine Abtreibung vornehmen zu lassen. Wenn wer stirbt, soll es die Frau sein, nicht der Fötus. Aber gewiss hat die Polin den Vorfall vergessen.

Ich habe ihn nicht vergessen und bin froh darüber.

Diesen Text habe ich Mithu M. Sanyal zur Einstimmung auf unser Gespräch geschickt. Ich sah und hörte sie zum ersten Mal im Februar 2017 auf einer Tagung der Heinrich-Böll-Stiftung zu Gewalt gegen Frauen. Ihr für mich neuer kritischer Umgang mit der eingeschliffenen feministischen Vergewaltigungsdebatte ließ mich aufhorchen. Ich besorgte mir ihr 2016 erschienenes Buch über Vergewaltigung, und nach der Lektüre war mir klar, dass ich Mithu Sanyal, die 1971 in Düsseldorf geborene und dort immer noch lebende Kulturwissenschaftlerin, unbedingt treffen wollte. Sie hat eine als Buch erschienene Dissertation über die Vulva – »Eine kleine Kulturgeschichte des Abendlandes« – geschrieben und ist Tochter einer Polin und eines Inders, was sie mir zusätzlich interessant machte. Zu Beginn des Interviews fragte ich sie, wie meine Geschichte auf sie gewirkt hat.

Mithu: Es ist eine krasse, aber auch sehr alltägliche Geschichte. Neben all den Fragen, die sich mir sofort aufdrängen – Was hat er zur Polin mit dem schwarzen Pagenkopf gesagt? »Kannst du mir ein Date mit dieser schönen jungen Frau organisieren?« oder »Der Deutschen werde ich es zeigen« –, besticht daran vor allem deine Klugheit und Wehrhaftigkeit. Du hast eine Situation, in der du keine Chance hattest, in eine gewendet, in der du das Bestmögliche getan hast. Und dann kommt alles, was danach kommt. Ich kenne diese Situationen, in denen man nicht sprechen kann. Nicht weil jemand es verboten hat, sondern weil es undenkbar war; und das Vergessen und Erinnern, das mit dem Sprechen und dem Schweigen einhergeht. Das Herzzerreißende an dieser Geschichte ist ihre Alltäglichkeit.

Wenn wir es nicht schon gewusst hätten, hat Harvey Weinstein es nochmals nachdrücklich deutlich gemacht. Was mithilfe von Überraschung, Überrumpelung, Einschüchterung, Überwältigung und Drohung passiert, wird von Tätern mit Macht wie Weinstein oder Trump als einvernehmlicher Sex gedeutet. Die Frauen in Hollywood, die auf eine Filmkarriere hofften, hatten noch weniger Grund zu sprechen als ich.

Mithu: Von meiner Stieftochter weiß ich, dass sie ein schlechtes Gewissen hat, wenn sie jemanden nicht anziehend findet; dass sie sich verpflichtet fühlt, ihm nicht wehzutun. So wie ich in ihrem Alter. Dabei hatte ich gehofft, ihr ganz andere Botschaften über Sexualität und Liebe mitgegeben zu haben, aber als Eltern kannst du gar nicht so viel gegen den Einfluss der Gesellschaft machen. Wir dachten immer, wir müssten als Mütter unsere Töchter nur anders erziehen. Natürlich habe ich ihr immer wieder gesagt, dass es okay ist, nein zu sagen. Ja mehr noch, dass es fairer ist, wenn man klare Ansagen macht. Wobei ich schon denke, dass Menschen respektvoll nein sagen sollten. Das ist etwas, das ich in der Debatte häufig schade finde. Begehrt zu werden, ist ja auch ein Geschenk, ein Angebot. Es ist nicht a priori eine Belästigung. Ideal wäre es, wenn man sagen kann: Sehr nett, aber nein danke.

In Mithus Buch gibt es ein Zitat von Jenny Diski aus dem Jahr 1961, also genau dem Jahr, in dem meine versuchte Vergewaltigung stattfand: »1961 war es noch keine Selbstverständlichkeit, dass gegen den eigenen Willen penetriert zu werden, eine Art Seelenmord war. Ein anderer Zeitgeist zu meinem Glück.« Dieses Zitat ließ mich darüber nachdenken, ob das Erlebnis in Warschau für mich vielleicht schlimmer gewesen wäre, hätte ich ein Bewusstsein von der Tragweite des Geschehens gehabt.

91

Mithu: Es ist beides. Natürlich finde ich es wichtig, Dinge zu benennen, um in der Situation anders reagieren zu können. Aber der andere Aspekt ist eins meiner Probleme mit der zweiten Welle der Frauenbewegung, von der ich ja stark geprägt bin. Meine Mutter und die meisten meiner Rollenvorbilder sind Feministinnen der Sechziger und Siebziger. Doch rhetorisch wurde Vergewaltigung zum Schlimmsten gemacht, was einer Frau widerfahren kann. Seelenmord. Danach kannst du nur noch irgendwie existieren. Ich habe die Debatten in den Neunzigern mitbekommen, als es um sexuellen Missbrauch ging. Die sind damals etwas aus dem Ruder gelaufen, so wichtig sie auch waren. Aber ich hatte damals viele Freundinnen, die sagten: Ich habe manchmal depressive Verstimmungen, sicher ist das ein Zeichen für verdrängten sexuellen Missbrauch. Das war damals die Arbeitshypothese. Wie gesagt, es war wichtig zu schauen, was verdrängen wir. Aber eines der Ergebnisse war, dass daraus teilweise Psychosen entstanden sind, weil diese Freundinnen versucht haben, sich an einen sexuellen Missbrauch zu erinnern, der vielleicht stattgefunden hat, vielleicht aber auch nicht. Da haben Menschen für einen politischen Prozess mit ihrer eigenen Psyche bezahlt.

Aber wir müssen im Feminismus Fehler machen, um weiterzukommen, keine Frage. Wenn wir Fehler machen und daraus lernen dürfen, ist es ein Zeichen, dass wir in einem System leben, das sich weiterentwickelt. Wenn wir keine machen dürfen, ist es ein dysfunktionales System. Ich finde es total wichtig, das Verbrechen einer Vergewaltigung ernst zu nehmen, aber ich finde auch, dass wir Leute schädigen, wenn wir eine Vergewaltigung aus dem Kontext des Lebens herausheben. Das finde ich an der narrativen Expositionstherapie so interessant, ein einigermaßen neuer Ansatz, wo es nicht nur darum geht, über das Ereignis zu reden, sondern darum, das komplette Leben zu erzählen. Die Vergewaltigung ist dann ein Teil des Lebens und wird in einem Zusammenhang wahrgenommen. Man redet also über das Ganze. Wie ist es davor gewesen? Warum konnte das Ereignis diese bestimmte Form von Verletzung bewirken und nicht eine andere? Wie ist es danach weitergegangen? Wie konnte es aufgefangen werden?

Bevor es zu meinem Gespräch mit Mithu kam, gab es ein Ereignis, das unser Treffen verzögerte. Mithu nahm es sich zu Herzen, als sie bei einer Lesung im Berliner *taz*-Café von Betroffenen sexueller Gewalt gebeten wurde, sie nicht als Opfer zu bezeichnen, und schrieb zusammen mit Marie Albrecht einen Artikel, in dem die beiden Frauen den Vorschlag machten, zusätzlich zu dem Wort »Opfer« auch den Begriff »Erlebende sexueller Gewalt« zu etablieren. Auf diese »Verhöhnung der Vergewaltigungsopfer« reagierten empört vor allem die Zeitschrift *Emma* (die zuvor Sanyals Buch ignoriert hatte, obwohl es sich um einen wesentlichen Beitrag zur Debatte um Vergewaltigung handelt) und der »radikal-feministische Blog« »Die Störenfriedas«. *Victim Blaming* und Antifeminismus warfen sie Mithu vor. Ihr Vorschlag habe die Opfer zutiefst verletzt und traumatisiert.

Mithu: Jetzt weiß ich wenigstens, wie Fake News entstehen. Die ganze Aufregung hatte ja nichts damit zu tun, was ich tatsächlich geschrieben hatte. Die *Emma* behauptete ja, ich wolle das Wort »Opfer« aus dem Duden streichen. Und dann kamen die ganzen rechten Webseiten und schrieben, ich hätte gesagt, es sei gut, wenn Migranten deutsche Frauen vergewaltigen. Das sei ein tolles Erlebnis. Das habe ich natürlich niemals gesagt.
Was ich an dem Vorwurf der »Störenfriedas« verstehe, ist,

dass sie Angst haben, dass Frauen nicht geschützt würden, wenn sie nicht als Opfer gesehen werden. Wir müssen aber nicht unbedingt Opfer sein, um geschützt zu werden. Früher war es beim Stalking so: Wurden zwei Menschen von einer Person gestalkt, konnte jene Person, die psychische Krankheiten entwickelte, Anzeige erstatten, während die andere mit mehr Resilienz das nicht konnte. Man musste also geschädigt sein. Seither wurde das glücklicherweise geändert.

Ich finde das Wort »Opfer« wichtig, weil daran juristische Rechte hängen. Deshalb würde ich es natürlich niemals aus dem Lexikon streichen. An dem Wort orientieren sich auch alle Debatten um eine Mitschuld. Es ist nach dem Zweiten Weltkrieg eingeführt worden, um deutlich zu machen, dass die Opfer des Holocausts und die Opfer von Vergewaltigungen keine Schuld an den an ihnen begangenen Verbrechen tragen. Das Opferlamm ist nicht schuldig. Deshalb ist das Opfer in unserer Rhetorik immer unschuldig und rein. Das bringt aber auch Probleme mit sich. Ich bin der Meinung, Opfer müssen überhaupt nichts beweisen. Auch böse Menschen darf man nicht vergewaltigen.

Wenn uns etwas angetan wurde, sind wir andererseits aber auch nicht komplett hilflos. Wir haben immer noch Handlungsfähigkeit, auch wenn sie sehr eingeschränkt ist. Wie es der Opferdiskurs um Vergewaltigungen suggeriert, können die Frauen aber gar nichts tun, und die Männer haben die komplette Macht. Ich halte das für die falsche Analyse, denn dann braucht man auch keinen Feminismus. Wenn sich nichts verändert, haben wir versagt. Wir sollten auch unsere Privilegien mitreflektieren. Wir haben Möglichkeiten, die andere Menschen nicht haben, auch politische Möglichkeiten.

Diese totale Entmündigung führt zu einer Selbstentmündigung: Virginie Despentes drückt das so aus: Wir lernen, uns vergewaltigen zu lassen. Als ich zur Schule gegangen bin, wurde uns im Anti-Vergewaltigungstraining gesagt: Wenn du dich wehrst, tut er dir noch mehr weh. Tu gar nichts, sonst wird er aggressiv. Sag nicht mal nein, sonst wird er aggressiv. Das ist verrückt: Alle Forschung bestätigt, dass Menschen, die sich wehren, eine bessere Chance auf einen positiven Ausgang haben. Damit will ich nicht sagen, dass die Frauen selber schuld sind, hätten sie sich doch wehren sollen. Ganz im Gegenteil: Meine Kritik richtet sich an die gesellschaftlichen Botschaften, die uns sagen, dass Frauen sowieso keine Chance haben. Mein Ziel ist es, Menschen zu ermächtigen. Und das Ziel meiner Kritikerinnen ist es, Schutzräume zu schaffen.

Sie vertreten damit ein Frauenbild, in dem Frauen in Watte gepackt sein müssen. Ich halte das für frauenfeindlich – weil es uns auf ein Frauenbild zurückwirft, das hinter die 1970er zurückfällt. Und dann sind die Opfer, so wie sie in dieser Rhetorik imaginiert werden, auch für immer Opfer. Auch nur darüber zu sprechen, dass es Resilienz gibt, dass Menschen mit den schrecklichsten Erfahrungen leben können, gilt fast als Verrat, als würde man damit das Verbrechen schmälern. Was für eine schreckliche Botschaft ist das: Ab jetzt musst du für den Rest deines Lebens traumatisiert bleiben. Das kann, muss aber nicht der Fall sein. Das ist meine Kritik am Opferbegriff. Im Kontext eines Gerichtsverfahrens ist er aber wie gesagt wichtig. Doch darin das Ziel und das Ende der Debatte zu sehen, finde ich tragisch.

Ich erinnere mich an die frühen Siebzigerjahre, als wir für die Schaffung von Schutzräumen für Frauen gekämpft haben: Frauenzentren, Veranstaltungen, bei denen Männer keinen Zutritt hatten, Häuser für geschlagene Frauen, Frauenfeste. Mein erstes Frauenfest war eine Erfahrung, die ich heute *Empowerment* nennen würde. Das Erlebnis, dass ich mich mit Frauen amüsieren konnte. »Nur« mit Frauen. Es war ein notwendiger Schritt für das Erlernen von Solidarität mit und Respekt vor anderen Frauen. Auf diese Weise haben wir gelernt, Frauen, also uns selbst, ernst zu nehmen, Aufmerksamkeit zu schenken, bei Diskussionen aufeinander einzugehen. Zu lieben. Heute ist es selbstverständlich, dass Frauen miteinander ausgehen, miteinander diskutieren, Spaß miteinander haben. Meistens stören Männer nur. In den Fünfzigern und Sechzigern galten andere Frauen überwiegend als Konkurrentinnen um DEN MANN. Wir haben Frauen keinen Wert beigemessen, weil wir uns selbst nicht ernst nahmen.

Mithu: Ich bin immer noch für eigene Räume. Frauenberatungsstellen, Frauenräume in besetzten Häusern und in den Flüchtlingsunterkünften sind enorm wichtig, aus unterschiedlichen Gründen, das muss nicht immer Schutz sein. Aber mich deprimieren die Debatten um »Trigger«. Das ist ein Begriff aus der Traumatheorie. Es wird gern das Beispiel vom traumatisierten Vietnam-Veteranen verwendet: Wenn er irgendwo eine Topfpflanze sieht, fühlt er sich plötzlich wieder in den Dschungel versetzt. Also ein posttraumatisches Belastungssyndrom. Wenn ich einen Vortrag über Vergewaltigung halte, dann gibt es davor ganz oft eine Triggerwarnung. Da denke ich: Die können doch lesen! Auch hier finde ich es natürlich grundsätzlich richtig, vorsichtig zu sein und zum Beispiel faire Titel zu verwenden, die informieren, worum es geht, und sensibel mit Menschen umzugehen, die währenddessen sagen: Puh, das geht mir jetzt zu nahe. Aber in den USA geht es so weit, dass man einem Professor untersagen will, über Ovid zu unterrichten, weil es in Ovids Text um Vergewaltigung geht. Da dürftest du auch keine Nachrichten mehr gucken, dir keinen Krimi anschauen. Das ist nicht nur absurd, sondern auch eine Entmündigung von Opfern. Als müssten sie jetzt vor der Welt bewahrt werden. Dabei kann man auf unterschiedlichste Art mit traumatischen Erfahrungen umgehen.

Ich höre das Wort »Trigger« zum ersten Mal. Ich stimme mit Mithu überein, dass Frauen ab einem gewissen Alter in der Lage sein sollten, selbst einzuschätzen, was ihnen schaden kann. Die medialisierte Welt, in der wir leben, überschwemmt uns mit Bildern und Texten, die kaum zu ertragen sind. Ich weiß, dass mir manche Bilder nicht guttun, und meide es, sie mir anzusehen. Als ich irrtümlich mit einer Freundin in den koreanischen Horrorfilm *The Wailing* geriet, haben wir zuerst die Augen geschlossen und dann, als es zu schlimm wurde, das Kino verlassen. Es war unsere Schuld, wir hatten die Rezensionen nicht aufmerksam genug gelesen. Es wäre uns nicht eingefallen, das Kino zu belangen, uns nicht mit einer Triggerwarnung vom Besuch abgehalten zu haben.

Die Feministin und Hochschullehrerin Laura Kipnis hat in ihrem im Frühjahr 2017 erschienenen Buch *Unwanted Advances* die seit 2011 an amerikanischen Universitäten geltenden Antidiskriminierungsmaßnahmen (Title IX) unter die Lupe genommen und eine »Kultur der sexuellen Paranoia« festgestellt, die längst überwunden geglaubte Rollenbilder quasi in Stein meißelt. Während in ihrer Jugend (und auch in meiner) durch die Pille abgesicherter Sex eine befreiende Wirkung hatte, auch wenn er nicht immer der Himmel auf Erden war, herrscht heute auf dem amerikanischen Campus die Überzeugung vor, Sex sei gefährlich und könne lebenslange Traumata auslösen. Anstatt »Make Sex, Not War« sind heute Slogans wie »Stop Rape Culture«, »No Means No« und »Control Yourselves, Not Women« allgegenwärtig.

Dabei leugnet die Autorin keineswegs, dass es an amerikanischen Universitäten zu sexuellen Übergriffen und Vergewaltigungen kommt, vor allem auch unter dem Einfluss übermäßigen Alkoholkonsums, doch sei ihrer Meinung nach die Rückkehr zu Vorstellungen von bedrohter weiblicher Unschuld und einer Männlichkeit auf permanenter Pirsch so ungefähr das Letzte, was sexualisierte Gewalt verhindern werde. Statt Studentinnen durch Verbote und universitäre Schutzmaßnahmen zu infantilisieren, sollte man ihnen eher beibringen, Gefahren rechtzeitig zu erkennen und sich effektiv zu wehren. Eines der Dinge, die Kipnis aus ihrem Leben gelernt hat, ist, dass auch schlechter Sex, gescheiterte Beziehungen und – würde ich hinzufügen – sogar bis zu einem gewissen Grad Gewalterfahrungen dazu beitragen, sich in der Welt, wie sie eben ist, zurechtzufinden. Eine Art sexueller Realpolitik.

Seit 2015 sind an amerikanischen Universitäten sexuelle Beziehungen zwischen Studierenden und Lehrenden verboten, wobei wohl in erster Linie ganz konventionell an Studentin (weiblich) und Lehrer (männlich) gedacht wird, auch wenn die Regelung genderneutral formuliert ist. Für Laura Kipnis waren während ihres Studiums Flirts mit Profs ein erfreulicher Zeitvertreib, was nicht selten – ganz anständig – zu Ehen führte. Auch ich hatte eine Liebelei mit meinem Italienischprofessor, der doppelt so alt war wie ich. Ab dem Alter von ungefähr vierzig begann ich, jüngere Männer vorzuziehen, und heiratete schließlich einen dreizehn Jahre Jüngeren. In meiner Studienzeit aber war die Verliebtheit in den fast Fünfzigjährigen eine wichtige Phase meiner *éducation sentimentale*.

98

Hätte es mir jemand verboten, ich wäre auf die Barrikaden gestiegen.

Zurück zu Mithu: Nach dem erwähnten Artikel über eine alternative Bezeichnung für »Opfer« brach im Netz ein Shitstorm los, darunter auch rechte Hass-Mails. Von Mithu wurden Fotos samt Telefonnummer und E-Mail-Adresse veröffentlicht. Auf ihrer Facebook-Seite gab es zu lesen: »Gutmenschin rät Opfern: Die Vergewaltigung kann auch ein Erlebnis sein. Viel Spaß!«

Die ersten Nächte verbrachte Mithu nicht zu Hause, danach schaltete sie das Telefon aus. Hunderte Mails mit ähnlichem Inhalt gingen bei ihr ein: »Sie sagen, Vergewaltigung ist ein Erlebnis, dann wünsche ich Ihnen mal, dass ...« Es folgten explizite Beschreibungen, was Geflüchtete ihr alles antun sollten, von Vergewaltigung bis »Totficken«. Die erste Mail, die einging, fragte: »Na, wie erleben Sie denn jetzt diesen Shitstorm?« Zu dem Zeitpunkt gab es aber noch gar keinen Shitstorm. Der Angriff war also organisiert. Nach etwa zwei Wochen verebbten die Mails, nun gab es wohl ein neues Opfer. Es waren in erster Linie Rassisten, die Mithu schrieben. »Gehen Sie zurück in Ihr Heimatland Indien, dort ist Vergewaltigung ja legal«, mailten sie.

Mithu: Genau, dabei steht in Indien auf Vergewaltigung die Todesstrafe, wenn das Opfer stirbt ... Ich habe tatsächlich unterschätzt, wie stark Vergewaltigung und Migration miteinander verknüpft werden. Auch bei Lesungen und in seriösen Interviews werde ich häufig auf Migration angesprochen: Ich sage dann immer, dass die Gefahr, Opfer von sexualisierter Gewalt zu werden, auf der Flucht dramatisch steigt. Aber darum geht es meistens nicht. Es wird immer nach den migrantischen Männern gefragt, die potenziell ...

Und jetzt fordert sie auch noch einen anderen Blick auf Vergewaltigung.

Aber natürlich ist mir Rassismus seit meiner Kindheit nicht fremd. Auf der einen Seite fanden alle Indien immer ganz superspirituell. Auf der anderen Seite wurde in den 1980er-Jahren noch an Gymnasien unterrichtet, dass Inder minderwertige Menschen seien, denen die Engländer erst die Kultur bringen mussten. Oder auch ganz banale Sachen wie zum Beispiel, dass Fotografen mich immer falsch ausgeleuchtet haben: Auf den offiziellen Fotos aus meiner Kindheit und Jugend habe ich immer Panda-Augen. Trotzdem habe ich erst an der Uni begonnen, mich wirklich mit Rassismus auseinanderzusetzen. Vorher war das sozusagen kein Thema, nach dem Motto: Es gibt keine Rassen, also gibt es auch keinen Rassismus. In der Amerikanistik habe ich dann die Texte der afroamerikanischen Feministinnen gelesen und mich wahnsinnig damit identifiziert. Inzwischen haben mir meine Diskriminierungserfahrungen auch Vorteile gebracht. Meine ersten Beiträge fürs Radio behandelten indische Autorinnen. Ich musste mich da natürlich auch erst einarbeiten, aber man hat mir einfach qua Hautfarbe vertraut, dass ich das schon weiß.

Wir haben in Deutschland eine andere Diskriminierungsstruktur als in den USA. Hier werden ja auch Weiße diskriminiert, dann läuft das über den Namen. Es ist immer noch so, dass es für mich unverhältnismäßig schwerer ist, eine Wohnung zu finden. Wenn ich mich um eine Wohnung bewerbe, dann nenne ich mich nicht Mithu, sondern Melanie, das ist mein zweiter Name. Und dann fragen die Vermieter immer noch: Sanyal, das ist aber kein deutscher Name, oder? Und es läuft über die Religion. Ich bin ja keine Muslima, aber ich werde überall als solche gelesen. Nicht aus Deutschland und nicht weiß, das gilt inzwischen als muslimisch. Da sagen mir Leute: Super, dass du kein Kopftuch trägst!

Ich habe den Krieg in Bosnien genau verfolgt, der 1992 mit der Vergewaltigung unzähliger Musliminnen begann, und habe später ein Buch über die Frauenhilfsorganisation medica mondiale geschrieben. In allen Kriegen wurden und werden Frauen vergewaltigt, werden Vergewaltigungen eingesetzt, um den Feind zu demütigen. Es ist eine Botschaft von Mann zu Mann, die »geschändeten« Frauen sind bloß Vehikel. Was mich damals massiv gestört hat: Im Einklang mit so gut wie allen sensationslüsternen Medien wollten die deutschen Feministinnen diese Frauen als gebrochen wahrnehmen. Viele von ihnen waren auch gebrochen, wie konnte es anders sein, viele wollten sich aber nicht als Opfer fühlen und vor allem nicht in der Öffentlichkeit als solche dargestellt werden.

Auf den in den Zeitschriften veröffentlichten Fotos konnte man ausnahmslos weinende, verzweifelte Frauen sehen, niemals wütende oder Frauen, die sich als Kriegsopfer sahen, in ihren Augen ein kollektives Schicksal und anders zu bewerten als ein gegen sie persönlich gerichteter sexualisierter Gewaltakt. Manchmal entstand der Eindruck, dass die Feministinnen froh waren, endlich das perfekte Opfer männlicher Gewalt gefunden zu haben. Dabei war es bereits ein unglaublich mutiger Akt, an die Öffentlichkeit zu gehen und sich auch noch fotografieren zu lassen. Man erinnere sich nur daran, wie lange es hierzulande gedauert hat, bis die Vergewaltigungen deutscher Frauen durch sowjetische Soldaten 1945 zu einem öffentlich diskutierten Thema wurden. Erst 1992 kam Helke Sanders Dokumentation *BeFreier und Befreite* in die Kinos.

Von den Medien und von feministischen Gruppen, die ahnungslos nationalistischen Rattenfänger*innen auf den Leim gingen, wurden die Vergewaltigungsexzesse in Bosnien missbraucht, um Hass auf den jeweiligen Feind und blinden Nationalismus zu schüren, den es in Kriegszeiten immer auf allen Seiten gab und gibt. Wie heute Mithu begegneten Feministinnen damals jeder Kritik mit Wut und Hass. Da ich nicht bereit war, in den Chor der kroatischen Nationalist*innen und ihrer naiven deutschen Unterstützer*innen einzustimmen, wurde mir unterstellt, mit »den Serben« gemeinsame Sache zu machen.

Mithu: Sie wollten und konnten nur eine Geschichte hören. So war es auch bei der Österreicherin Natascha Kampusch, die als Zehnjährige entführt und über acht Jahre im Haus des Entführers gefangen gehalten wurde, bis sie schließlich flüchten konnte. Ich finde sie sehr beeindruckend, weil sie nicht gebrochen ist und sich nicht vereinnahmen lässt, während es ja explizit die Forderung an sie gab, sich wie ein »richtiges« Opfer zu benehmen. Gehasst wurde zum Beispiel auch Samantha Geimer dafür, dass sie gegen das Monsterbild des Täters andiskutiert hat. Sie ist von Roman Polanski vergewaltigt worden, als sie dreizehn war, und sagt: Es war ein Verbrechen, aber trotzdem ist er ein Mensch. Das wurde ihr massiv zum Vorwurf gemacht.

Im Bosnienkrieg spielte auch Rassismus eine wichtige Rolle. Bis vor Ausbruch des Krieges 1992 hatte in Deutschland kaum jemand davon Kenntnis genommen, dass es im sozialistischen Jugoslawien Muslim*innen gab, säkulare Muslim*innen wie auch die italienische Bevölkerung überwiegend katholisch ist, ohne ihre Taufe übertrieben ernst zu nehmen. Und plötzlich wussten es alle ganz genau: Die Ehemänner würden ihre vergewaltigten Frauen verstoßen, anders war es gar nicht denkbar, sie waren ja Muslime. Solche Fälle mag es gegeben haben, die Norm waren sie aber nicht. In Helke Sanders Doku werden genau jene Verhaltensweisen geschildert, die im Bosnienkrieg für »typisch muslimisch« gehalten wurden. »Ehre verloren, alles verloren«, sagte ein verstörter Vater und drückte seiner zwölfmal vergewaltigten Tochter einen Strick in die Hand. Gehorsam erhängt sie sich am nächsten Fensterkreuz. »Wenn das meiner Frau passiert wäre, würde ich sie erschießen«, sagte ein deutscher Offizier zu einer Frau, die nach der Vergewaltigung immerhin lebend in den Bunker zurückkehrte.

Gerüchte über Vergewaltigungen dienen dazu, kriegerische Auseinandersetzung zu rechtfertigen und einzuleiten. Als Milošević sich daranmachte, dem Kosovo seine unter Tito gewährte Autonomie zu entziehen und das Land an Serbien anzuschließen, machten »Berichte« über die Vergewaltigung serbischer Frauen durch albanische Männer die Runde. Um unsere Frauen zu schützen, ziehen wir freudig in den Krieg. Und vergewaltigen unsererseits die Frauen des Gegners. Auch der amerikanische Einsatz in Afghanistan wurde mit der Verletzung der Frauenrechte durch die Taliban gerechtfertigt.

Mithu: Das war wie ein Riss durch die Linke, die eine Seite, die gesagt hat, dass es okay ist, wenn sich Deutschland wieder aktiv an Kriegshandlungen beteiligt, um Frauen zu schützen, die andere, die strikt gegen jede Intervention war. Und ist in Afghanistan jetzt alles besser geworden? Hat es sich gelohnt? Das Gegenteil ist der Fall. Alle richten sich auf einen ewigen Krieg ein.

Nicht viel anders ist es heute. Der Schutz der – blonden –

deutschen Frauen dient spätestens seit der Silvesternacht der rassistischen Agitation. Die kommen alle hierher und vergewaltigen unsere Frauen. Du kannst dich hinstellen und die BKA-Statistiken zitieren, die genau das eben nicht belegen, auch die neueren Zahlen nicht, sie werden trotzdem sagen, es ist doch so. Bei meinen Veranstaltungen sorgt gerade dieses Thema für den meisten Widerstand. Aber es sind doch die muslimischen Männer! Das erschreckt mich, weil mein Publikum in der Regel nicht von der AfD ist.

Kürzlich habe ich mich mit Ahmad Mansur unterhalten, der mit muslimischen Jugendlichen arbeitet. Ja, es stimmt, sagt er, das ist deren Weltbild, und der Islam ist frauenfeindlich. *Wir* machen die Ehrenmorde, *ihr* macht sie nicht. Ja, natürlich ist es das Weltbild der Jugendlichen, mit denen er arbeitet, aber es ist nicht das Weltbild des Islam. Ich finde seine Arbeit total wichtig, aber ich stimme nicht mit seiner Analyse überein. Und diese Rhetorik wird ja auch missbraucht. Sie wird biologisiert. Als wären Muslime qua Genetik gewalttätig. Und wenn diese Gegensätze erst einmal aufgebaut sind, sind sie in der Welt und nicht mehr wegzukriegen.

Ich will auch gar nicht relativieren. Ich will nur, dass wir uns mit den konkreten Fällen auseinandersetzen und nicht allgemeine Aussagen treffen. Und noch etwas: Es gibt so viele Vergewaltigungen, so viel Missbrauch von Geflüchteten. Darum kümmert sich überhaupt niemand. Die Täter können andere Geflüchtete sein, aber auch Freiwillige und Leute, die in den Unterkünften arbeiten. Und wo fängt Missbrauch eigentlich an? Vieles sind ja auch Gefälligkeiten, für Schutz, für Unterstützung, für Geld. Wir schaffen eine Struktur, die zum Missbrauch einlädt. Dort könnten wir als Gesellschaft ansetzen.

Was ist eigentlich das Besondere an einer Vergewaltigung? Warum steht die Tat nicht in einer Reihe mit Mord, Totschlag, Körperverletzung?

Mithu: Wenn wir es uns historisch ansehen, dann hat es viel mit der Definition von Weiblichkeit zu tun – dass die Frau durch ihren Körper, ihre Sexualität definiert wird. Das ist ja auch der inhärente Wert der Frau gewesen, also der Gedanke, dass die weibliche Geschlechtsehre in ihrem Körper verortet ist, während die männliche Geschlechtsehre im öffentlichen Raum verhandelt wird, also auf dem Schlachtfeld und im Beruf; und dass die Frau im europäischen Diskurs ihre soziale Position durch das Bewahren ihrer Geschlechtsehre sichert. Auch wenn wir das heute nicht mehr so aussprechen, schwingt es immer noch mit. Aber wenn ich über sexualisierte Gewalt spreche, dann möchte ich auch Gewaltmaßnahmen wie die Zwangssterilisation behinderter Frauen, die bis in die 1990er-Jahre in Deutschland noch ohne deren Einwilligung vorgenommen werden durfte, und die zwangsangleichenden OPs von Babys mit nicht eindeutigen Genitalien mit einschließen, die ja gerade wieder mehr werden. Das ist in meinen Augen alles ein Eingriff in die sexuelle Selbstbestimmung. Wir reden aber immer nur über die erzwungene Penetration gesunder, weißer Cisfrauen. In diesem Diskurs reduzieren wir Frauen wieder auf Sexualität. Und diese Sichtweise wurde nicht absichtlich, aber trotzdem von der Frauenbewegung reproduziert.

Es ist absurd: Die heteronormative Rollenzuspitzung und das Machtgefälle zwischen Männern und Frauen produzieren erst die Gewalt an Frauen. Und gleichzeitig wird Vergewaltigung als das schlimmste Verbrechen überhaupt angesehen.

Mithu: Na ja, Mord ist immer noch das schlimmste Verbrechen. Aber in der Gefängnishierarchie hat man vor Mördern Respekt, das sind die harten Männer. Oder auch die Kampagne »Echte Männer vergewaltigen nicht« – die ist gut gemeint, aber sie reproduziert die Vorstellung: Vergewaltiger, das sind die Verrückten, die Nichtweißen, die Lustmolche. Die Tat verletzt Vorstellungen von Männlichkeit. Man muss nichts erzwingen, denn alle Frauen wollen dich sowieso. Das ist das, was ein Mann lernt. Auch für Sex zu bezahlen ist schambesetzt, obwohl so viele es tun. Es sei denn, es erfolgt im großen Stil, bei Sexpartys von Politikern und Mafiabossen zum Beispiel. Dann ist es wieder mit Potenz besetzt.

Ja, Vergewaltigung wird mitunter aus dem Kontext der schlimmen Handlungen herausgehoben. Sie wird dann als etwas Unmenschliches gebrandmarkt. Deshalb können auch so wenige zugeben, dass sie es getan haben; noch nicht einmal vor sich selbst. Wenn man Vergewaltiger interviewt, sagen viele, ja, Vergewaltigung ist ganz schlimm, aber bei mir war es etwas ganz anderes.

Jack Urwin zitiert in seinem Buch *Boys Don't Cry* eine Studie, nach der achtzig Prozent der Täter von *Date-Rapes* nicht wissen, dass sie eine Grenzüberschreitung begangen haben. Da spielt bestimmt auch Lügen eine Rolle. Aber selbst wenn es nur vierzig Prozent wären, ist es trotzdem relevant, weil das der Punkt ist, wo wir ansetzen können. Wenn wir Leute darüber aufklären, was Konsens wirklich heißt, und ihnen so die Möglichkeit geben, souverän mit ihrer Sexualität umzugehen, können wir viel verändern. Ein Großteil der Vergewaltigungen erfolgt im engsten Umfeld. Es ist nicht der Fremde hinterm Busch. Und gerade im Nahbereich kann man viel erreichen. Das ist keine Forderung an Opfer, sieh deinen Täter als Menschen, sondern an uns als Gesellschaft. Denn nur Menschen haben die Möglichkeit, sich zu ändern und aus ihren Fehlern zu lernen. Es geht mir um Prävention und gesellschaftliche Veränderung.

Die Frauenbewegung war ja eine Pionierin auch gerade in der Auseinandersetzung mit Vergewaltigung und hat viel angestoßen. Es ist zu einfach, Leuten, die etwas beginnen, vorzuwerfen, was sie alles nicht getan haben. Ich will das, was angefangen wurde, weiterführen und die Fehler korrigieren, die damals gemacht wurden, weil man einfach Fehler machen *muss*. Aber vieles wurde wie die Bibel, das heilige Wort, übernommen, als wäre Vergewaltigung etwas Ahistorisches. Und viele Dinge waren damals richtig. Auch die Argumentation, dass Vergewaltigung nichts mit Sex zu tun hat und nichts als Gewalt ist, hat ja ganz viel damit zu tun, wie in Gerichtsverfahren mit der sexuellen Vergangenheit von Frauen umgegangen wurde.

Und wenn man gesagt hat, es ist nichts als Gewalt, konnte man verhindern, dass die Opfer wieder sexualisiert wurden. Natürlich ist es Gewalt, aber wir müssen auch über Sexualität sprechen. Und wir müssen über sexuelle Geschlechterrollen sprechen. Alle diese Botschaften – an Frauen: Sag bloß nicht zu schnell ja, sonst hält er dich für billig; an Männer: Ihr müsst es immer wieder probieren, bis ihr die Frau schließlich rumkriegt. Wenn es um Dating geht, sind das immer noch die Informationen, die Mädchen mitbekommen: Wir dürfen es ihm nicht zu einfach machen. Es ist langweilig für den Mann, wenn er nicht jagen kann, sei bloß nicht zu leicht zu haben.

Ich bin 1971 geboren, und Feminismus war immer Teil meines Lebens. Meine Mutter hat sich damals in der Interessengemeinschaft der mit Ausländern verheirateten Frauen (IAF) dafür engagiert, dass deutsche Frauen ihren Kindern ihre Staatsangehörigkeit geben können. Ich war über meinen Vater indische Staatsbürgerin. Ich kann mich noch erinnern, wie wichtig es war, dass ich einen deutschen Pass bekommen durfte. Das war 1975. Dass Frauen ihre Staatsangehörigkeit weitergeben konnten, war für mich eine prägende Erfahrung. Der Feminismus war unglaublich wichtig für mich, weil er mir ein Erklärungsmuster geliefert hat, warum die Welt so funktioniert hat, wie sie funktionierte. Deshalb war alles, was mir widerfahren ist, für mich das Ergebnis des Patriarchats. Ganz häufig war es aber Rassismus und gar nicht Sexismus. Es war aber trotzdem eine gute Erklärung, weil die Strukturen ähnlich sind. Mir hat es geholfen, weil es sich sonst gegen mich gerichtet hätte: dass ich irgendwie falsch bin. So konnte ich häufig produktiv damit umgehen.

Ich dachte damals auch, dass mein Vater kaum mit mir redet, weil ich ein Mädchen bin. Erst später habe ich begriffen, dass er erstens nie gelernt hat, über Gefühle zu sprechen, aber außerdem schlecht Deutsch konnte. Er konnte also auf vielen Ebenen kaum kommunizieren. Inzwischen weiß ich, dass er ganz viel mit Diskriminierung zu kämpfen hatte. Aber das habe ich damals nicht verstanden und ihm viele Situationen zum Vorwurf gemacht, in denen er genauso Opfer war. Mein Vater hat zum Beispiel die Kindererziehung meiner Mutter überlassen, denn er musste das Geld ranschaffen, musste unglaublich viel arbeiten, viele Überstunden machen. Ich habe aber nur gesehen, dass er nie da war. Und als es mit der Ehe nicht mehr klappte, habe ich es meinem Vater angelastet. Aber er konnte einfach nicht über Gefühle sprechen. Das ist tragisch. Deshalb ist es mir auch so wichtig, die Männer mitzudenken. Das ganze feministische Wissen, gerade auch aus dem Bereich der Selbsterfahrung, sollte auch Männern zugutekommen. Die Diskriminierung, die mein Sohn wegen seines Geschlechts erfährt, ist anders als die von Töchtern. Das bedeutet aber nicht, dass sie es einfacher haben. Sie haben es anders schwer.

In ihrem Buch zitiert Mithu eine Zahl, die mich frappiert: Laut der jährlichen polizeilichen Kriminalstatistik des Bundeskriminalamts haben Männer ein mehr als 150 Prozent höheres Risiko, Opfer von Gewaltverbrechen zu werden, als Frauen – wobei es sich, so vermute ich, um Gewalt handelt, die von Männern ausgeht.

Mithu: Ja, in der Regel handelt es sich im öffentlichen Raum um Gewalt von Männern gegen Männer. Allerdings ist das ein komplexes Thema: Denn die Gewalt von Frauen gegen Männer ist unsichtbar. Auf diesem Auge sind wir gesellschaftlich blind, wenn auch aus gutem Grund. Auch beim Missbrauch und bei der Gewalt an Kindern reden wir kaum über die Täterinnen, obwohl wir wissen, dass es sehr viele gibt. Damit will ich gar nicht sagen, oh, in Wirklichkeit sind die Männer die Opfer, sondern dass wir auch über männliche Verletzlichkeit reden müssen.

Wir leben in einem System, das auf Hierarchien beruht. Das Gemeine ist nur, dass diese Hierarchien auf verschiedene Weise unterdrücken: aufgrund von Geschlecht, aber auch aufgrund von Klasse und *Race* und vielem mehr. Wir sind alle so viel mehr als nur unser Geschlecht. Außerdem ist es ja auch nicht so, dass alle Männer nichts anderes im Sinn haben, als ihre Frauen zu unterdrücken. So läuft das nicht. Jede und jeder verfügt über einen Wust an Informationen über Geschlecht. Was bin ich aufgrund meines Geschlechts, und wie muss ich mich darin verhalten? Das beinhaltet ja schon ganz viel Diskriminierung. Aber der Gedanke: Super, ich kann mein Genital dazu benutzen, Frauen zu unterdrücken, individualisiert ein strukturelles Problem. In der Regel wird nicht Gewalt angewendet, sondern Autorität. Diskriminierung läuft über *Entitlement*. Ich bin besser als du. Natürlich gibt es Fälle, in denen eindeutig Sexualität als

Mittel zur Ausübung von Macht instrumentalisiert wird. Aber ich glaube, wir unterschätzen, wie dringend Männer auch Anerkennung von Frauen brauchen und herbeisehnen. Jungen lernen nicht unbedingt, dass sie mehr wert sind als Mädchen. Sie lernen, dass sie anders sind. Sie lernen auch: Wir sind das asoziale Geschlecht, Frauen können besser kommunizieren, Frauen sind sozialer. Jungs lernen auch ganz viel darüber, wo sie minderwertiger sind. Sie lernen, dass sie Verletzlichkeit und Schwäche nicht zeigen dürfen, sie lernen, sich über sich selbst lustig zu machen: Guck mal, wie blöd ich bin. Sie lernen, was sie alles nicht ausdrücken dürfen. Und Mädchen lernen ihre eigenen Dinge, die sie nicht dürfen. Der Druck auf beide Geschlechter, sich entsprechend zu verhalten, ist enorm. Das ist in gewisser Weise sogar härter als in meiner Kindheit. Also: Das Patriarchat unterdrückt Frauen, und es unterdrückt Männer. Wir Feministinnen haben viel analysiert, wie Frauen im Patriarchat unterdrückt werden. Transmenschen reflektieren ihre Unterdrückung. Da haben wir einen großen Vorsprung vor den Männern. Und Männer sollten untersuchen, wo Männer unterdrückt werden – und zwar vom System Patriarchat und nicht von den Feministinnen. Das gibt es auch, aber es befindet sich noch in den Kinderschuhen.

Das haben wir natürlich auch schon in den 1970ern gesagt, aber die Männer hat das damals kaum interessiert. Wir haben uns immer darüber beklagt, dass sich unsere Freunde und Ehemänner nicht mit unseren feministischen Analysen auseinandersetzen. Ich habe das Gefühl, dass sich diesbezüglich doch einiges geändert hat.

Mithu: Bestimmte Dinge sind selbstverständlich geworden. Ich kenne mittlerweile nicht wenige Männer, die viel feministische Literatur rezipieren. In der linken Szene ist es inzwischen klar, dass du als Mann auch Feminist sein solltest. Das ist angekommen. Aber ich kann ihren damaligen Widerstand auch verstehen. Wenn ich feministische Texte aus den 1970ern wiederlese, denke ich mir, dass ich als Mann damit auch ein Problem gehabt hätte. Darin werden sie häufig nur als Täter adressiert, als das Böse. Das geht auch mit sehr viel Gedankenlesen einher: Du machst das, weil du mich unterdrücken willst. Und er sagt: Ich will dich nicht unterdrücken – was ja auch in vielen Texten über Rassismus ähnlich ist. Das ist komplex. Das Ziel ist es, über Strukturen reden zu können, ohne zu sagen, dass du persönlich ein böser Mensch bist. Nein, du verhältst dich in dieser Struktur. Es ist ungeheuer schwierig zu erreichen, dass Menschen, die auf entgegengesetzten Seiten des Diskriminierungsspektrums stehen, miteinander sprechen und sich dabei als Menschen wahrnehmen können. Das ist die große Herausforderung.

Ich interviewe derzeit Männerrechtler für ein Feature, die der Meinung sind, die Feministinnen hätten die Welt erobert. Okay, viele wollen ja gar nicht erst mit mir reden. Die, die mit mir reden, sind die Netten, die Offenen, die Klugen. Und interessanterweise haben sie tatsächlich viele Diskriminierungserfahrungen. Wenn sie darüber erzählen, wo Jungen oder Männer diskriminiert werden, wird das häufig abgeblockt, weil es schwer ist, sich damit auseinanderzusetzen. Als würde es die Diskriminierung von Mädchen kleiner machen. Das habe ich auch selbst erlebt. Auch nur darüber zu sprechen, dass Männer vergewaltigt werden, ist ein Tabu. Jetzt willst du sagen, dass Männer die einzigen Opfer sind! Nein, ich will keine Opfer gegeneinander ausspielen. Oder die Debatte um die Odenwaldschule zum Beispiel. Da wird dann gesagt: Wenn Jungen über ihren Missbrauch reden, dann hört die Öffentlichkeit zu. Das stimmt nicht. All die Jahrzehnte vorher hat man ihnen genauso wenig zugehört wie den Mädchen. Es stimmt, dass bestimmte Männerthemen in der Öffentlichkeit nicht oder nur schwer wahrgenommen werden. Und das schadet auch dem Feminismus – weil es zusammengehört. Nur befreite Menschen können auf Augenhöhe miteinander sprechen. In Kitas herrscht schnell ein Generalverdacht gegen Männer. Eltern bestehen darauf, dass männliche Erzieher die Kinder nicht wickeln, weil sie sie ja missbrauchen könnten. Das ist schrecklich: Einerseits wollen wir andere männliche Rollenvorbilder haben, andererseits lassen wir sie diese ganzen »warmen« Sachen nicht machen, lassen sie nicht mit den Kindern kuscheln, sie nicht wickeln. Das ist wirklich tragisch, weil Kinder dann nach wie vor lernen, dass sie Nähe und Wärme nur bei den Frauen finden. Natürlich ist die Debatte über Missbrauch total wichtig, aber die Vorstellung, dass Männer das gefährliche Geschlecht sind, ist schädlich für alle. Und wir schaffen damit auch Täter.

Oder vor kurzem die Debatte um das Buch *Ich will dir in die Augen sehen* von Thordis Elva und Tom Stranger. Thordis Elva ist eine Isländerin, die mit sechzehn Jahren von ihrem ersten Freund, einem Australier, vergewaltigt wurde. Acht Jahre später hat sie ihm eine E-Mail geschrieben, und daraus hat sich eine lange Korrespondenz entwickelt. Dann haben sie sich getroffen und über den Prozess des Verzeihens zusammen ein Buch geschrieben. Als sie zu einer Diskussion nach England eingeladen wurden, gab es große Proteste: Wir wollen keinen Vergewaltiger auf der Bühne haben. Vor der Royal Festival Hall haben die Leute gegen Thordis Elva demonstriert: Weil sie mit ihrem Vergewaltiger spricht, sei sie eine Vergewaltigungsapologetin. Von Männern wird verlangt, Verantwortung zu übernehmen. Tom Stranger hat es getan. Er hat gesagt: Ich habe etwas Schlimmes getan, wie kann ich es wiedergutmachen?

Das muss nicht für jedes Opfer der richtige Weg sein, das haben die beiden auch nie behauptet. Aber dass wir es nicht erfahren sollen, ist verrückt. Außerdem ist das, was er sagt, genau das, was wir nicht wissen. Ich glaube ihm, dass er nie das Bedürfnis hatte, sie zu verletzen. Er hat allerdings gelernt, dass er, wenn er schon mal mit einer Frau geschlafen hat, das Recht hat, es wieder zu tun. Auch wenn sie so viel Alkohol getrunken hat, dass sie kaum bei Bewusstsein ist. Durch die Auseinandersetzung mit seinem damaligen Opfer hat er viele Dinge gelernt, und jetzt setzt er sich dafür ein, dass andere es schon vor der Tat wissen. Diese Vergewaltigung hätte verhindert werden können, wenn er etwas anderes gelernt hätte. Das Interessante ist, dass die Tat sich nicht nur zentral auf ihr Leben ausgewirkt hat, sondern auch auf seines. Wegen der Vorwürfe, die er sich gemacht hat, war er nicht in der Lage, eine Beziehung einzugehen, er musste immer weglaufen. Vor sich selbst. Erst nach der Aufarbeitung zusammen mit Thordis war er in der Lage, sich nicht mehr als Monster zu sehen. Ein Vergewaltiger muss nicht sein ganzes Leben lang ein Vergewaltiger bleiben.

Das lässt mich an die Wahrheits- und Versöhnungskommission in Südafrika denken, wo es zu Begegnungen zwischen Täter*innen und Opfern kam. Es hat mich sehr beeindruckt, dass die Opfer bereit waren, sich dieser Situation auszusetzen.

Mithu: In Südafrika hat das einen Bürgerkrieg verhindert. Was die machen, ist *Restorative Justice*. So etwas ist juristisch inzwischen auch hierzulande möglich. Wir haben in Deutschland den Täter-Opfer-Ausgleich. Bei jedem Verbrechen, auch bei einer Vergewaltigung, ist die Polizei dazu verpflichtet, dir diese Möglichkeit anzubieten – wenn du das als Opfer möchtest. Du kannst dich also mit dem Täter zusammensetzen und herausfinden, was für dich eine angemessene Wiedergutmachung wäre. Dieses Gespräch erfolgt mit ausgebildeten Mediator*innen. Für den Täter kann die Bereitschaft strafmindernd wirken. Leider muss man in der Regel darum kämpfen, und man wird nicht automatisch darauf hingewiesen.

Ich habe eine Frau interviewt, die es bei einem versuchten Totschlag gemacht hat. Sie wurde von einem Mann vor den Zug gestoßen. Für sie war der Täter-Opfer-Ausgleich enorm entlastend, denn sie meinte: Die Fantasie ist schlimmer als die Realität. Danach war sie wieder in der Lage, mit dem Zug und der U-Bahn zu fahren. Sie wusste nun, dass die Person, die das getan hatte, eine bestimmte Person war und dass nicht alle Menschen um sie herum gefährlich sind; dass die Tat nichts mit ihr persönlich zu tun hatte. Sie haben sich geeinigt, dass er eine Therapie macht. Die Haftstrafe wurde auf die anderthalb Jahre für diese psychiatrische Behandlung reduziert, und danach hatte er noch ein Jahr auf Bewährung. Natürlich müssen die Täter diese Begegnung auch wollen, niemand kann dazu gezwungen werden, denn dann bringt es nichts. Wenn es nicht funktioniert, geht die Angelegenheit ins normale Verfahren. Aber wenn es funktioniert, kann es als Prävention für alle Seiten sehr hilfreich sein.

Stimmt es, dass von den angezeigten Vergewaltigungen nur 1,8 Prozent zu einer Verurteilung führen?

Mithu: Ja, Vergewaltigung ist eines der Verbrechen mit extrem geringer Verurteilungsrate. Wie übrigens auch Diebstahl. Es steht Aussage gegen Aussage. Es ist nicht so, dass die Justiz den Frauen nicht glaubt, sondern es liegt in der Natur des Verbrechens, dass es schwierig ist, ein Urteil zu fällen. Und dann ergibt sich noch die Frage, was eine Verurteilung genau bringt. Bei den Restorative-Justice-Verfahren geht es um Wiedergutmachung. Unser Justizsystem ist auf Bestrafung ausgerichtet. Das ist etwas anderes. Manchmal kann es befriedigend sein, aber die meisten Frauen wollen gar keine langen Gefängnisstrafen für die Täter, sie wollen nur, dass der Staat sagt: Das war falsch, was Sie mit dieser Person gemacht haben; und dass der Täter seinen Fehler einsieht.

In den Gerichtsverfahren läuft es aber anders ab, es geht um Beweisbarkeit. Die Frauenberatungsstellen klären die Opfer darüber auf, was ein Gerichtsverfahren ist – weil wir alle eine falsche Vorstellung von einem Gericht haben. Es kann dem Gericht nicht darum gehen, die Wahrheit herauszufinden, denn die kennt kein Mensch. Das ist aber die Botschaft, die uns Gerichtsserien geben, und deshalb sind diese Verfahren so frustrierend. Tatsächlich ist es so: Es wird wenig verurteilt, und die Gerichtsverfahren sind oft sehr belastend – obwohl sich inzwischen viel verändert hat. Es gibt eine Sensibilisierung bei Polizei und Gerichten, es ist nicht mehr wie in den 1970er-Jahren. Aber das ganze Setting ist nicht so, dass es um die Opfer geht.

2017 wurde das Sexualstrafrecht reformiert. Ein Sieg der Frauenbewegung?

Mithu: Der alte Paragraf musste dringend überarbeitet werden. Eine Kommission hat ein Jahr lang darüber beraten, wie ein richtig gutes Gesetz zu machen ist, und dann wurde aufgrund des großen öffentlichen Drucks nach der Silvesternacht in aller Eile das jetzige Gesetz verabschiedet. Das ist tragisch. Es ist ja ganz wichtig, dass die Formulierung »Nein heißt nein« nun festgeschrieben ist, aber sie hätte einfach besser definiert werden können. Es bleibt zu beobachten, ob es in den Verfahren nicht nach wie vor auf den Nachweis von Widerstand hinauslaufen wird, weil das Nein nicht beweisbar ist. Als gesellschaftliche Aussage ist »Nein heißt nein« wiederum wichtig, denn Gesetze beinhalten über die juristische Bedeutung hinaus eine gesamtgesellschaftliche Botschaft. Als Vergewaltigung in der Ehe Bestandteil des Strafrechts wurde, hat das tatsächlich zu einem gesellschaftlichen Umdenken geführt. Auf dieser Ebene hat das Gesetz also schon etwas gebracht.

Das war die Änderung des § 177. Dann kam neu dazu der § 184i, das ist sozusagen der Grapscherparagraf. Es ist gut, dass das, was vorher höchstens als Beleidigung verurteilt werden konnte, nun als sexueller Übergriff gilt. Gut finde ich auch, dass das Strafmaß heruntergesetzt wurde. Darüber herrschte Konsens. Du wirst ja nicht etwas anzeigen, wenn du weißt, dass der Grapscher dafür für ein Jahr ins Gefängnis kommt. Schlecht ist allerdings, dass auf Wunsch der CDU jetzt Geflüchtete, die ein Sexualverbrechen begehen, schneller abgeschoben werden können. Das ist überhaupt nicht verhältnismäßig. Theoretisch können wir jetzt einen, der mir an den Po fasst, in ein Kriegsgebiet abschieben. Das widerspricht natürlich dem Grundgesetz.

Aber es gibt ja auch die Drittstaatenregelung – und Afghanistan gilt zum Beispiel nun als sichereres Drittland … Da wird juristisch zwischen Inländern und Ausländern unterschieden, denn nur Menschen, die nicht deutsche Staatsbürger sind, können abgeschoben werden. Wir wissen auch, dass sexuelle Grenzüberschreitungen vorrangig innerhalb sozialer Gruppen passieren. Die Geflüchtete wird einen Geflüchteten wohl kaum anzeigen, wenn sie weiß, dass er dann abgeschoben wird. Was etwas ganz anderes ist, als zu sagen: Achtung, ich möchte, dass hier interveniert wird. Das war von Anfang an die feministische Kritik und wurde komplett ignoriert.

Und dann gibt es noch den § 184j, die Lex Colonia. Da

geht es um Übergriffe aus Gruppen. Dieser Paragraf kann praktisch nicht umgesetzt werden. Theoretisch besagt er, dass, wenn ich mich mit anderen Menschen verabrede, um eine Straftat zu begehen, zum Beispiel um zu plakatieren, also Beschädigung von Eigentum, und irgendjemand aus dieser Gruppe begeht einen sexuellen Übergriff, bin ich automatisch Mittäter*in, auch wenn ich das nicht einmal gesehen oder sonst wie bemerkt habe. Das steht jetzt unglücklicherweise im Gesetz, und wenn es im Gesetz steht, kann es bei Bedarf angewendet werden. Mir macht das Angst. Man kann nur hoffen, dass das nicht der Fall sein wird.

Nach der Silvesternacht 2016 hat sich rasch das feministische Bündnis #ausnahmslos gegen den Missbrauch von Sexismus für rassistische Zwecke gegründet. Ich habe den Eindruck, dass es heute in der Frauenbewegung mehr Sensibilität für Rassismus gibt. »Frauen gemeinsam sind stark« war in den 1970ern ein wichtiger solidarisierender Slogan, heute scheint er in den meisten Fällen überholt. Das haben wir der Bewegung der schwarzen Frauen* zu verdanken, die uns die Augen für Ungleichheiten unter Frauen* geöffnet haben.

Mithu: Ja, es gibt auf der einen Seite eine Auseinandersetzung mit Rassismus, gesamtgesellschaftlich und auch vor allem innerhalb der Feminismen. Das ist wichtig, und gleichzeitig gibt es ganz viele blinde Flecken. Ich habe den größten Teil meines Wissens über strukturelle Unterdrückung und Race aus feministischen Schriften aus den USA, von Leuten wie bell hooks und indischen postkolonialen Theoretikerinnen wie Gayatri Chakravorty Spivak und vielen mehr. Wir setzen uns ja erst seit einigen Jahrzehnten mit dem Paternalismus innerhalb der Feminismen auseinander – also zum Beispiel mit der Vorstellung, dass der Westen der Welt die

Frauenrechte bringt. Daran brechen ja gerade ganz viele Gräben auf.

Das Wort »Intersektionalität« habe ich erst vor kurzem dazugelernt, obwohl die Verknüpfung verschiedener Unterdrückungsformen schon immer Teil meines Denkens war.

Mithu: Ich glaube nicht, dass alle Leute wissen, was der Begriff bedeutet, also die Überschneidung verschiedener Diskriminierungsformen in einer Person. Die Familie meiner Mutter kommt aus der Arbeiterklasse, ich habe einen indischen Vater, und ich bin eine Frau. Diese Dinge müssen zusammen gedacht werden. Wenn eine behinderte Frau sterilisiert wird, dann wird sie nicht sterilisiert, weil sie behindert ist oder weil sie eine Frau ist, sondern weil sie eine Frau mit Behinderung ist. Man kann jetzt beides nicht mehr voneinander trennen.

Die Kopftuchdebatte hat die Frauenbewegung gespalten.

Mithu: Als die Kopftuchdebatte anfing, musste man als Feministin gegen das Kopftuch sein. Leute kamen zu mir und sagten: Du bist Feministin, da bist du bestimmt gegen das Kopftuch – zu einem Zeitpunkt, als ich mir noch gar keine Gedanken über das Kopftuch gemacht hatte. Das war ja früher überhaupt kein Thema. Historisch wurde über den Schleier immer mal wieder debattiert, aber in den Achtzigern hat kein Mensch über Kopftücher geredet. Einige haben Kopftuch getragen, einige nicht. Na und?
Ich kann mich noch an das Buch von Betty Mahmoody *Nicht ohne meine Tochter* erinnern. Da kam das Thema auf. Das war eine persönliche Leidensgeschichte, die aber so verkauft wurde: Seht mal, die Muslime sind alle so. Und mit dem Ende des Kalten Krieges war plötzlich nicht mehr der

Kommunismus der gesellschaftliche Gegenentwurf, sondern auf einmal war es der Islam. Und damit begannen die Kopftuchdebatten massiv. Heute sind Frauen, die Kopftuch tragen, im öffentlichen Raum häufig Aggressionen ausgesetzt. Sie werden auf der Straße geschlagen, beschimpft, Menschen versuchen ihnen das Kopftuch herunterzureißen, immer mit der Geste, dass sie Frauen beschützen wollen.

Und mit der Kopftuchdebatte fingen viele, gerade auch junge Frauen erst an, Kopftücher zu tragen. Aber natürlich gibt es auch solche, die dazu gezwungen werden. Es gibt jedoch ebenso Frauen und sogar Feministinnen, die es aus religiöser Überzeugung tragen und dafür viel einstecken müssen. Sie werden als Islamistinnen beschimpft. Dabei würde ich keine Frau, die ein Kreuz trägt, als fundamentalistische Christin beschimpfen. Das Kopftuch ist ein komplexes Thema, aber wir werden das Problem nicht lösen, indem wir Frauen verbieten, es zu tragen.

Wir hatten in Wien ein Frauencafé, in das Männer nicht hineindurften. Eines Abends wollte ein nichtsahnender Migrant im Café ein Bier trinken. Die Art, wie er von den Frauen des Lokals verwiesen wurde, habe ich als eindeutig rassistisch empfunden; sonst aber niemand. Ich habe mich geschämt und fühlte mich mit dem einfachen Mann solidarisch und nicht mit meinen Geschlechtsgenossinnen. Die Frauen waren in der Situation als Vertreterinnen der Mehrheitsgesellschaft eindeutig die Mächtigeren.

Mithu: Ja, wenn du viele Entmächtigungserfahrungen erlebt hast, lernst du nicht, Verantwortung für deine eigene Macht zu übernehmen. Das ist aber wichtig, auch im Opferdiskurs. Es gibt viele Situationen, in denen wir Macht haben. Und damit müssen wir verantwortlich umgehen. Die Argumentation der »Störenfriedas« ist doch: Ich bin Opfer und kann deshalb auf keinen Fall Täterin sein. Das ist Quatsch. Natürlich kann ich in einer anderen Situation auch Täterin sein.

Ich erinnere mich an einen großen Frauenkongress in Frankfurt in den Siebzigern. Dort haben die Frauen eine Resolution zur Vergewaltigung verabschiedet, in der die Drohung ausgesprochen wurde, dass wir selbst einschreiten würden, sollte der Staat die Frauen nicht besser schützen. Ich habe damals als eine der wenigen dagegengestimmt, weil ich die Resolution als Aufruf zur Lynchjustiz wahrnahm.

Mithu: Das finde ich beeindruckend. Als ich fünfzehn war, hätte ich einen Aufruf zur Todesstrafe für Vergewaltiger sofort unterschrieben. Das war mein damaliger Zustand. Heute finde ich das erschreckend.

Zum Abschluss unseres Gesprächs hatte ich noch eine allgemeine Frage an Mithu, die nichts mit unserem eigentlichen Thema – Vergewaltigung – zu tun hat: Im April 2017 gab es einen sogenannten W20-Gipfel, an dem Ivanka Trump, Christine Lagarde und Angela Merkel teilnahmen. Sie haben über Frauenrechte diskutiert, und alle bezeichneten sich als Feministinnen, Angela Merkel mit Einschränkungen. Ist das ein Feminismus, der sie interessiert?

Mithu: Nein, aber ich finde es trotzdem wichtig, dass es diese Variante des Feminismus gibt. Es ist ein Zeichen, dass der Feminismus im Mainstream angekommen ist. Und da gehört er auch hin, aber eben nicht nur. Mein Feminismus muss natürlich auch immer Kapitalismuskritik beinhalten. Er muss so viel mehr mit einbeziehen und darf sich nicht damit zufriedengeben, dass auch in den DAX-Vorständen

Frauen vertreten sind. Es ist super, wenn sie dorthin kommen, aber ich persönlich finde es wichtiger, statt über Quoten für die Superreichen über ein Maximaleinkommen zu reden. Irgendwo muss Schluss sein, ab einem gewissen Punkt sollte man nicht noch mehr verdienen. Dann können wir das Geld gern quotiert verteilen. Aber ich finde es trotzdem in Ordnung, weil wir eine Vielfalt an Bereichen brauchen, in denen sich Frauen* engagieren.

Und Angela Merkel ist ja sehr dafür kritisiert worden, dass sie in diesem Gespräch gesagt hat, sie fände den Feminismus wichtig, würde sich selbst aber nicht als Feministin bezeichnen. Ich fand gerade das beeindruckend. Sie hat nicht gesagt, sie lehne den Feminismus ab, sondern nur, dass sie keine Leistungen für den Feminismus erbracht hat und sich deshalb nicht mit fremden Federn schmücken möchte. Auf der Ebene war sie noch die Vernünftigste – um Längen besser als Ivanka Trump, die sogar ihren Vater als Feministen sieht. Aber ich finde, jede, die sich Feministin nennen will, soll das dürfen, sogar eine First Daughter. Ich bin nicht die Polizei, die sagt, da darfst du nicht mitmachen.

Und die Zukunft? Ist sie weiblich, wie immer behauptet wird? Mit oder ohne Quote?

Mithu: Das Absurde an der Quote ist, dass sie tatsächlich etwas verändert. Das sind ja alles Systeme, die sich so langsam verändern, und mit der Quote kannst du den Prozess beschleunigen. Es wäre toll, wenn wir sie nicht mehr bräuchten, niemand will sie, aber bis dahin ist sie das beste Instrument, das wir haben. Darüber hinaus fände ich eine Quote nicht nur für Frauen super, auch eine Quote für Erzieher in Kindergärten würde gesellschaftlich viel verändern. Der Backlash, den wir augenblicklich erleben, ist auch ein Zeichen dafür, dass wir etwas erreicht haben. Ich habe immer

Hoffnung – weil es politisch wichtig ist. Sobald wir die Hoffnung verlieren, haben wir ein Problem. Und ich glaube auch an die Menschlichkeit.

IRGENDWAS DAZWISCHEN

Parisa Madani

Am 8. November 2017 platzte die Bombe: Ein Beschluss des Bundesverfassungsgerichts vom 10. Oktober wurde veröffentlicht. Die Karlsruher Richter forderten, dass künftig ein drittes Geschlecht im Geburtenregister eingetragen werden kann. Der Gesetzgeber musste bis Ende 2018 eine Neuregelung schaffen, in die als drittes Geschlecht neben »männlich« und »weiblich« noch »inter«, »divers« oder eine andere »positive Bezeichnung des Geschlechts« aufgenommen wird. Bisher gab es nur die »negative« Option – kein Geschlecht eintragen zu lassen. Den Menschen wurde also eine positive Identität verweigert.

Bereits 2012 hatte der Ethikrat festgestellt, dass intersexuelle Menschen besonders häufig diskriminiert und Opfer von Gewalt werden. Vielen wurde im Kindesalter mit einer Operation ein Geschlecht zugewiesen – eine Maßnahme, unter der sie ein Leben lang zu leiden haben. Solche Operationen werden von Expert*innen mittlerweile zwar abgelehnt, es gibt sie aber immer noch.

Seit Juni 2014 kämpfte die intersexuelle Person Vanja dafür, ihren Eintrag im Geburtenregister von »weiblich« auf »inter/divers« zu ändern. Vanja war als Mädchen registriert worden, ist aber laut der vorgelegten Chromosomenanalyse weder Frau noch Mann. Sowohl am Amtsgericht Celle als auch am Oberlandesgericht Hannover und in der Folge am Bundesgerichtshof in Karlsruhe wurde Vanjas Antrag negativ beschieden. Die Begründung: Das Gesetz sehe eine dritte Option nicht vor. Daraufhin beschloss die »Kampagne für eine dritte Option«, bis vor das Verfassungsgericht zu ziehen.

Die bahnbrechende Entscheidung des Bundesverfassungsgerichts betrifft in Deutschland bis zu 160 000 intersexuelle Menschen. Das medizinische Fachlexikon Pschyrembel beziffert den Prozentsatz an Intersexuellen in der Bevölkerung auf 0,2 Prozent. Bei der »Kampagne dritte Option« heißt es aber, dass es auf Zahlen nicht ankomme: Zum einen handele es sich dabei um Fremdzuschreibungen von Ärzten, die nichts darüber aussagen, wie Menschen sich fühlen und welchem Geschlecht sie sich selbst zuordnen; zum anderen könne die Gewährung elementarer Persönlichkeitsrechte nicht von der Anzahl der Betroffenen abhängig gemacht werden.

Am 15. August 2018 einigte sich die Große Koalition auf die dritte Geschlechtsoption im Personenstandsrecht. Von der Begeisterung über den Entscheid des Bundesverfassungsgerichts ist bei den Interessenverbänden nichts mehr zu spüren. Obwohl es massive Proteste gegen den Entwurf gegeben hatte, ist es zu keinen weiteren entscheidenden Änderungen gekommen, kritisiert die Bundesvereinigung Trans* die nunmehrige »Minimallösung«. Die Proteste richteten sich vor allem gegen die Auflage, bei einer späteren Änderung eine ärztliche Bescheinigung zur geschlechtlichen Identität vorlegen zu müssen, um in der Option »divers« aufgeführt zu werden. Der Gesetzentwurf ignoriere damit die Kritik an der Pathologisierung intergeschlechtlicher Menschen. Außerdem sei es enttäuschend, dass Transpersonen im Gesetzentwurf gar nicht vorkommen. Gehofft hatte man auf eine offene Begrifflichkeit, in der sich alle Menschen wiederfinden könnten, die sich nicht als »Mann« oder »Frau« verstehen.

Das neue Gesetz wurde am 13. Dezember 2018 im Bundestag mit den Stimmen von Union und SPD verabschiedet. Nunmehr ist im Geburtenregister auch »divers« möglich. Auch »ohne Angaben« kann weiterhin ausgewählt werden. Der Eintrag kann aber auch zu einem späteren Zeitpunkt nachgeholt oder geändert werden, wofür es allerdings einer ärztlichen Bescheinigung bedarf, eine Nachweispflicht, an der sich heftige Kritik entzündete. Der Lesben- und Schwulenverband kritisierte zudem, Intersexualität werde auf körperliche Abweichungen eingeengt.

Parisa ist zum Zeitpunkt unseres Gesprächs einundzwanzig Jahre alt und seit einem Jahr in medizinischer Transition. »In Transition bin ich mein Leben lang, ich hab mich nur zu dem Zeitpunkt entschieden, körperverändernde Maßnahmen einzuleiten«, verdeutlicht sie, als ich ihr den Text zur Überprüfung zuschicke. Sie schluckt Hormontabletten und nahm bis vor kurzem auch Testosteronblocker.

Als sie in dem von der Friedrich-Ebert-Stiftung veranstalteten feministischen Barcamp von Frauen umringt dastand, größer als alle anderen, androgyn, das dunkelbraune Haar gelockt, den Marmorköpfen griechischer Diskuswerfer gleich, die Lippen voll und rot geschminkt, das Profil kräftig und zart zugleich, hätte ich an ihrem Geschlecht nicht gezweifelt. Es gibt zarte und kräftige Frauen, große und kleine. Aber es fiel mir auch nicht ein, in eine andere Richtung zu denken, schließlich befand ich mich in einem Barcamp für Frauen. Parisa trug einen geblümten Jumpsuit mit spitzem Ausschnitt, darüber eine leichte Jacke, die lose über ihre flache Brust fiel. An den Füßen schwere Boots. Ihre Arme waren glatt und unbehaart, die Fingernägel dezent altrosa lackiert. Beim Sprechen legte sie ihre Hände mit den feingliedrigen, langen Fingern elegant ineinander. Ich saß in dem von ihr angebotenen Workshop zu Transgender neben ihr und betrachtete staunend ihr Profil und immer wieder die Hände. Alles an ihr war mit einem Mal uneindeutig geworden. Ich dachte nun in eine andere Richtung.

Sie würde derzeit nicht an eine operative Geschlechtsumwandlung denken, erzählte Parisa der Gruppe Cisfrauen, die sich für ihren Workshop entschieden hatten. Nur ihre Brüste sollten noch wachsen. Wie wunderbar, dachte ich, Brüste und Penis zugleich. Schon immer haben mich Menschen angezogen, deren Geschlecht nicht auf den ersten Blick erkennbar ist. Androgynität, Uneindeutigkeit, die Verwischung des biologischen Geschlechts waren für viele von uns in der Wiener Frauenbewegung der 1970er ein erstrebenswertes Ideal. Die Schweizer Schriftstellerin Annemarie Schwarzenbach zum Beispiel gefiel uns sehr. Die eben erst entstandene Schwulenbewegung war unsere natürliche Verbündete im Kampf gegen Patriarchat und Zwangsheterosexualität. Wie sähe die Welt aus, wenn das Geschlecht am Vornamen nicht erkennbar wäre? Warum war bis 2008 eben diese Erkennbarkeit bei der Vergabe eines Vornamens amtlich vorgeschrieben?

Mit den vielen Kindern aus fremdsprachigen Familien hat sich diese Regelung von allein erübrigt. Die Bedeutung der binären Geschlechterordnung aber bleibt davon unangetastet. Wie sähe das Gesellschaftsgefüge aus, wenn es keine eindeutigen psychischen, kulturellen und machtpolitischen Zuschreibungen gäbe? Die automatische Bevorzugung des einen oder des anderen Geschlechts für bestimmte Tätigkeiten und Gefühle, die teils bewusste, teils unbewusste Zuordnung bestimmter Eigenschaften an eine Person des einen oder des anderen Geschlechts – kein Thema mehr.

Und doch, welche Verunsicherung! Als Margit mit der tiefen Stimme Anfang der 1970er-Jahre ins Wiener Frauenzentrum kam, wussten wir weder aus noch ein. Ist eine Transfrau nun tatsächlich eine Frau, die das Recht hat, einen geschützten Frauenraum zu betreten und an der Frauenbewegung teilzunehmen? War Margit nicht als Mann sozialisiert? Schleicht sie sich ein bei uns, die wir niemals die Möglichkeit hatten, uns unser Geschlecht freiwillig auszusuchen? Wir wurden hineingeboren in diesen weiblichen Körper und mussten ihn annehmen, ob es uns passte oder nicht – samt Monatsblutung, der Angst vor Schwangerschaft und der täglichen Hormoneinnahme, wenn wir Letztere vermeiden wollten. Ganz zu schweigen von der gesellschaftlichen Benachteiligung, der Angst vor Gewalt und dem Zwang zu äußerer Attraktivität.

Ich wäre lieber eine männliche Person mit einem Mehr an Freiheit gewesen und empfand ein gewisses Ressentiment Transfrauen gegenüber, die sich – so sah ich es damals – aus freien Stücken für ein Geschlecht entschieden, das für mich oft genug eine Last war. Wie viel seelisches Leid eine wie Parisa dazu gebracht hat, sich in die Transition zu begeben, habe ich erst Jahrzehnte später begriffen. In den 1970ern waren Transgender und Intersexualität kein öffentlich debattiertes Thema. Erst durch Zeitungsartikel habe ich in den Nullerjahren zu verstehen begonnen, dass es Menschen gibt, die das ihnen zugewiesene Geschlecht nicht als das ihre begreifen.

In dem Erinnerungsband über die Wiener Frauenbewegung *Zündende Funken* finde ich einen Text unserer kürzlich verstorbenen Mitstreiterin Ülküm Fürst-Boyman. Sie erzählt von ihrer Begegnung mit Margit, an deren richtigen Namen ich mich nicht mehr erinnere:

»Bei unseren Demonstrationen sahen wir anfänglich sporadisch und dann immer regelmäßiger einen Menschen am Rande stehen, der uns nur sehnsüchtig nachblickte, ohne sich einzureihen. Es war ein Mann in Frauenkleidern, sehr altmodisch gekleidet in Rock und Bluse, an den Beinen trug sie eine pink-fleischfarbene Strumpfhose, die irgendwie silbern schimmerte. Sie hatte einen Pagenschnitt und trug außerdem eine dicke Hornbrille. Die ganze Erscheinung war nicht sehr vorteilhaft.

Eines Abends saßen wir Frauen, etwa vierzig an der Zahl, in unserem Stammlokal in wichtige Diskussionen vertieft, als plötzlich die Eingangstüre aufgerissen wurde und jene Frau in der Tür stand. Sie stand eine Weile oben, ganz starr, und sah zu uns herunter, ihre Umrisse wurden durch die grelle Straßenbeleuchtung hervorgehoben. Plötzlich setzte sie sich in Bewegung, kam mit entschlossenen Schritten – trapp, trapp, trapp – die Stiegen herunter, bewegte sich auf einen leeren Stuhl zu und setzte sich, den Blick auf den Boden gerichtet und mit herabhängenden Schultern. Es schien, als hätte sie sich vollkommen verausgabt, als hätte sie keine Kraft mehr. Wir wussten nicht, wie wir mit der Situation umgehen sollten. Wir setzten unsere Gespräche einfach fort, wir haben sie weder gegrüßt noch nach ihrem Namen gefragt. Später erfuhren wir, dass diese in einem männlichen Körper gefangene Frau sich keiner Hormonbehandlung und keiner Geschlechtsanpassung unterzogen hatte, weil ihr die finanziellen Mittel dazu fehlten. An diesem Abend, an dem sie sich mutig auf die Seite der Frauen katapultierte, war sie keine Zuschauerin mehr, die am Rande stand, sondern mitten unter uns.«

Das Wort »Transition« lässt mich nicht mehr los. Eigentlich ist das ganze Leben eine Transition, ein ständiger Übergang von einem Zustand in einen anderen. Das Wachsen des Körpers, der Übergang von der Kindheit zur Geschlechtsreife, die Pubertät mit ihrem hormonellen Chaos, die tickende Uhr gegen Ende der weiblichen Fruchtbarkeit, die

Menopause und wieder ein hormonelles Chaos. Meine eigene Transition ins Alter. Wann das eigentliche Alter beginnt, ist unklar. Die Leute sagen aus Höflichkeit »älter«, was grammatikalisch eigentlich der Komparativ von »alt« ist, also eine Steigerung, im sprachlichen Umgang aber als Abschwächung benutzt wird. In Wirklichkeit nehmen sie mich aber bestimmt schlicht als alt wahr. Ich selbst jedoch erlebe mich in Transition. Der Übergang wird erst durch den Tod beendet.

Was weiblich und was männlich ist, ist auch innerhalb einer Person keineswegs eindeutig. Gut, es gibt den Körper. Meine primären Geschlechtsmerkmale, äußerlich und innerlich, legen mich fest. Wenn es aber so eindeutig wäre, warum das Diktat der unterschiedlichen Kleidung? Früher ausgeprägter als heute, aber in manchen Bereichen immer noch vorgeschrieben. Warum mokieren sich viele über Angela Merkel, weil sie nicht »weiblich« gekleidet ist, ihre Beine nicht zeigt? Warum entspricht Theresa May mehr dem Idealbild einer Politikerin, die »ihre Weiblichkeit nicht versteckt«? Warum verlangt es der Dresscode, dass sich Business-Frauen mit hochhackigen Schuhen abmühen, mit denen sie zwar so manchen Mann überragen, aber auch wesentlich instabiler sind? Warum sollen ihre Beine und ein Teil ihres Ausschnitts sichtbar sein?

Männer, die mehr als jede Managerin im dezenten Kostüm auch als kleine Angestellte Macht verkörpern, halten sich bedeckt, die Krawatte ein Symbol der Männlichkeit, während die untergeordnete Gruppe in der sozialen Rangordnung Teile ihres Körpers vorweisen soll, aber auch nicht zu viel davon, um Männer nicht von der Gewichtigkeit ihrer Geschäfte abzulenken.

»Hat man dich irgendwann im Leben gedrängt, deine Weiblichkeit zu verleugnen?«, fragte mich vor langer, langer

Zeit ein Freund, der meine kräftig ausholenden Schritte als zu männlich empfand. Ich verstand nicht, was er mir sagen wollte, und doch hat mich die Frage so sehr getroffen, dass ich sie bis heute nicht vergessen habe, obwohl ich längst nicht mehr weiß, wer er war. Gekränkt hat mich auch, als ich in einer gruppendynamischen Sitzung von einem Teilnehmer als »Mannweib« bezeichnet wurde, während die anderen beiden Frauen jeweils als »Frau« (sie war schwanger) und als »Weib« (sie war sexy) etikettiert wurden. In herabsetzender Absicht mit dem anderen Geschlecht identifiziert zu werden, tut weh. Wenigstens einer Cisfrau.

Parisa will weder Mann noch Frau sein. Der Weg zu sich selbst und ihr enthaarter Körper eröffnen ihr eine neue Welt. Eine Welt der Lust, aber auch der Diskriminierung. Diese nimmt sie bereitwillig in Kauf. Sie ist auch nichts Neues für sie. Diskriminierung und Gewalt hat sie seit ihrer Kindheit erfahren.

Ein Junge ist geboren!
Parisa finde ich sehr attraktiv. Mein Kompliment nimmt sie zwar gern an, doch was ich an ihr sehe, kann sie selbst nicht erkennen. So manches stört sie. Die breite Augenbraue. Die große Nase. Das könnte alles operativ korrigiert werden. Ihre Mutter wäre bereit, die Kosten der Operation zu übernehmen.

Besser nicht, denke ich. Auch ich habe mich als Jugendliche nicht schön gefunden, aber an eine Operation habe ich nie gedacht. Die Veränderungen habe ich mir nur erträumt. Was wäre, wenn ich eines Tages mit langen schwarzen Haaren aufwachen würde? Die Beine schlanker und länger? Bestimmt wäre ich dann glücklicher, und alles wäre gut. Heute endlich kann ich mich mit einem gewissen Maß an Wohlgefallen im Spiegel betrachten. Das bin ich. So bin ich geworden. Schade, dass dieser Zustand erst erreicht wird, wenn das Leben sich dem Ende zuneigt. Verständlicherweise will Parisa nicht so lange warten.

Parisa hat einige Zeit in Kalifornien verbracht, wo alle schön sein wollen. Da es nichtbinäre Schönheitsideale vorläufig nicht gibt, will eine Transfrau eben aussehen wie Kim Kardashian, sagt sie, nicht wie etwas dazwischen – genau das, was mich an Parisa anzieht. Noch im vergangenen Sommer träumte sie von alles verändernden Schnitten. Heute ringt sie darum, sich anzunehmen, wie sie ist. Die inneren Stimmen streiten miteinander: Du musst nicht bleiben, wie du geboren wurdest. Einiges muss ebenso weg, wie die Laserbehandlung die Körperbehaarung besiegt hat.

Aber warum möchtest du etwas weghaben? Oder dazubekommen? Die Antwort lautet meistens: Weil Frauen eben so aussehen. Gleich darauf meldet sich die andere Stimme: Warum willst du deine Augenbrauen anheben? Volles blondes Haar haben? Große Brüste? Breite Hüften? Welche Frau hat das schon? Auch Männer sind unterschiedlich. Jeder Körper ist einzigartig. Menschen sollten wissen, dass sie nicht aussehen müssen wie eine andere Person, um glücklich zu sein. Die Stimme der Vernunft.

Parisa hat auch Angst vor dem Gelingen der Operation. Wäre sie mit dem Ergebnis zufrieden, käme der nächste Schritt und der nächste und der nächste. Am Ende sähe sie aus wie ein Roboter. Und wenn sie sich damit glücklich fühlte? Viele werden tatsächlich glücklich. Es handelt sich ja nicht um eine Schönheits-OP, sondern um eine Rekonstruktion. Transfrauen wollen wiederherstellen, was ihnen die testosteronreiche Pubertät verbaut hat.

Engelgleich

Parisa ist ein persischer Mädchenname und bedeutet »engel-
gleich«. Diesen Namen will sie in Zukunft tragen. Bei ihrer
Geburt war sie unmissverständlich ein Junge, und auch ihr
persischer Jungenname endete auf A. So wurde sie in Deutschland schon früher manchmal für ein Mädchen gehalten.

Mit ihren Eltern hat sie es gut getroffen, sehr gut. Das
habe ich mir schon längst gedacht, sagte die Mutter nur, als
Parisa ihr vor einem Jahr bei Pizza und Wein erklärte, dass
sie Transgender sei. Mit ihrem persischen Vater, der mit seiner neuen Frau in Hannover lebt, wollte Parisa vorerst nicht
über sich sprechen. Nach der Scheidung ihrer Eltern ging
sie auf Distanz zum Vater. Rief er an, hob sie nicht ab. Als sie
aber einmal den Anrufbeantworter abhörte, traute sie ihren
Ohren nicht: Hallo, Parisa, sagte der Vater. Die Mutter hatte
gepetzt. Zwei Monate später trafen sie sich in Berlin zu einem Gespräch. Auch er reagierte gelassen.

Der Vater hatte nur einen Wunsch: In den Iran solle Parisa vorläufig nicht reisen. Es könnte sie das Leben kosten,
das wussten beide. Entweder Mann oder Frau muss man
dort sein. Hetero. Homosexualität wird mit dem Tod bestraft. Um diese Eindeutigkeit herzustellen, werden gern ge-
schlechtsangleichende Operationen vorgenommen. Es kann
aber auch vorkommen, dass eine Transgender-Person spur-
los aus dem Krankenhaus verschwindet. Fragen die Ange-
hörigen nach, hat es sie nie gegeben.

Hätte Parisa schon früher gewusst, dass es Transgender-
Menschen gibt, hätte sie gewusst, dass sie sich nicht mit dem
abfinden muss, was ihr die Leute an den Leib heften, sie
hätte schon früher das Gespräch mit ihrer Mutter gesucht.
Aber Parisa hatte kein Wort für das, was sie ist. Später, als
sie Bescheid wusste, dachte sie immer noch, ein Kind hätte
schon ab dem zweiten Lebensjahr Gewissheit und würde

die Transition sehr früh beginnen. Sie dachte, sie müsse ein Junge bleiben, ihr Leben lang.

Mädchenkram

Das war hart. Auch den Eltern entging nicht, dass der Junge sich anders verhielt, als man es gemeinhin von einem Jungen erwartet. Das Kind fühlte sich zu bunten Kostümen und Kleidern hingezogen. Es tanzte gern. Tanzen aber ist Mädchensache. Jungs sollen Fußball spielen. Parisa fand es normal, dass sie als einziger Junge mit den Mädchen tanzte, aber unverständlich, dass ihretwegen die Jungenumkleide aufgeschlossen werden musste.

Als Parisa in der zweiten Klasse nach Großburgwedel bei Hannover in die Schule kam, wurde sie von Anfang an als Mädchen verlacht. Soll das eine Beleidigung sein?, fragte sich das Kind. Oder eine Feststellung? Sie war doch kein Mädchen. Nur weil ich nicht raufen und Fußball spielen mag? Die Mädchen taten Dinge, die ihr besser gefielen: Familie spielen in den Bäumen, sich Geschichten erzählen, miteinander lachen, in der Pause turnen. Die Mädchen waren eher bereit, Parisa zu akzeptieren, auch wenn sie manchmal über sie lachten; auf keinen Fall waren sie aber so schlimm wie die Jungs.

Parisas Eltern hielten zu ihrem Kind, sie wollten nur eins: Es sollte gesund und glücklich sein. Niemals haben sie ihren Spross ermahnt, sich wie ein Junge zu benehmen. Sie dürfe alles, nur eins nicht: andere Menschen verletzen. Doch gewiss waren die Eltern auch ratlos, wenn sie mit ansehen mussten, wie ihr Kind als Mädchen verlacht wurde. Aber Parisa fühlte sich nicht verletzt, denn sie wusste, dass sie kein Mädchen war. Sie war aber auch nicht stolz darauf, ein Junge zu sein.

Schwul vielleicht?

Auch »Schwuchtel« wurde Parisa genannt. Sie hatte keine Ahnung, was das war, aber anscheinend wussten alle anderen Bescheid. Auch später, als sie das Wort schon verstand, konnte es sie nicht verletzen, weil sie sich nicht als schwul erlebte. Es kränkte sie nur, dass Leute, die sie überhaupt nicht kannten, sich herausnahmen, ihr ein Etikett anzuheften. Wie sollte sie in der vierten Klasse wissen, ob sie eines Tages Lust auf einen Jungen haben würde?

In Parisas Familie war alles anders als bei den anderen Leuten in Großburgwedel. Das half. Das Kind war es gewohnt, anders zu sein. Bis zu seinem zehnten Lebensjahr fuhr man fast jeden Sommer in den Iran. Doch als Ahmadinedschad gewählt wurde, fand ein politischer Umbruch statt. Während ihre Cousins demonstrierten, beteten die Tanten zu Hause, dass sie lebend heimkommen mögen. Parisa liebt ihre persische Verwandtschaft und bedauert sehr, dass sie sie heute aus einem anderen Grund nicht besuchen kann.

In die Zeit der Unruhe im Iran fiel auch die Scheidung von Parisas Eltern. Ein schwerer Schlag für das Kind, dem das Elternhaus die wichtigste Stütze war. Da war Parisa in der fünften Klasse und hörte auf zu wachsen. Trost fand sie beim Essen, wog bei einem Meter fünfzig bald fünfundfünfzig Kilo. Jetzt war sie auch noch die einzige Schüler*in, die dick war. Auch die Schwester lehnte ihren Bruder ab. Sie war in Parisas Augen ein angepasstes Dorfkind, sah aus wie eins und verhielt sich wie eins. Ihr Bruder war ihr peinlich. Die eben erst geschiedene Mutter hatte ihre liebe Not mit den beiden pubertierenden Kindern. Mit einem Mal fühlte sich Parisa zu Hause nicht mehr geborgen.

Klein, dick und hässlich

Dick geworden, machte ihr auch das Tanzen keine Freude mehr. Ihren unansehnlichen Körper versuchte sie zu kaschieren, indem sie sich grelle Klamotten mit komischen Mustern anzog. Das sollte ablenken. Sie kaufte sich eine hauteng bis zur Taille reichende Jeans von Versace mit einem schwarzweißen Zebramuster. Diese Hose und dazu knallbunte Shirts trug sie tagaus, tagein. Viel Farbe, viel Neon, viel Muster, darauf kam es an. Natürlich fiel sie damit noch mehr auf in Großburgwedel, wo die Leute Beige und Dunkelblau bevorzugten. Die Mutter hielt weiter zu ihrem Kind. Hauptsache, es war glücklich. Doch Parisa war nicht glücklich.

In den Jahren zwischen der vierten und der siebten Klasse machte sie Schlimmes durch. Parisa wurde beleidigt, bespuckt, getreten, mit Müll beworfen. Dass sie trotzdem das Abitur schaffte, ist erstaunlich. Sie hätte es auch nicht müssen, die Eltern stellten ihr frei, die Realschule zu besuchen. Das verunsicherte Parisa aber nur noch mehr. Zweifeln meine Eltern an meinem Intellekt? Und sie schaffte es. Doch schon früh merkte sie, dass sie die Schule nicht benötigte, um zu beweisen, wie schlau sie war. Sie lernte auf ihre Weise.

Wichtiger waren ihr die Freiheit und das Recht, anders sein zu dürfen. Immerhin war Deutschland nicht der Iran. Doch dieser Trotz hatte seinen Preis. Parisa eckte überall an. Ihr unorthodoxes Verhalten wurde als Provokation empfunden: Kein anderer Junge in Großburgwedel benimmt sich so. Dieser da nimmt sich das einfach heraus – und hat auch noch seinen Spaß daran. Parisa wiederum konnte nicht verstehen, warum die anderen unbedingt wollten, dass sie ihnen gleiche, und entschlossen waren, sie mit diesem Anspruch kaputtzumachen. Was hatten sie davon?

Auch Parisas Eltern konnten das nicht nachvollziehen, waren aber machtlos. Sowohl sie als auch ihr Kind meldeten die gewaltsamen Übergriffe dem Lehr- und Aufsichtspersonal, bekamen aber stets zur Antwort, dass zu jedem Konflikt zwei gehörten und Parisa bestimmt nicht ganz unschuldig daran war. Und am nächsten Tag ging die Folter weiter. Ihre gesamte Schulzeit hindurch wurden Parisas Quälgeister nie für ihre Handlungen bestraft. Daran war Parisa auch gar nicht gelegen, sie wollte ja nur, dass es endlich aufhörte.

In der sechsten Klasse wurde sie auf dem Schulhof von einem Mitschüler zusammengeschlagen. Mit gebrochenem Nasenbein lag sie bewusstlos auf dem Boden. Als sie wieder zu sich kam, wand sie sich vor Schmerzen. Doch niemand stand ihr bei. Unbegleitet musste das verletzte und weinende Kind den Weg zum nächsten Krankenhaus zurücklegen. Einige Wochen später gab es im Jugendamt ein klärendes Gespräch, zu dessen Abschluss beide Kinder einander die Hand reichen und versprechen mussten, dass so etwas nicht wieder vorkommen würde. Der gewalttätige Junge bot Parisa an, sie auf eine Currywurst einzuladen, was diese mit dem – wahrheitsgemäßen – Hinweis ablehnte, dass sie Vegetarierin sei. Stets haben Autoritätspersonen mich so behandelt, als wäre ich an allem schuld, sagt Parisa. Wenn du dich benimmst wie alle anderen, dann begibst du dich auch nicht in Gefahr. Aber Parisa wollte sich nicht verstecken. Sie wollten mich kleinmachen, aber ich war zu stark für sie, sagt sie.

Auf die Kacke hauen
Nach dem Vorfall mit dem Nasenbein distanzierte sich auch Michael, den Parisa für ihren einzigen Freund in der Klasse gehalten hatte. Unter den Mädchen gab es immer wieder die eine oder andere Außenseiterin, mit der sie sich verbünden konnte. Aber grundsätzlich war sie allein. Wie sie es geschafft hat, bis zum Abitur durchzuhalten, ist ihr heute noch ein Rätsel.

Seit ihrer Kindheit hatte Parisa einen Traum: Sie wollte
es schaffen und später jungen Leuten in ähnlicher Lage zeigen, wie es ihr gelungen ist. Sie wollte den Morast überleben,
durch den sie waten musste. Als sie sich die schwarzweiße
Hose kaufte, war das ein Akt des Widerstands. Das ist meine
Identität, so möchte ich sein, beschloss sie und richtete sich
fortan im Protest ein. Natürlich wurde sie vom Lehrpersonal
immer wieder ermahnt, sich anders anzuziehen und anders
zu benehmen. Ich habe nur noch auf die Kacke gehauen,
sagt Parisa, mir war alles egal. Zu diesem Zeitpunkt war sie
schon 1 Meter 70 groß, nahm sich aber immer noch als klein,
dick und hässlich wahr. Bestimmt war sie damals anstrengend für die Erwachsenen. Doch der Widerstand fühlte sich
gut an und half, ihren Charakter zu formen. Sie nutzte die
Schwächen der Lehrer aus und spielte mit ihnen.

Wie schon in der Kindheit war Parisas Rettung der Tanz.
In einer Tanzschule in Hannover lernte sie Hip-Hop und
Street Dance. Jeden zweiten Tag gab es ein intensives Programm: Krafttraining, Ausdauertraining, unzählige Male
dieselbe Choreografie für Auftritte bei Meisterschaften. Parisa wurde kräftig. In der Tanztruppe genoss sie eine gewisse
Akzeptanz, galt dort als Gayboy vom Dorf, der sich endlich
ausleben durfte. Als Lady Gaga auf den Plan trat, wurde Parisa ihr begeisterter Fan. Beim Vortanzen für die nächste
Saison sagte die Trainerin: Mach uns mal die Lady Gaygay.
Aha, ärgerte sich Parisa, jetzt soll ich euch also die Schwuchtel machen. Als schwuler Junge wahrgenommen zu werden,
war ihr aber egal, solange sie tanzen konnte. Sie fand schwule
Jungs auch durchaus in Ordnung, nur wusste sie, dass sie
nicht schwul war. Schwul heißt homo, also Gleich mit Gleich.
Wenn ich einen schwulen Mann mag, muss auch ich ein
schwuler Mann sein. Das war wie bei den Mädchen: Es passte
nicht. Die Etiketten stimmten nicht.

137

Nicht mein Körper

Mit fünfzehn machten sich die ersten Barthaare bemerkbar, und Parisa rasierte und rasierte, mit sechzehn und siebzehn schon zweimal täglich. Was macht mein Körper da? So ist das nicht vorgesehen. So will ich nicht sein. Doch die persischen Gene des Vaters schlugen durch. Bald war sie überall behaart. Voller Entsetzen schaute Parisa auf ihren Körper. Die Signale, die er aussendete, waren eindeutig. Was bin ich?, fragte sie sich. Ich kann den Leuten doch nicht erzählen, dass ich ein Alien bin. Ein Mensch ist entweder Mann oder Frau. Weder in der Familie noch im Bekanntenkreis noch im Fernsehen gab es Menschen, die so waren wie sie. Erst später kam David Bowie. Beim Theaterspielen und Tanzen konnte Parisa ihr Unbehagen vergessen. Auf der Bühne wusste sie, was sie zu tun hatte, um positive Rückmeldungen zu bekommen. Doch kaum hatte sie die Bühne verlassen, fiel dieses Selbstbewusstsein von ihr ab.

Als Teenager verbrachte Parisa ein halbes Jahr als Austauschschülerin in Kalifornien. Dort fühlte sie sich zum ersten Mal im Leben richtig wohl. Dort war alles erlaubt. Sie besuchte eine Highschool mit Kunstschwerpunkt und konnte tanzen und Theater spielen. Und sie konnte sich kleiden, wie sie wollte, ohne angegafft zu werden. Schon am ersten Tag lernte sie eine Frau kennen, die ihre beste Freundin wurde und mit der sie noch heute Kontakt hat. Parisa stand bei McDonald's in der Schlange, als sie hinter sich eine Stimme vernahm: *Hey, faggot!* Parisa drehte sich um und sah eine androgyne *dyke* in Hemd und Krawatte. Da musste sie schallend lachen.

Ihr erotisches Begehren, als sie sexuell erwachte, nennt Parisa fluid. Zwar zog sie tendenziell Jungs und Männer vor, bezeichnete sich aber mit fünfzehn ihrer Mutter und Freunden gegenüber als bisexuell. Sie wollte keine Tür verschließen, wollte sich jeden Tag neu erfinden können. Sie wusste noch nicht, was und wer sie war, wusste nur, dass sie Lust auf die Lust hatte. Mit welchem Geschlecht, war ihr egal.

Als sie achtzehn war, machte sie ein Jahr lang in Hannover bei SCHLAU mit, der schwulen und lesbischen Aufklärungsarbeit. Dort traf sie neben Lesben, Schwulen und Bisexuellen zum ersten Mal auch Menschen, die sich als trans begriffen, als nicht binär oder inter. Da begann sie, sich als »queer« zu bezeichnen. Wie die Transmenschen, die sie dort traf, wollte sie nicht sein. Zu tragisch waren ihre Geschichten. Eine solche Last wollte Parisa nicht auch noch auf sich nehmen.

Also trans?

Im Oktober 2015 zog Parisa nach Berlin, um das Puppenspiel zu erlernen und sich mit Drag-Kunst zu beschäftigen. Da merkte sie, wie sehr es ihr gefiel, sich jeden Abend zu schminken, und sie war traurig, dass sie nur geschminkt ausgehen konnte, wenn es dafür einen besonderen Anlass gab. Sie wollte es jeden Tag tun. Und an Halloween dachte sie zum ersten Mal: Wenn du dich jeden Tag schminken willst und es nicht ertragen kannst, im Spiegel deinen Bart zu sehen, kann es sein, dass du trans bist und nicht nur genderfluid?

Eine Bezeichnung für sich selbst zu finden, war Parisa wichtig. Ihr Leben lang hatten andere definiert, was sie in ihr sahen. Nun hatte sie endlich ein Wort gefunden, mit dem sie sich wohlfühlte. Über diese Schublade war sie glücklich. Nun gab es Ausdrücke, die sie googeln konnte, Worte, die ihr eine Zugehörigkeit vermittelten. Und Menschen, die das Wort verstehen, verstehen vielleicht auch mich, dachte sie.

Heute lernt Parisa allmählich, sich anzunehmen. Sie versucht, ihren Körper nicht mehr zu hassen. Die schlimme depressive Zeit, in der sie sich jeden Tag fragte, wie sie weiterleben konnte, ist vorüber. Sie zwingt sich dazu, sich okay zu finden – weil es ja keine andere Lösung gibt. Bald hat sie einen Termin bei einem renommierten Berliner Endokrinologen, der stark überbucht ist. Alle Transpersonen gehen zu ihm. Ihr früherer Arzt hat ihr bedenkenlos Testosteronblocker verschrieben, die Parisa abgesetzt hat, weil sie die Stimmungsschwankungen nicht mehr ertragen konnte. Nun nimmt sie nur noch Östrogene. Eigentlich sollten Transpersonen eine Kombination beider Hormone nehmen, um die vom Körper natürlich produzierten Hormone – bei Parisa das Testosteron – zu blocken und künstliche Östrogene – bei Transmännern Testosteron – hinzuzufügen. Doch seit Parisa nur noch das Östrogen nimmt, macht ihr Sex wieder Spaß, und sie bekommt ihr Leben besser in den Griff.

Seit einem Jahr lässt sie sich mit einer Laserbehandlung an Körper und Gesicht die Behaarung entfernen. Das klappt hervorragend und ist endgültig, kostet aber eine Menge Geld. Und tut höllisch weh, jedes Mal aufs Neue, bis zum Heulen weh. Weil Parisa vorläufig nicht studieren, sondern zuerst ihr Leben regeln will, hat ihre Mutter die Kosten der zweieinhalbjährigen Therapie übernommen. Unbehaart fühlt sich Parisa schon recht wohl in ihrem Körper. Alle zwei Wochen geht sie zur Psychotherapie und trifft sich regelmäßig mit einer Transfreundin. Ich muss nicht mehr jeden Tag im Bett weinen, sagt sie.

Operative Geschlechtsangleichungen sind ein Thema, das nicht zu umgehen ist. Sie werden so oft vorgenommen, weil nichtbinäre Menschen im Alltag keine Sichtbarkeit haben. Es gibt auch keine Vorstellung davon, wie »nichtbinäre Genitalien« aussehen. Viele Transpersonen wünschen sich die Operation, weil sie in der Gesellschaft erleben, dass Frauen Vulvas und Vaginas haben und Männer Penisse. Aus dieser binären Welt auszubrechen ist extrem schwierig. Parisa ist unentschieden. Sie habe nicht das Gefühl, durch ihren Penis das eine weniger oder das andere mehr zu sein, sagt sie. Inzwischen nennt sie ihr Genital nur noch »meine Venus«, um mit sich selbst ins Reine zu kommen.

Irgendwas dazwischen

Der nächste Schritt ist die Bürokratie. In Parisas Pass steht noch ihr alter Name, und ihr Geschlecht ist als männlich eingetragen. Ihr neuer Name ist ihr wichtiger als die Bezeichnung »Frau«, die ja jetzt auch nicht mehr zwingend ist. Ohnehin begegnet sie ihrem alten Namen nur noch in offizieller Korrespondenz. Überall sonst ist sie längst Parisa geworden. Der Aufwand für den legalen Teil ihrer Transition ist nicht unerheblich. Die Bearbeitung der Anträge für die Änderung von Name und Geschlecht zieht sich über sechs bis acht Monate und kostet bis zu 3500 Euro.

Bis vor kurzem gab es in Deutschland nur Mann oder Frau. Ein drittes Geschlecht oder keine Option ist Parisa lieber und ist ja nun möglich. Eine operative Geschlechtsangleichung ist schon seit 2011 nicht mehr Voraussetzung, es genügt ein psychologisches Gutachten. Grundsätzlich ist der Vorgang also bewältigbar, doch Parisa passt es nicht, dass sie sich ihre Identität erst erkämpfen muss. Sie ist ungeduldig, will nicht so lange warten, fühlt sich nicht ernst genommen, hat den Eindruck, dass man sie zappeln lässt. Ich fühle mich wie ein kleines Mädchen, das vor einer Riesenwand steht und vergebens dagegentritt, sagt sie. Es macht sie wütend. Zornig. Sie will einfach nur als Mensch wahrgenommen werden.

Für die Dauer der Wartezeit gibt es allerdings auch die Möglichkeit, sich für nur zwanzig Euro einen Ergänzungsausweis ausstellen zu lassen, mit einem neuen Foto und dem von ihr gewählten Namen. Den wird Parisa sich beschaffen.

Seit einem Jahr tritt Parisa in Berlin mit einer Tanz-Drag-Performance in Nachtclubs auf. In dieser Stadt will sie bleiben. Anderswohin zu ziehen, um dort zu studieren oder zu arbeiten, wo sie das Umfeld nicht kennt, kann sie sich nicht vorstellen. Dazu fühlt sie sich zu fragil. Für immer möchte sie aber auch nicht in Berlin bleiben. Ich will stabil werden und dann raus, hat sie sich vorgenommen.

Vorerst finanzieren ihr die Eltern das Leben, und im Sommer jobbt sie jeden zweiten Tag in Neukölln in einer Eismanufaktur. Ansonsten ist sie vor allem damit beschäftigt, sich über sich selbst Klarheit zu verschaffen, eine Vorstellung davon zu bekommen, was sie von sich, von der Welt und von ihren Mitmenschen erwartet. Später würde sie gern Regie und Performance studieren. Vielleicht auch Puppenspiel. Irgendwann. Von Zeit zu Zeit fragt der Vater nach, was sie vorhat im Leben. Er will, dass es seinem Kind gutgeht, und dazu braucht es auch Geld. Ein gewisser Druck ist also schon da. Einundzwanzig ist doch ein Alter, wo man eigentlich schon etwas Richtiges anfangen müsste, sagt Parisa. Ich muss schmunzeln. Mit einundzwanzig war ich fast noch ein Kind. Das Studium dauerte länger, als es sollte, dann kam das Engagement in der Frauenbewegung. Erst mit Mitte dreißig begann ich einigermaßen ernsthaft über meine Zukunft nachzudenken.

Und warum hat Parisa am feministischen Barcamp der Friedrich-Ebert-Stiftung teilgenommen? Versteht sie sich als Feminist*in? Den Feminismus hat sie durch eine Freundin kennengelernt. Parisa begleitete sie zum Barcamp, weil sie neugierig war. Sie ist aber nicht als Frau hingegangen, sondern als Person, die sich mit Frauen identifizieren kann, weil in der heteronormativen patriarchalen Welt, in der wir leben, Frauen einer Randgruppe gleichen und weil Randgruppen sich verbünden und gegenseitig stärken sollten.

Parisa kann nachempfinden, wie es ist, als weniger wert angesehen zu werden.

Das Sternchen
Im Workshop wurde allzu ausführlich über das hochgestellte Sternchen diskutiert. Der Unterton einer Teilnehmerin war aggressiv und fordernd. Wozu soll das gut sein? Sind wir nicht alle einfach Menschen? Parisa hat es geduldig erklärt. Ich habe ihre Geduld bewundert und war nah dran, die Frau anzufauchen. Das Sternchen, erklärt Parisa, ist eine Art Regenschirm. Damit fühlt sie sich gesehen, von der Autor*in des Textes angesprochen. Das Sternchen hält Platz für alle Menschen, die sich gern unter diesen Regenschirm stellen. Es will sagen: Als Frauen verstehen sich nicht nur Menschen, die eine Vagina haben.

Aber * ist auch queer, erklärt Parisa. Es rebelliert. Es macht die Sprache kaputt. Es teilt die Wörter und lässt die Leser*innen pausieren. Menschen, die es nicht kennen, halten inne und gucken verwirrt. Parisa gefällt diese Irritation. Menschen sollen erkennen, dass eine Revolution stattfindet. Sprache ist nichts Statisches. Queere oder Transpersonen haben sich das Sternchen angeeignet, um ihre Sichtbarkeit zu betonen. Du kannst dich als Transfrau bezeichnen, als Transmann, Transweiblichkeit, Transmännlichkeit, Transfemme, Transbutch, nicht binär – das Sternchen gibt den Platz, ohne die Menschen zu zwingen, sich zu definieren. Man ist einfach trans*, irgendetwas dazwischen. Wir stellen uns unter diesen Regenschirm und können uns dann aussuchen, was wir gern sein möchten.

Parisa weiß, dass das * beim Schreiben und Lesen lästig ist. Es nervt – weshalb sich viele so leidenschaftlich dagegenstemmen. Doch Parisa findet das gut. Sprache verändert sich und verweist auf Veränderungen. Es gibt einen Grund, warum wir laut sind, sagt Parisa, wir sind *rebels with a cause*. Dafür steht *: Es rebelliert und schützt.

Und nun zum Streit

Anfang Oktober 2017 entschied das renommierte Murray Edwards College für Frauen in Cambridge, England, Transgender-Studierende, »die sich als weiblich identifizieren«, zum Studium zuzulassen. Die neue Politik wird folgendermaßen erklärt: »Viele in unserem Kollegium sympathisieren mit der neuen Sichtweise von nichtbinären Genderidentitäten und befürchten, dass enggefasste Geschlechtsidentitäten und damit verbundene Erwartungen den einzelnen Menschen ebenso wie der Gesellschaft als ganzer Schaden zufügen. Wir werden sowohl Studierende berücksichtigen, die sich zum Zeitpunkt ihrer Bewerbung als weiblich identifizieren, als auch Studierende, die bei ihrer Geburt als männlich registriert wurden und Schritte unternommen haben, um ein Leben als weibliche Person zu führen.«

Germaine Greer, die australische radikalfeministische Ikone der zweiten Feminismus-Welle (*Der weibliche Eunuch*), nannte die Entscheidung »lächerlich«. »Wenn sie Gender wirklich nicht für binär halten, sollten sie kein College für ein Geschlecht betreiben.« Schon 2015 hatte sie sich in der Transgender-Community unbeliebt gemacht, als sie äußerte: »Nur weil du dir den Schwanz abschneiden lässt und ein Kleid trägst, bist du noch lange keine Frau.« Eine Transfrau könne keine Frau sein, urteilte sie kategorisch.

Eine weniger radikale Position nehmen die Britin Julie Bindel und die Deutsche Alice Schwarzer ein, die sich beide gegen die Gewalt operativer Geschlechtsumwandlungen richten. Für Bindel stellen sie die heutige Version der Reparativtherapie zur »Heilung« von Homosexualität dar, ohne jedoch zu berücksichtigen, dass es sich bei Transpersonen eben nicht um Homosexuelle handelt. Das Land mit den meisten operativen Geschlechtsumwandlungen sei der Iran, wo, wie Parisa nur zu gut weiß, Homosexualität mit dem Tod bestraft wird. Operative Geschlechtsumwandlungen würden also dort aus Schwulen und Lesben Heterosexuelle machen. Hinzuzufügen ist allerdings, dass diese Operationen im Iran erzwungen werden, im Westen freiwillig erfolgen.

Als ich 1999 in San Francisco war, wurde ich zum ersten Mal damit konfrontiert, wie oft dort operative Geschlechtsangleichungen praktiziert wurden. Ich war verwirrt. War das notwendig? Kann ein Mann nicht als Frau und eine Frau als Mann leben, ohne sich einem so radikalen Eingriff zu unterziehen? War es nicht immer das Ideal der Frauenbewegung gewesen, die starren binären Genderzuschreibungen abzustreifen? Wie Schwarzer war ich davon überzeugt, dass unsere Genderidentität überwiegend von der Kultur und nur zu einem geringen Teil von der Natur geprägt wird. Es ist doch nicht der Körper, der uns zu Frauen und Männern macht. Oder doch? Soll es gar keinen Zusammenhang zwischen Körper und Seele geben? Und die Hormone?

Testosteron bewirkt Bartwuchs und tiefe Stimme. Östrogene sind an der Steuerung des weiblichen Zyklus beteiligt und spielen in der Schwangerschaft eine wichtige Rolle. Sie wirken auf den Stoffwechsel und die Knochenbildung ein. Auch bei Vanja, die die Entscheidung des Bundesverfassungsgerichts zum »dritten Geschlecht« bewirkt hat, waren es die Chromosomen, die ihr als Mann Unbehagen bereiteten. Vanja hat nur ein Chromosom, ein X. Frauen sind durch XX gekennzeichnet, Männer durch XY. Es gibt bei ihr also eine Leerstelle. Meine Interviewpartnerin Katrin Rönicke, die Biologie studiert hat, ist davon überzeugt, dass Biolog*innen nicht wirklich in der Lage sind, den Anteil von Natur und Umwelt zu quantifizieren.

Auf YouTube habe ich gesehen, wie eine operativ geschaffene Vagina nach Entfernung der männlichen Geschlechtsteile aussieht. Das ist ganz schön heftig. Die postoperative Person, die sich der Kamera zeigte, war ziemlich fertig. Warum sollte sich ein Mensch eine solche Tortur antun, wenn es nicht diesen unüberwindbaren Wunsch gibt, das Äußere an das Innere anzugleichen? Natürlich kann es auch »falsches Bewusstsein« sein, aber wer bin ich, um darüber zu urteilen?

In der *Emma* schreibt die US-amerikanische Autorin Elinor Burkett im Mai 2016 über Transfrauen: »Ihre Realität ist nicht meine Realität. Ihre weibliche Identität ist nicht meine weibliche Identität. Sie haben nicht als Frauen in dieser Welt gelebt und sind davon geprägt worden, was das bedeutet. Sie haben nicht in Geschäftsmeetings gelitten, bei denen Männer nur mit ihren Brüsten gesprochen haben. Sie sind nicht nach dem Sex mit der Horrorvorstellung wach geworden, dass sie am Vortag vergessen haben, die Pille zu nehmen. Sie mussten nicht damit klarkommen, dass ihre Periode mitten in einer überfüllten U-Bahn einsetzt oder dass das Gehalt ihrer männlichen Arbeitskollegen höher ist als ihr eigenes. Und sie mussten nicht mit der Angst leben, womöglich zu schwach zu sein, um sich gegen einen Vergewaltiger zu wehren.«

Doch die Argumentation lässt sich auch umkehren. Abgesehen davon, dass auch ich noch nie an einem Geschäftsmeeting teilgenommen habe, ist die Realität einer Transfrau auch nicht Burketts Realität. Cisfrauen können bloß ahnen, was Menschen durchmachen, die trotz erlebter Gewalt und Diskriminierung nur den einzigen Wunsch haben, sich in das Geschlecht zu begeben, das, wie wir alle wissen, ebenfalls häufig Opfer von Gewalt und Diskriminierung wird.

Burkett behauptet, die »Transbewegung« würde verlangen, dass Frauen sich neu konzipieren. Eine Aufführung des feministischen Kultstücks »Die Vagina-Monologe« am

Mount Holyoke College war im Januar 2016 abgesetzt worden, weil – so die Begründung – das Stück »nur eine sehr begrenzte Perspektive darauf [biete], was es bedeutet, eine Frau zu sein«. Das ist in der Tat abstrus. Auch das Wort »Frau« selbst werde als ausschließend empfunden. Und tatsächlich: Helga, eine Mitarbeiterin des Wiener »Frauen- und Lesbenarchivs«, mit der ich jahrelang in der Wiener Frauenbuchhandlung »Frauenzimmer« zusammengearbeitet habe, erzählte mir, ihr sei von Queerfeminist*innen nahegelegt worden, statt von »Frauen« nur noch von »Menschen« zu sprechen. Das nun würde uns schnurstracks in die Anfänge der Frauenbewegung zurückversetzen, als Feministinnen eine künstliche Polarisierung zwischen Männern und Frauen vorgeworfen wurde, wo wir doch alle »Menschen« sind.

Auch ein Männerrechtler hat mir gegenüber kürzlich gemeint, wir sollten statt von Feminismus von Humanismus sprechen, wir seien doch alle Menschen. Einspruch! Eine solche Sprachregelung würde eine gigantische Menge feministischer Patriarchatskritik zunichtemachen. Es wäre zu schön, aber nein, wir sind noch weit davon entfernt, alle schlicht Menschen zu sein. Es ist jedoch auch nicht korrekt, von einer »Transbewegung« zu sprechen, denn bei den erwähnten queerfeministischen Positionen handelt es sich überwiegend um Personen, die selbst keineswegs Transgender sind und einfach Judith Butlers Queer-Theorie zu eng auslegen.

Generell herrscht vor allem in den sozialen Medien eine Kultur des Hasses und der Verbote, auch in Deutschland. Julie Bindel nennt die Queerfeminist*innen »*keyboard warriors*«. Die Beschimpfungen »TERF« (*trans exclusionary radical feminist*) und »SWERF« (*sex worker exclusionary radical feminist*) schwirren nur so durchs Netz und werden Personen angeheftet, die eine andere Meinung als die eigene vertreten. Ein YouTube-Auftritt Bindels wird mit einer Trigger-Warnung versehen. Es scheint, als dürften keine Fragen mehr gestellt werden. Allzu leichtfertig hagelt es Vorwürfe wie »rassistisch«, »islamophob« und »transphob«. Auf der anderen Seite wird Transgender-Personen unterstellt, sie würden sich unter Vorspiegelung falscher Tatsachen in Frauenräume wie Toiletten und gynäkologische Praxen stehlen, um dort eventuell »echte« Frauen zu belästigen. Denn wie sagt doch Germaine Greer: Auch eine Transfrau ist und bleibt ein Mann. Und Männer sind Belästiger und Vergewaltiger, ob mit Penis oder ohne.

»Immer wieder gibt es Berichte darüber, das Transfrauen eben aufgrund ihrer jahrzehntelangen männlichen Sozialisation sich in diesen frauenexklusiven Räumen benehmen wie der Wolf im Schafpelz: Übergriffe, Vergewaltigungen, Unterdrückung«, schreibt Mira Sigel im August 2017 im Blog der »Störenfriedas«, ohne Belege anzuführen. Ihre Unterstellung ist an Fixierung auf althergebrachte Rollenbilder nicht zu überbieten: »Männliche Sozialisierung lässt sich nicht einfach abstreifen. Wer mit dem Wissen aufwächst, dass er Frauen Gewalt antun darf, weil er ein Mann ist, legt das nicht in dem Moment ab, in dem er sich entscheidet, eine Frau zu sein.« Sigel behauptet auch, »Transaktivisten« hätten den »Störenfriedas« angedroht, sie mit Eisenstangen zu vergewaltigen. Sie spricht von »Queerterror« und einem autoritären System. Die Journalist*in und Blogger*in Hengameh Yaghoobifarah nennt diese Art des Umgangs miteinander eine »toxische Kritikkultur«.

Der Konflikt erinnert mich an den Streit in der Wiener Frauenbewegung über den vaginalen und klitoralen Orgasmus. 1968 veröffentlichte die aus Dänemark stammende amerikanische Radikalfeministin Anne Koedt die Streitschrift *Der Mythos vom vaginalen Orgasmus*, die 1975 ins Deutsche übersetzt wurde. Die Erkenntnis, dass es den von

Freud geforderten vaginalen Orgasmus gar nicht gibt und folglich der männliche Penis eigentlich überflüssig sei, schlug ein wie eine Bombe. Die Frauen waren erschüttert, wie wenig sie über ihren Körper und ihre Sexualität wussten.

Zum Zeitpunkt des Streits befand ich mich in Paris, um mein Französisch aufzubessern, wo ich nebenbei bemerkt zum ersten Mal masturbiert habe. Im Alter von zweiunddreißig Jahren! (Du Arme!, rief Katrin Rönicke, aber es ist mir nicht bewusst, dass mir etwas gefehlt hat.) Ich war also auch in Abwesenheit Teil des Streits. Er muss erbittert gewesen sein. Auslöser war der Plan einer Gruppe, am 1. Mai 1975 eine Broschüre mit Koedts Text zu verteilen, was vom Vorstand der Aktion Unabhängiger Frauen nicht genehmigt wurde. Der in Wien alljährlich unter großer öffentlicher Anteilnahme auf der Ringstraße zelebrierte Aufmarsch zum »Tag der Arbeit« erschien den politisch Korrekten im Frauenzentrum weder der richtige Ort noch der geeignete Anlass.

Die leidenschaftlich geführte Debatte zwischen den Verfechterinnen der Streitschrift und den Frauen, die behaupteten, den vaginalen Orgasmus zu mögen und auf den Penis nicht verzichten zu wollen, schwelte noch längere Zeit, wobei die »Vaginalen« als Frauen verunglimpft wurden, die von Männern abhängig waren, während die »Klitoralen« sich als die wahrhaft Emanzipierten verstanden. Natürlich war es auch ein Streit zwischen Lesben und Heteras, der noch jahrelang weiterging und mit gegenseitigen Vorwürfen ausgefochten wurde. Wegen meiner Männerbeziehungen hatte ich damals tatsächlich ein schlechtes Gewissen. Auch ich war der festen Meinung, dass eine richtige Feministin lesbisch sein sollte. Nicht dass ich nicht auch erotische Beziehungen zu Frauen hatte, für die ich unendlich dankbar bin, aber auf das Andere, das ich in Männern suchte, wollte ich nicht verzichten.

Aus heutiger Sicht erscheint es absurd, sich über die Art des Orgasmus in die Haare zu geraten. Soll es doch jede halten wie sie will. Damals jedoch war es eine politisch brisante Auseinandersetzung und änderte grundlegend unser Verständnis von unserer fremdbestimmten Sexualität. Übrigens wurde erst 1998 die weitverzweigte tieferliegende Struktur der Klitoris von einer australischen Urologin entdeckt. Der Konflikt zwischen Lesben und Heteras hat in meiner eingeschränkten Wahrnehmung an Brisanz verloren. Längst haben sich die Szenen vermischt. Auch weil das sexuelle Begehren fluide geworden ist und nicht mehr das ganze Leben lang unverändert bleibt, spielt die Frage, wer mit wem ins Bett oder sonst wohin geht, in der Frauenbewegung keine überragende Rolle mehr. So scheint es mir.

Vielleicht ist auch der heutige Streit zwischen Queer- und Radikalfeminist*innen politisch und historisch notwendig. Der Unterschied ist nur, dass der Streit damals in den geschützten Räumen des Frauenzentrums unter Frauen stattfand, die einander von Angesicht zu Angesicht gegenüberstanden, heute jedoch in den anonymen Weiten des Netzes erfolgt. Als in die Jahre gekommene und deshalb milder gewordene Feministin kann ich dazu nur so viel sagen: Ich bin gegen jede Form von Beschimpfung, Beleidigung, Verunglimpfung und Bedrohung von Personen, nur weil sie anderer Meinung sind oder anders leben als andere. Im derzeitigen Konflikt sehe ich berücksichtigenswerte Argumente auf beiden Seiten. Ich habe gelernt, zuzuhören und dazuzulernen, sollte ich erkennen, dass meine vertrauten Meinungen revisionsbedürftig sind. Über unterschiedliche Positionen kann man sich auseinandersetzen oder es auch sein lassen. Ich zum Beispiel habe keine Lust, mit Leuten von der AfD zu sprechen. Gewaltandrohungen und *Hate Speech* gegen sie lehne ich trotzdem ab.

GENDER-OUTLAW

Hengameh Yaghoobifarah

Hengameh habe ich zum ersten Mal bei einer feministischen Veranstaltung gesehen. Sie meldete sich als eine zu Wort, die den behandelten Sachverhalt aus muslimisch-queerfeministischer Perspektive betrachtet. Interessant, dachte ich. Die kleine, rundliche Person (sie selbst nennt sich einfach »dick«) war ganz in Schwarz gekleidet, ihr dunkelbraunes Haar, das ihr blasses Gesicht umrahmte, war über der Stirn zu einem kurzen Pony geschnitten. Interessante Erscheinung, dachte ich wieder, traute mich aber nicht, sie anzusprechen. Ich gebe zu, dass ich meiner eigenen Altersdiskriminierung erlag. Neben meiner immer schon dagewesenen Scheu, fremde Leute anzusprechen, kam jetzt noch dazu, dass ich davon überzeugt war, eine so junge Person wie Hengameh würde denken: Hä? Was will denn die Olle von mir?

Als wir uns dann schließlich viele Monate später treffen, ist es ganz anders. Sie ist freundlich und respektvoll, hat kein Problem, mich zu duzen, was vielen jungen Frauen schwerfällt, und ist auch gar nicht so streng, wie ich aufgrund ihrer kecken Kommentare in diversen Zeitungen befürchtet habe. Ich weiß, dass auch ich in jungen Jahren vielen Leuten wegen meines radikalen Auftretens einen Schrecken einjagte, wie sie mir Jahrzehnte später gestanden haben. Auch attraktive junge Männer, mit denen ich mich vermutlich gern eingelassen hätte, hatten Angst vor mir.

Hengameh hat auch Verständnis dafür, dass ich mich im

queerfeministischen Sprachgestrüpp nicht ganz zurecht-
finde. Schon bald entspanne ich mich und denke nicht mehr
in einem fort daran, dass ich ihre Großmutter sein könnte.
Und wer weiß, vielleicht musste auch sie eine gewisse
Scheu überwinden, sich von einer befragen zu lassen, die
zwei Generationen älter ist als sie. In einem im Juni 2017 in
der *Vogue* veröffentlichten reichlich bebilderten Porträt lässt
sie ihre Unsicherheit durchblicken: »Outsider und Weird-
ness sind Begriffe, die meine Jugend definieren. Ich hatte
stets das Gefühl, dass vieles von dem, was ich getan habe, als
seltsam empfunden wurde.«

Mein Blick fällt auf Hengamehs glitzernde Gel-Fingernä-
gel. Sollte sie mir gegenüber Unsicherheit verspüren, so versteht sie, diese gut zu überspielen. Gleich zu Beginn unseres
Gesprächs in den Räumen vom *Missy Magazine* in Berlin-
Mitte, wo sie als Redakteur*in arbeitet, will sie die von ihr
gewünschte Ansprache klären: »Ich will nicht als Frau, sondern als nichtbinäre Person angesprochen werden, das heißt,
dass ich mich nicht als Frau, aber auch nicht als Mann identifiziere. Es soll dann nicht Frau Hengameh heißen oder so,
sondern einfach die Journalistin Hengameh oder so.« Ja gut,
das war mir schon klar, auf »Frau Hengameh« wäre ich
nicht gekommen. Auch die Bezeichnung »lesbisch« will sie
nur mit Einschränkungen akzeptieren. »Ich definiere mich
selbst nicht primär gendermäßig und dadurch, dass mein
Begehren nicht hetero ist. Queer steht für eine dekonstruie-
rende, kritische politische Haltung und für die Weigerung,
die gesellschaftlichen Kategorien zu akzeptieren.«

Das Queerfeministische, das in ihren Artikeln immer wieder vorkommt, und die Distanz, die sie zu den »Kartoffeln«
ausdrückt, sind der Grund, warum ich das Gespräch mit ihr
suche. Aber »sie« kann ich schon schreiben?, frage ich. Das
ginge zur Not, ich könne aber auch das Pronomen weglassen

oder einen Unterstrich verwenden, »um aufzuzeigen, dass das passende Pronomen noch eine Leerstelle in der deutschen Sprache ist«. Also sie_. Den Unterstrich habe ich zu verwenden gelernt, mit dem Sternchen muss ich mich noch anfreunden. Als Hengameh mitteilt, dass auch sie den Unterstrich bevorzugt, bin ich beruhigt. In der »finalen Version« werde sie mit mir meinen Text durchgehen, kündigt sie an. Einverstanden. Also auch nicht »Journalistin« wie oben, sondern »Journalist_in«.

Die Sprache

Eigentlich wollte ich mir bei den Fragen, die ich Hengameh zu stellen vorhatte, die Sprache für den Schluss aufheben, aber so, wie sich das Gespräch entwickelt, fangen wir also mit der Sprache an. Als Schreibende interessiert sie mich natürlich. Wie hält Hengameh es selbst? Die *Missy* verwendet grundsätzlich das Sternchen, daran hält sie sich, auch wenn ihr selbst der Unterstrich lieber ist. Ansonsten handhabt sie es pragmatisch, je nachdem, für wen sie schreibt. Gerade arbeitet sie an einer Beilage für die *FAZ*, die bekanntermaßen ein konservatives Publikum hat. Dafür will sie »niedrigschwellig« schreiben, sich den Unterstrich aber trotzdem nicht rausredigieren lassen.

»Sprache ist ein großes Machtinstrument. Ich kann doch nicht über Transpersonen schreiben, ohne den Unterstrich zu benutzen. Ihr haltet das für eine Formalität. Aber für mich sind das auch Inhalte, die ich mit der Sprache transportiere.« Hengameh hat auch an einem Sammelband für Jugendliche und junge Leute mitgearbeitet. Die Herausgeber_innen wollten die Doppelnennung durchsetzen, doch ihr war das zu binär. »Wenn es konkret um Diskriminierung geht, dann darf mein Text nicht genau diese Diskriminierung reproduzieren.« Schließlich war sie die Einzige, die in ihrem Text ihre eigene Schreibweise durchsetzen konnte. »Das fand ich schon cool.«

Bei ihren *taz*-Kolumnen »Habibitus« ist es wieder etwas anderes, weil sie da nicht aus ihrer eigenen Perspektive schreibt, sondern sich eine Kolumnenpersona zugelegt hat, »die ähnlich ist wie ich, aber viel überspitzter und dreister; die also viel mehr auf die Kacke haut«. Ja, das habe ich bemerkt, und ich habe mir auch Sorgen gemacht um sie. Wenn eine Kolumne den Titel trägt »Deutsche, schafft euch ab!« oder »Welche Kartoffel bist du?« oder »Zutritt nur für Arier« oder »Außergewöhnliche Alman-Magie«, dann lädt das zu Hassmails ein. Diese Art der Überspitzung hat sie in einem Workshop über Kolumnen gelernt, »um uns selber zu schützen, aber auch um das Ganze interessanter zu machen, ein bisschen kunstvoller und auch fiktiver als journalistische Textformen, die sich sehr klar an der Realität abarbeiten«.

Ohne einen Workshop besucht zu haben, habe ich das in jüngeren Jahren (als ich noch eingeladen wurde, Kolumnen zu schreiben) auch praktiziert. Irgendwann habe ich übertrieben und war den Job los. Hengameh hat es besser, sie hat die *taz*.

Wenn Hengameh als ihre Hobbys Misandrie und Reverse Racism angibt, ist das eine Provokation, die nicht alle verstehen. Humor sei nicht gerade die Stärke der »Kartoffeln«, sagt sie. Aber ihre Erklärung ist eigentlich einfach: Ihr wird in einem fort Sexismus gegen Männer und Rassismus gegen Weiße vorgeworfen, also erklärt sie es zu ihrem Hobby! Dass da Hassmails nicht ausbleiben, ist angesichts der allgemeinen Stimmung im Land zu erwarten. Als sie in der *taz* mit Sarrazins Buchtitel spielte, bestückte die AfD-Fraktion in Baden-Württemberg ihre Facebook-Seite mit ihrem Foto und diffamierenden Sprüchen, und ein ganzer Mob hängte sich dran. »Man wird dann praktisch für vogelfrei erklärt.« Wenn es Angriffe, wie 2016 eine Hater-Page auf Facebook, oder Hassmails gibt, bleibt unklar, wer dahintersteckt: Rechte, Linke oder auch Radikalfeministinnen. Das ist be- unruhigend.

Hengameh Yaghoobifarah wurde 1991 in Kiel geboren, ist also zum Zeitpunkt unseres Gesprächs sechsundzwanzig Jahre alt. Sie studierte Medienkulturwissenschaft und Skan- dinavistik an der Uni Freiburg und im schwedischen Lin- köping. Für die einigermaßen exotische Skandinavistik hat sie sich nach mehreren missglückten Anläufen in anderen Fächern entschieden, aber eigentlich wollte sie schon immer Schwedisch lernen, »weil es irgendwie eine süße Sprache ist und es dort viel queerfeministische Literatur gibt, die noch nicht übersetzt ist«. Was Hengameh besonders gefällt: Seit 2015 gibt es im schwedischen Standardwörterbuch offiziell das geschlechtsneutrale Personalpronomen *hen*. *Spiegel Online* informiert mich: *Hen* ergänzt als Personalpronomen zukünftig *han* – »er« – und *hon* – »sie« – als Bezeichnung für eine Person, die weder eindeutig männlich noch weiblich ist. Erfunden wurde das Wort bereits in den Sechzigerjahren als Gegenentwurf zur seinerzeit fast komplett männlich gepräg- ten Sprache. *Hen* sollte das Schwedische vereinfachen und gleichzeitig verhindern, dass Sprecher_innen nur in den Ka- tegorien männlich und weiblich denken.

Richtig durchgesetzt hat es sich erst, als es vor rund fünf- zehn Jahren von schwedischen Transgender-Aktivist_innen wiederentdeckt wurde. Mittlerweile taucht *hen* immer öfter in Medientexten, offiziellen Schriftstücken und sogar Ge- richtsurteilen auf. Dinge also, die in Deutschland noch total kontrovers diskutiert werden, stellten in Schweden schon längst kein Problem mehr dar, sagt Hengameh. Auch im Eng- lischen gibt es bereits seit langem *they* für den geschlechtsneutralen Singular. 2015 wurde *they* in den USA sogar zum Wort des Jahres ernannt.

Für das Deutsche kursieren unterschiedliche Vorschläge, »sie er« oder zu einem Pronomen verschmolzen »sier«. Oder »er_« und »sie_« mit Unterstrich oder Sternchen. Manche benutzen auch »xier«, also wie »sier«, nur mit »x«. Oder nur »x« oder »ex«. Andere Sprachen bieten weniger Probleme als das Deutsche. In Hengamehs Muttersprache Farsi beispielsweise gibt es kein gegendertes Pronomen. Irgendwann taucht im Text der Vorname auf und verweist somit auf das Geschlecht – oder auch nicht, wenn es zum Beispiel ein androgyner Name ist. Oder man versteht es aus dem Kontext. Und wie im Englischen, Schwedischen und Türkischen werden die Endungen nicht gegendert.

Das bedeutet jedoch nicht, dass sich davon etwas im Verhalten der Menschen niederschlägt. Im Iran ist man extrem binär, bis hin zu der Tatsache, dass Homosexualität mit dem Tod bestraft wird. Und der türkische und der arabische Imperialismus haben ihre Spuren hinterlassen. In präislamischer Zeit sei es in Persien wesentlich queerer zugegangen, sagt Hengameh. Etwa in Persepolis. Auf Bildern aus der Kadschar-Ära (1779–1925) sieht man Frauen mit Bärten und Männer mit langen Haaren. Der dreißigjährigen Poetin und Wissenschaftlerin Tahiri, über die die Chefredakteurin des *Arte Magazins* Shila Meyer-Behjat im Kursbuch 192 *Frauen II* berichtet, erging es in dieser Ära allerdings schlecht. 1848 ergriff sie bei einer Versammlung von Gelehrten in Badascht das Wort, nahm ihre Kopfbedeckung ab und verkündete nicht nur das Ende der Unterdrückung der Frau, sondern auch den Beginn einer neuen sozialen Ordnung. Nicht lange danach wurde sie hingerichtet, erdrosselt in einem Garten.

Ich erzähle Hengameh von dem im vorigen Kapitel erwähnten Bericht meiner Freundin Helga aus Wien über die queerfeministische Gruppe, die das Wort »Frau« nicht mehr in den Mund nehmen und nur noch von »Menschen« sprechen will. Helga war darüber sehr empört, weil ein solcher Sprachgebrauch sämtliche Kämpfe um Menschenrechte für Frauen ad absurdum führen würde. Es gebe auf der Welt noch viele Gegenden, in denen Frauen einzig und allein wegen ihres Geschlechts der Menschenrechte beraubt sind, nicht zuletzt im Iran. Hengameh gibt ihr recht: »In einer Utopie sind wir alle Menschen, es gibt dann auch kein Weiß und People of Color. In einer Utopie gibt es auch keine Lesben und Heteras, weil das alles keine Rolle mehr spielt. Aber so weit sind wir noch lange nicht. Deshalb finde ich es auch schwierig, Identitätspolitik komplett zu diskreditieren, weil diese Identitäten auch zu Kampfbegriffen werden können. Also finde ich es unangemessen, statt von Frauen und Männern nur noch von Menschen zu sprechen.«

Hengameh kommt es auf den Zusammenhang an. Sie versucht sich so präzise wie möglich auszudrücken. In Räumen, in denen sich nicht nur Cismenschen aufhalten, sondern auch nichtbinäre Personen, spricht sie ungern von »Frauen«, weil sie die nichtbinären Menschen nicht unsichtbar machen will. Und weil man Geschlecht nicht von der Stirn ablesen kann, ist jeder Raum potenziell ein solcher. »Auch wenn ich über Menstruation schreibe, betrifft es nicht nur Frauen, sondern auch Transmänner oder nichtbinäre Personen. Und es betrifft auch nicht alle Frauen. Deshalb sage ich zum Beispiel statt ›das Problem vieler Frauen‹ ›das Problem vieler menstruierender Menschen oder Menschen mit Gebärmutter‹. Ich will sehr konkret sein. Wenn ich über sexuelle Belästigung schreibe, dann schreibe ich: ›Diese Erfahrung machen Frauen, diese Erfahrung machen Femmes, die sich ja oft nicht als Frauen bezeichnen, aber viel sexualisierte Gewalt und Belästigung erfahren. Es betrifft auch nichtbinäre Menschen und zum Teil Transmänner.«

Also ziemlich kompliziert.

Auch das Sternchen sieht Hengameh nicht uneingeschränkt positiv: »Anstatt aus Pflichtbewusstsein irgendwo noch ein Sternchen dranzuklatschen, finde ich es wichtiger, zu überlegen, wen ich eigentlich genau meine. Wenn ich »Frauen« schreibe, dann meine ich Cisfrauen und Transfrauen, dann ist das Sternchen überflüssig. Und wenn ich dazu noch nichtbinäre Personen meine, dann kann ich sagen ›Frauen und nichtbinäre Personen‹. Ich kann auch umschreiben. Anstatt zu sagen ›Frauen gehen zur Polizei, um Anzeige zu erstatten‹, sage ich ›Menschen, die sexualisierte Gewalt erfahren haben, gehen zur Polizei‹. So bleibe ich präzise.«

Da es sich bei den Menschen, die sexuelle Gewalt erfahren, zu einem hohen Prozentsatz um Frauen handelt – blendet sie da nicht die patriarchalen Machtverhältnisse aus? Hengameh: »Ich würde schon erwähnen, dass es sich vor allem um Frauen handelt oder laut Statistik überwiegend um Frauen und nichtbinäre Personen. Aber was Gewalt auf offener Straße angeht, sind Transfrauen, und vor allem Transfrauen of Color, die größte Betroffenengruppe. Die Statistiken sind aber sehr binär und cis-normativ. Natürlich muss man benennen, wen es vor allem betrifft, aber nicht unerwähnt lassen, wer nicht berücksichtigt wird.«

Queer
Das Wort *queer*, das mir zu meiner Zeit als Aktivistin unbekannt war, ist irgendwie schwer zu fassen: »Ursprünglich heißt das aus dem englischen Sprachraum übernommene Wort ›merkwürdig‹ oder ›seltsam‹«, erklärt Hengameh, »und wurde benutzt, um Transpersonen, vor allem Transpersonen

of Color und aus der Arbeiter_innenklasse, aber auch Sexarbeitende zu diskreditieren. In vielen Geschichtsbüchern steht, dass das Wort pauschal gegen Schwule benutzt wurde, aber das stimmt nicht. Es ging immer um Mehrfachdiskriminierung. Dann wurde das Wort aber positiv angeeignet und fand als Queer Theory Eingang in den akademischen Diskurs. Queer wird heute oft als Synonym für schwul, lesbisch, bisexuell, trans, inter und asexuell verwendet, also für alles, was von der sexuellen und geschlechtlichen Norm abweicht. Ursprünglich richtete sich der Begriff gegen Identitätspolitik, doch heute hat es schon wieder etwas Identitätspolitisches angenommen.«

Vielleicht sollte ich hier den Begriff »Identitätspolitik« kurz erklären. Es handelt sich dabei um eine Zuschreibung für politisches Handeln, bei dem es um die Bedürfnisse einer jeweils spezifischen Gruppe von Menschen geht. Dies soll die Anerkennung der jeweiligen Gruppe, ihre gesellschaftliche Position und ihren Einfluss stärken. Um die Mitglieder einer solchen Gruppe zu identifizieren, werden kulturelle, ethnische, soziale oder sexuelle Merkmale herangezogen.

Queer sei also ein politisches Konzept, erklärt Hengameh. Da die Bezeichnung »Lesbe« hierzulande immer noch abwertend verwendet wird, bleibe ein Rest von politischer Konnotation erhalten, weshalb sie auch beide Begriffe für sich anwende: lesbisch und queer. Sie sind aber trotzdem nicht dasselbe. »Wenn man ›schwul‹ sagt, denkt man an einen Mann, der Männer liebt, sagt man ›Lesbe‹, denkt man an eine Frau, die Frauen liebt. Aber Lesbe ist nicht automatisch Frau. Und lesbisch sein kann man im Übrigen mit jeder politischen Einstellung. Auch Alice Weidel von der AfD ist lesbisch, auf keinen Fall aber queer. Auf sie und auf Marine Le Pen würde ich das Wort Homo- oder Femonationalismus anwenden. Auch wenn du selbst diskriminiert wirst, schließt es nicht aus, dass du andere diskriminierst und sogar einer faschistischen Ideologie anhängst.«

Es gibt Lesben, sagt Hengameh, die sich mit »queer« wohler fühlen. Aber queer sei radikaler und nicht einfach ein Synonym. »Alle Menschen, die homosexuell sind, sind von Homofeindlichkeit betroffen. Manche Leute jedoch treibt es in die Armut, und andere sitzen in den Chefetagen. Wenn wir noch Klasse oder Rassismus oder Behinderung dazunehmen, dann sehen wir, dass diese Menschen einen unterschiedlichen Zugang zu Ressourcen haben. Das alles beinhaltet für mich das Wort ›queer‹. Es geht immer auch um Mehrfachdiskriminierung. Queer heißt für mich, dass man diese Intersektionalität in den Kampf einbezieht.«

Muss man also diskriminiert sein, um queer zu sein? Ja, irgendwie schon. »Du kannst je nach Definition aber auch hetero, cis und weiß und trotzdem queer sein. Queer hat etwas mit Widerstand zu tun. Queer schafft solidarische Kampfbündnisse, die identitätspolitisch betrachtet selten stattfinden. Trotzdem finde ich es problematisch, wenn die Radikalität von Queerness verwaschen und ohne politischen Kontext zu einer Identität wird. Manche Leute, die hetero und cis sind, betrachten sich als queer, weil sie zum Beispiel SM mögen. Das kann ich nicht akzeptieren. Meine Lebensrealität als lesbische beziehungsweise queere Person beinhaltet den Kampf gegen ganz andere Sachen als die eines Heteropaars, das einfach Latex mag. Queer ist kein Lifestyle.«

Und ich? Könnte ich queer sein? Hengameh meint, ja. Als eine in Deutschland lebende jüdische Feministin mit einem – wenn auch weißen – Migrationshintergrund, die sich für Themen engagiert, die nicht in den Mainstream passen, könnte ich mich als queer bezeichnen. Ich lege aber keinen Wert auf eine solche Etikettierung. Meine eklatanteste Diskriminierung ist derzeit wahrscheinlich »alt« – nicht gese-

hen und abgewertet zu werden. Über Altersdiskriminierung
haben wir noch nicht gesprochen. Hengameh hat noch Zeit.

Islam

Hengameh bloggt, schreibt als Autor_in für verschiedene
Zeitungen und Zeitschriften, ist Redakteur_in bei *Missy
Magazine* und lebt in Berlin, »einer der aufregendsten Städte
der Welt«. Ihr Nachname ist leichter auszusprechen, als es
scheint, wenn man es einmal begriffen hat: Jacubifara. Seit
ich das weiß, habe ich damit genauso wenig Probleme wie
mit dem Vornamen Hengameh. Auf der Website »Baby-Vor-
namen« finde ich in der rosa Abteilung eine Erklärung: Der
Name hat vielfältige Bedeutungen – Zeit, phänomenal, einzigartig, Aufruhr oder auch Freudentränen. Logisch, dass
Hengameh »Aufruhr« am besten gefällt.

Ich hingegen bin nach einem Heideblümchen benannt.
Als meine Eltern sich für diesen Namen entschieden, waren
sie Geflüchtete im britischen Exil. Sie wussten nicht, wohin
es sie nach dem absehbaren Kriegsende verschlagen würde.
Das dreisilbige Erica würde man überall leicht aussprechen
können, dachten sie. Als ich in Wien ins Gymnasium kam,
musste ich zu meinem Entsetzen feststellen, dass Erika ein
in der Nazizeit überaus beliebter Name gewesen war. »Auf
der Heide blüht ein kleines Blümelein, und das heißt: Erika.«
Das Marschlied war in den 1930ern entstanden und wurde
vom NS-Regime zu Propagandazwecken als Lied über die
»naturverbundene Liebe zur Heimat« verbreitet. Wir hatten
in meiner Klasse gleich drei Erikas. Verständlich, dass mir
das »c« aus meiner englischen Geburtsurkunde so wichtig
ist. Wenn jemand irrtümlich »Erika« schreibt, krampft sich
in mir alles zusammen.

Hengamehs Vater kam nach der iranischen Revolution als
Student nach Deutschland und lernte ihre Mutter bei einem

späteren Besuch in der Heimat kennen. Sie kam dann zu ihm nach Deutschland. Beide haben ihr Heimatland nicht aus politischen Gründen verlassen, weshalb die Familie auch Reisen dorthin unternehmen kann. Als Kind verbrachte Hengameh die Sommerferien häufig im Iran. Ihr Vater ist Apotheker, ihre Mutter hat im Iran eine Modedesign-Ausbildung gemacht und in Deutschland als Schneiderin gearbeitet.

Die Mutter fände es cooler, wenn ihre Tochter Romane wie *Harry Potter* schreiben würde und nicht so viel Politisches, was sie in Gefahr bringen kann. Wenn Hengameh Drohmails von Nazis erhält, machen sich ihre Eltern Sorgen. Aus gutem Grund. Die Mutter ist »super-modeaffin«, sagt Hengameh, »wenn jetzt auch nicht gerade mein Stil«. Beide Eltern sind in ihrer Religion eher liberal eingestellt. Sie beten zwar und gehen an Feiertagen in die Moschee, aber die Mutter hat zum Beispiel schon in den Neunzigern ihr Kopftuch abgelegt. Es war auch selbstverständlich, dass Hengameh und ihre Schwester nach der Schule ausziehen würden. Dass sie queer lebt, hat sie mit ihrer Mutter besprochen. Und wie findet sie es? »Ich denke mal, die meisten Eltern finden es nicht großartig. Aber sie hat mich nicht verstoßen oder so.«

Hengameh ist muslimisch aufgewachsen und hat bis zum siebzehnten Lebensjahr auch regelmäßig gefastet. Als sie begriff, dass sie queer war, befürchtete sie, sündig zu sein und deshalb nicht mehr muslimisch sein zu können. Irgendwann wurde ihr aber klar, dass man den Koran auch queer lesen kann und dass es viele queere muslimische Menschen gibt. »Ich bin schon immer eine spirituelle Person gewesen, und Religion verstehe ich als einen Aspekt meiner Spiritualität.« In einem Land, das so antimuslimisch ist wie Deutschland, bedeutet das selbstbewusste Auftreten als muslimische Person auch eine Form des Widerstands. Als Frau*, die kein

Kopftuch trägt, ist Hengameh auf den ersten Blick aber nicht als Muslim_in erkennbar. »Man würde meinen, dass ich als queere Person, die auch noch so aussieht wie ich, mit Tattoos und Piercings, gar nicht muslimisch sein kann.«

2006 erschien Amina Waduds Buch *Inside the Gender Jihad*, in dem es heißt, dass jeder Muslim und jede Muslimin sich bemühen müsse, die gleichwertige Behandlung von Mann und Frau umzusetzen. Damit kann sich Hengameh identifizieren: »Religiöse Praxis kann sich auch in feministischem Aktivismus und im Kampf für soziale Gerechtigkeit ausdrücken.« An religiösen Regeln wie dem Verzicht auf Alkohol oder dem täglichen Gebet sei nicht festzumachen, wie religiös eine Person sei. Oft würden Feminist_innen, sagt Hengameh, schockiert auf ihre Aussage reagieren, der Feminismus sei ihr Jihad – eine ihrer kleinen Provokationen, die ihr Vergnügen bereiten.

Vierzehn Tattoos hat Hengameh insgesamt, von denen ich nur eines, auf ihrem Finger, sehen kann. Der Tätowierungsfuror, den ich bei manchen Menschen beobachte, ist mir ein vollkommenes Rätsel. Fasziniert betrachte ich in meinem Fitness-Center junge Frauen, die ihren gesamten glatten Körper mit bunten Malereien verziert haben, und frage mich, ob sie nicht wissen, dass sie eines Tages alt und schwabbelig sein werden. Wird das dann immer noch so toll ausschauen? Auf meine Frage an Hengameh, was Tattoos für sie bedeuten, schickt sie mir eine E-Mail:

»Für mich bieten Tattoos eine Möglichkeit, meinen Körper so zu gestalten, wie ich es möchte. Seien es Körperstellen, für die ich viele nervige Kommentare kassiere, oder solche, die ich selbst an mir nicht mag, ich fühle mich dadurch ermächtigt, sie durch ein Tattoo wortwörtlich neu zu besetzen. Ich habe auch ein großes Problem mit dem Konzept der Natürlichkeit, weil es oft sehr essenzialistisch und heuchlerisch ist (zum Beispiel dass natürliche Frauen enthaarte und leicht geschminkte Frauen ohne OPs sein sollen). Meinen Körper aus seiner vermeintlich natürlichen Form zu bringen ist mir deshalb eine Freude. Nicht zuletzt freue ich mich drauf, wenn ich älter werde, zeitgeistige Hinterlassenschaften von ›früher‹ an meinem Körper zu lesen, wie ein Poesie-Album oder so. Schwabbelig bin ich beispielsweise auch jetzt schon, alt werden wir alle, diese Kombi kann für mich nur besser werden, wenn Tattoos hinzukommen. Ich hab erst neulich in Magda Albrechts Buch Fa(t)shionista die Formulierung ›Mut zur Hässlichkeit‹ gelesen, das ist ein Motto, nach dem ich gerne lebe. Zumal Schönheit ja sehr subjektiv ist. Seitdem ich mein Leben so lebe, dass ich es als ganz normalen Aspekt akzeptiere, unter Umständen auf manche Leute hässlich zu wirken, habe ich mir selbst viele Freiheiten gegeben. Freiheiten, mit meinem Körper und meinem Äußeren anzustellen, worauf ich Lust habe. Tattoos gehören dazu!«

Ebenso wie im Judentum ist es im Islam eigentlich verboten, den Körper zu verändern. Also streng genommen darf man sich nicht einmal die Augenbrauen zupfen und die Haare färben. Da ist der Damm längst gebrochen. Hengameh geht es in ihrem Islam um etwas anderes: »Für mich hat mein Muslimischsein viel mit der Idee von sozialer Gerechtigkeit zu tun, die Teil dieser Religion ist. Es geht um Nächstenliebe und Verständnis und darum, andere Leute wegen ihres Andersseins nicht zu beurteilen und vor allem nicht zu verurteilen. Es gibt muslimische Feministinnen, die sich ins Lager von Alice Schwarzer begeben und Feminismus und den Islam für unvereinbar halten. Das finde ich nicht. Ich will mit meinem Bekenntnis zum Islam eine gesellschaftliche Erwartungshaltung durchbrechen.«

Für mich ist es ebenso unbegreiflich, dass christlicher und

jüdischer Glaube und Feminismus miteinander vereinbar sein sollen. Doch ich habe verstanden, dass sich Religion und Spiritualität Personen, die damit nichts anfangen können, weil sie anders aufgewachsen sind, nicht vermitteln lassen. Also ist Respekt mein einzig möglicher Zugang. Solange es freiwillig geschieht und Menschen nicht zu bestimmten Handlungen und Ritualen gezwungen werden oder andere dazu zwingen, ist es mir egal. Ich habe da eine Gelassenheit, die vielen meiner Mitbürger_innen fehlt. In Australien bin ich auch nicht auf den Uluru, den heiligen Berg der Aborigines, geklettert wie so viele andere Tourist_innen. Sie haben die Tafeln ignoriert, die explizit darum bitten, es nicht zu tun – und haben auf dem Berg ihre Notdurft verrichtet und Plastikflaschen hinterlassen. Ich habe mich für sie geschämt. Es ist respektlos. Nicht alles, was wir mit unserer beschränkten Weltsicht nicht nachvollziehen können, ist dumm und deshalb falsch. Unsere Kultur ist nicht das Maß aller Dinge. Das gilt auch fürs Kopftuch. Jetzt haben sich die australischen Behörden endlich dazu durchgerungen, das Betreten des Uluru zu verbieten. Gut so.

Feminismus

Für mich, die ich die Abwärtsspirale ab Ende der 1980er erlebt habe, scheint der Feminismus im Augenblick im Aufwind zu sein. »Warenförmig«, wendet Hengameh ein, der Feminismus werde als Produkt verkauft. Stimmt. Bei dem schwedischen Luxuslabel Acne Studios können auch Männer für zweihundert Euro mit »Radical Feminist« bedruckte T-Shirts und Schals kaufen. »Die wissen gar nicht, was Radikalfeminismus ist!« Von Beyoncé hingegen ist Hengameh überzeugt. »Girl-Power ist cool. Ich würde den Trend begrüßen, wenn ich wüsste, dass er nachhaltig ist, und nicht, dass in zwei Jahren Antifeminismus wieder in ist.«

Und der »Harvey-Effekt«? Hengameh bleibt skeptisch: »Ich habe das Gefühl, dass es einmal oder zweimal im Jahr oder vielleicht auch nur alle zwei Jahre eine Sexismus-Debatte gibt, die dann total langweilig diskutiert wird: Haben wir ein Problem mit dem Sexismus oder nicht? Was gibt es da noch zu fragen? Und dann diese Horror-Talkshows, wo irgendeine kontroverse Diskussion konstruiert wird. Und irgendeiner sagt dann ›Grapschen ist okay‹, während eine wütende Feministin dagegenhält. Meistens Alice Schwarzer oder Anne Wizorek.«

Ja, das finde ich auch zutiefst langweilig und geistig unterbelichtet. Als ich 1977 im österreichischen ORF in einer Club-2-Talkshow auftrat, nachdem ich mit zwei Kolleginnen ein Buch über Gewalt gegen Frauen geschrieben hatte, lösten sowohl derjenige, der »Grapschen ist okay« sagte, als auch die Empörung Hunderter Anrufer_innen wegen des noch unbekannten Themas, das plötzlich an die Öffentlichkeit gelangte, eine gesellschaftliche Debatte aus, die in Österreich weitreichende frauenpolitische Folgen hatte. Heute bringt es uns nur noch zum Gähnen.

Mein Landsmann Peter Pilz, der es 1986 mit einem fiesen Trick verhindern konnte, dass ich als Kandidatin der Grünen in den österreichischen Nationalrat gewählt wurde, musste wegen des Vorwurfs der sexuellen Belästigung von seinem Mandat auf seiner eigenen, von den Grünen abgespaltenen Liste zurücktreten. Außer bei Trump hat es heute häufig politische Folgen und Folgen für die Karriere, wenn ein Mann sexueller Übergriffe beschuldigt wird. Angesichts der Selbstverständlichkeit, mit der sexuelle Belästigung und sexualisierte Gewalt bisher als quasi naturwüchsige Begleiterscheinung eines Frauenlebens und auf männlicher Seite als Kavaliersdelikt betrachtet wurden, erscheint mir diese Entwicklung als großer Erfolg.

166

Dass Frauen in großer Zahl an die Öffentlichkeit gehen und über ihre Erfahrungen sprechen, ist neu. Ebenso wie es während des Krieges in Bosnien einer unglaublichen Courage bedurfte, schon bald nach dem Ereignis über die erlittenen Vergewaltigungen öffentlich zu sprechen. Früher hat es wesentlich länger gedauert, die Gesellschaft war noch nicht bereit. Über die Vergewaltigungen durch Rotarmisten bei der Befreiung Berlins 1945 stellten die Filmemacherin Helke Sander und die Historikerin Barbara Johr eine Dokumentation mit dem Titel *BeFreier und Befreite* zusammen, die 1992 in die Kinos kam. Viele der von Sander interviewten, inzwischen alt gewordenen Frauen sprachen erst vierzig Jahre danach zum ersten Mal über die erlittene sexualisierte Gewalt. Es ist die Geschichte einer kollektiven Verdrängung.

Und es wird weiter vergewaltigt. Ich möchte gar nicht wissen, was die Rohingya-Frauen in Myanmar erleiden müssen. Und doch wurde im Jahr 2008 vom UN-Sicherheitsrat die Resolution 1820 verabschiedet, die festhält, dass »Vergewaltigungen und andere Formen von sexueller Gewalt Kriegsverbrechen, Verbrechen gegen die Menschlichkeit und eine Handlung, die den Tatbestand des Völkermords erfüllt, darstellen kann«. Es ist eine wegweisende rechtliche Konvention, die jahrtausendealtes Kriegsrecht durchbricht und ermöglicht, dass die Täter vor Gericht gestellt werden können. 2016 wurde zum ersten Mal eine Person vor dem Internationalen Gerichtshof wegen Vorwürfen der sexuellen Gewalt verurteilt. Der Ex-Vizepräsident der ehemaligen Demokratischen Republik Kongo, Jean-Pierre Bemba, wurde wegen fünf Fällen zu achtzehn Jahren Gefängnis verurteilt, darunter ein Fall von Vergewaltigung, der als Kriegsverbrechen, und ein Fall, der als Verbrechen gegen die Menschlichkeit eingestuft wurde.

Das Jahr 2008 stellt auch in Hengamehs Augen einen Einschnitt in der Entwicklung des Feminismus dar, der, so man das Wellenmodell überhaupt akzeptiert, in Deutschland die vierte Welle einleitete. 2008 kam Charlotte Roches Buch *Feuchtgebiete* heraus, das im Mainstream einen neuen Diskurs über den weiblichen Körper einleitete, 2008 wurden *Missy Magazine* und Ende 2007 der Blog »Mädchenmannschaft« gegründet, und es erschien das Buch *Wir Alpha-Mädchen* von Meredith Haaf, Susanne Klingner und Barabara Streidl. Insbesondere die flächendeckende Verbreitung des Internets, so Hengameh, würde die Zeit der dritten von der vierten Welle des Feminismus unterscheiden.

Person of Color
Hengameh bezeichnet sich als »Person of Color«, auch wenn sie eine sehr blasse Hautfarbe hat. »Der Begriff trügt«, erklärt sie, »weil man meinen würde, es handelt sich um Leute mit einer dunkleren Hautfarbe. Der Begriff bezeichnet eher eine soziale Positionierung, die sich gegen eine Norm richtet, die in Deutschland weiß ist. Im Iran bin ich weiß, hier bin ich eine Person of Color. Im Iran fragt mich niemand, wo ich herkomme. Im Iran werde ich nicht einem Racial Profiling ausgesetzt und nicht exotisiert. Fremde Leute fassen mir auch nicht in die Haare und sagen: Wow, das sind aber dicke Haare! Das sind Erfahrungen, die ich hier mache, und es sind Erfahrungen, die die meisten weißen Personen nicht kennen. People of Color sind also Menschen mit Rassismus-Erfahrung, die sie nicht nur aufgrund ihrer Hautfarbe machen. Wenn man mich auf der Straße sieht, lesen mich die meisten Leute wahrscheinlich als Weiße. Dieses Privileg habe ich. Aber wenn sie meinen Namen hören, ändert sich die Sache. Wenn ich mich schriftlich um eine Wohnung bewerbe, kriege ich fast nie einen Rückruf. Das ist Rassismus. Ich bin also von Rassismus betroffen, wenn auch in einer ganz ande-

ren Dimension als etwa eine Person of Color. Das erkennt der Begriff auch an. Er sagt nicht, dass alle, die People of Color sind, die gleichen Erfahrungen machen. Aber im Kampf gegen Rassismus solidarisieren sie sich.«

In den Achtzigern wurden auch Jüdinnen und Juden als People of Color bezeichnet, daran erinnere ich mich. Ich würde eine solche Bezeichnung für mich niemals in Anspruch nehmen. Ich reagiere zwar aufgrund meiner Familiengeschichte gewiss sensibler auf Rassismus als viele Biodeutsche, ich weiß aber auch um meine Privilegien als weiße Cisfrau. Es gebe, so Hengameh, Jüdinnen, die diesen Begriff für sich in Anspruch nehmen, und andere eben nicht. »Ich habe eine Freundin, die sich als weiß-jüdisch bezeichnet, als aschkenasische Jüdin, im Gegensatz zur weiß-christlichen Mehrheitsgesellschaft. Damit positioniert sie sich als jüdische Person, die von Antisemitismus, nicht aber von Rassismus betroffen ist. Denn es gibt auch jüdische Menschen, die sowohl Antisemitismus als auch Rassismus ausgesetzt sind. In den USA ist die Situation anders. Dort gelten weiße jüdische Menschen als weiß. Im deutschen Kontext würde ich jüdische Menschen nicht als weiß bezeichnen, ob sie sich selbst nun als People of Color sehen oder nicht. Ich finde es aber wichtig, nicht von einer weißen, sondern von einer weiß-christlichen Dominanzgesellschaft zu sprechen, um zu zeigen, dass es um mehr geht als nur um Rassismus. Das gibt es auch in den USA: WASPs, White Anglo-Saxon Protestants. Bei People of Color handelt es sich vor allem um Rassismus.«

Vieles hängt vom Namen ab, wie Hengameh aus ihrer eigenen Erfahrung berichtet. Mein nichtjüdischer österreichischer Vater hat mir einen deutschsprachigen Namen auf den Lebensweg mitgegeben. Hätte ich einen explizit jüdisch klingenden Namen, würde ich mich in Deutschland gewiss anders fühlen und würde anders behandelt werden. Bei der

Wohnungssuche würde es mir dann vielleicht gehen wie Hengameh und Mithu, wahrscheinlich aber eher nicht, weil man hierzulande Juden und Jüdinnen gegenüber eine unterwürfige Haltung einnimmt. Auf jeden Fall wäre mein Lebensgefühl anders. Lange genug habe ich gebraucht, um mich überhaupt als Jüdin zu deklarieren. Es war ein schwieriger Weg der Selbstfindung, der aber von innen kam und mir nicht von außen auferlegt wurde.

Fat Empowerment
Hengameh macht so viele Sachen, dass mir ganz schwindlig wird: Sie ist Redakteur_in bei *Missy*, sie publiziert in diversen anderen Medien, sie moderiert Panels und hält Vorträge, sie betätigt sich als DJ und betreibt einen Blog, dessen Name mir besonders gefällt: »Queer Vanity«. Dort gibt es schon etwas ältere Fotos von Hengameh in diverser interessanter Aufmachung. Der Blog ist derzeit eher verwaist, weil sie zu viel um die Ohren hat, um ihn auch noch unbezahlt zu betreiben. Auch als DJ verdient sie wenig, aber es ist eine Tätigkeit, die ihr Spaß macht, weil sie dabei oft in queerfeministischen Räumen arbeitet und als Journalist_in auch viel über Musik schreibt. »Ich bin die meiste Zeit müde und neige dazu, viel zu viel zu machen.« Das kenne ich aus meinen eigenen jüngeren Jahren. Jetzt habe ich gelernt, sorgsamer mit meiner schwindenden Kraft umzugehen.

Die Hassmails, die auf Hengamehs vielfältige Tätigkeiten reagieren, beinhalten meistens eine Verbindung von Rassismus und Sexismus. »In dem Land, wo sie herkommt, wäre sie schon längst an einen Ziegenmelker verkauft worden« und solcherlei kann sie dann lesen. Es gibt aber auch Sexismus pur, dem eine weiße Frau ebenso ausgesetzt wäre: »Du bist fett, nimm ab.«

Am Tag unseres Interviews kam Hengameh von einem

Panel in Bremen über »Fat Empowerment« und »Body Positivity«, bei dem sie mit der Plus-Size-Fatshionista Body Mary das Podium teilte. Davor gab sie einen Workshop zu »Fat Empowerment« für Leute, die von Dickendiskriminierung betroffen sind. Ich selbst war nie dick, habe also keine einschlägigen Erfahrungen, doch ich habe den Eindruck, dass in meiner Jugend der Druck, dünn zu sein, weniger ausgeprägt war. Wir haben zwar den gerade aktuellen Stars nachgeeifert. Ich erinnere mich, dass ich meine Maße mit Gina Lollobrigida verglich und dann einen Ledergürtel trug, den ich auf ihre Taillenweite zusammenzurrte. Dergestalt eingeschnürt den ganzen Vormittag die Schulbank zu drücken, war ganz schön anstrengend. Und gewiss ungesund. Aber trotzdem haben wir uns nicht zu Tode gehungert. Ich kann mich nicht erinnern, als Teenager und junge Frau jemals mein Essen wegen meiner Linie eingeschränkt zu haben. Ich habe immer gern und viel gegessen. Erst ab fünfzig wurde es zum Problem.

»Heute gibt es diese neoliberalen, kapitalistischen Selbstoptimierungszwänge«, sagt Hengameh. »Dicksein wird mit Ungepflegtsein und Faulheit gleichgesetzt. Und jede Menge pseudowissenschaftliche Studien belegen, dass es ungesund ist. Über die Studien, die genau das Gegenteil beweisen, wird nicht gesprochen.« Hengameh ist davon überzeugt, dass dicke Leute nicht selten wegen ihres Dickseins fehlbehandelt werden. Da sagt der Arzt »Nimm ab«, und dabei haben sie Krebs. »Wegen dieser schlechten Behandlung haben dicke Menschen Hemmungen, überhaupt zur Vorsorgeuntersuchung zu gehen. Viele Ärzte ekeln sich vor dicken Leuten. Du kannst zum Beispiel wegen Zahnschmerzen oder Rückenschmerzen, wegen Menstruationsschmerzen oder Depressionen zum Arzt gehen, und sie sagen dir, das kommt daher, weil du dick bist. Dicke Leute haben wegen ihrer Dis-

171

kriminierung viel unter Stress zu leiden. Das sind Faktoren, die krank machen. Das wird aber nicht untersucht. Auf der persönlichen Ebene setzt sich das dann fort. Als dicke Person hast du zwischen unattraktiv und Fetisch keine Vorbilder und wirst auch nicht gesehen. Wie bleibt man da souverän? Wie bleibt man da bei sich? Wie geht man als dicke Person damit um, wenn einen Leute auf der Straße belästigen?«

Betroffen sind auch Männer, aber nicht in gleicher Weise, weil der Körper von Frauen viel stärker kontrolliert und bewertet wird. Heute ändert sich das allerdings. Dicke Manager müssen abnehmen, wenn sie die Firma nach außen vertreten wollen. Auf dem Arbeitsmarkt haben es dicke Menschen schwer. Es gibt nicht viele Jobs, in denen sie Arbeit finden, vor allem wenn Sichtbarkeit gefordert ist.

Fat-Aktivismus gibt es seit den Neunzigern, aber erst jetzt wird er sichtbar, ebenso wie viele andere feministische Aktivitäten heute sichtbar werden. Ein tolles Beispiel für Fat-Aktivismus in schriftlicher Form ist der Artikel »Dick für den Sommer«, den Hengameh im Juni 2016 in *Vice* veröffentlicht hat. »Es ist Sommer, und das ist körperpolitisch die anstrengendste Zeit des Jahres.« Mit diesen Worten beginnt sie und schildert dann im Einzelnen alles, was das Leben einer dicken Person in den folgenden drei Sommermonaten ätzend macht. Schließlich fasst sie zusammen: »Ich hasse den Sommer.« Nach dieser persönlichen Einleitung geht es politisch zur Sache. Im Gegensatz zu Deutschland gebe es im englischen Sprachraum eine Debatte über Fat Activism, schreibt Hengameh. Das diskriminierend verwendete Wort *fat* bekommt als Selbstbezeichnung eine ermächtigende Komponente. Von Euphemismen wie »moppelig«, »vollschlank« oder »pummelig« hält sie nichts, weil sie unterstellen, dass der direkte Begriff »dick« zu plump oder herabset-

172

zend ist. Noch viel weniger hält sie von pseudowissenschaftlichen Wörtern wie »übergewichtig« oder »adipös«.

Auch ich finde »vollschlank« das Allerletzte, eine unerträgliche Heuchelei. Es lässt mich daran denken, wie ich auf dem Markt als »junge Frau« angesprochen werde, was wohl auch mit der Schwierigkeit der deutschen Sprache zu tun hat, in der es kein »Madame« oder »Signora« gibt und das Wort »Frau« bei der Ansprache mit einem Adjektiv gekoppelt werden muss. Passend wäre also »alte Frau«, aber wer sagt das schon. Um mich zu beleidigen, wurde ich des Öfteren »Oma« genannt. Und ich gebe zu: Es beleidigt mich, obwohl gegen Omas an sich nichts einzuwenden ist. Aber es geht um die herabsetzende Absicht, die dahintersteckt. Und wenn ich nun keine Oma bin?

Neuerdings werde ich auf Facebook eingeladen, einer Gruppe beizutreten, die sich »Omas gegen Rechts« nennt. Auf den Fotos sind drei muntere ältere Damen mit Pussy Hats zu sehen. Mach ich nicht. Ich schreibe bewusst »ältere«, weil die Damen in der Tat noch nicht alt sind. Ich jedoch bin alt. Das zuzugeben ist wohl ebenso mutig, wie sich als »dick« zu bezeichnen. Die Dinge dürfen nicht beim Namen genannt werden. Also werde ich wahrscheinlich bis zu meinem Ableben eine »ältere Frau« und auf dem Markt eine »junge Frau« bleiben.

Zurück zu Hengamehs Artikel, in dem sie erwähnt, dass die Weltgesundheitsorganisation (WHO) 1998 die bereits bestehenden Body-Mass-Index-Werte (BMI) so änderte, dass über Nacht fünfunddreißig Millionen Menschen zu »Übergewichtigen« wurden – »und damit auch gleich Zielgruppe der Diätindustrie«. Und sie stellt die Frage: »Hängen Körperfettanteile und Gesundheit wirklich zwingend miteinander zusammen? Und wer sagt außerdem, dass alle immer gesund sein müssen?«

Als ich Anfang der 1980er in Mosambik war, einem damals (und wohl auch heute) bettelarmen Land, hatte ich meine helle Freude an den traumhaft dicken Frauen voller Lebensfreude, die ihren Sarong mit dem Konterfei des Nationalhelden Samora Machel so um ihre Hüften gewickelt trugen, dass sein Antlitz beim Tanzen an ihrem herrlich ausladenden Hintern mittanzte. Waren diese Frauen alle ungesund? Sie sahen nicht so aus und leisteten mit ihren kräftigen Armen Schwerstarbeit auf dem Feld und auf dem Markt.

Und nicht zu vergessen: Niki de Saint Phalles »Nanas«, diese runden, lebensfrohen, bunten Frauengestalten, die regelwidrig selbstbewusst und fröhlich ihr Fett durch die Gegend schmeißen. Die »Nanas« verbreiteten sich mit einer Botschaft der Lebensfreude über die Welt, doch dahinter verbirgt sich eine dunkle Kehrseite. 1968 schrieb Niki de Saint Phalle auf eine ihrer Zeichnungen: »Ich müsste meine Diättabletten nehmen … fünf Pfund auf den Hüften zugenommen.« Und auf einer anderen Zeichnung einer »Nana« steht: »Wirst du mich noch lieben, wenn ich so aussehe?« Als sehr junge Frau arbeitete sie als superschlankes Modell für *Life* und *Vogue*. Mit dreiundzwanzig erlitt sie einen Nervenzusammenbruch und wurde mit Elektroschocks behandelt. Mit zweiundsechzig offenbarte sie in ihrem Buch *Mon Secret*, dass ihr Vater sie ab ihrem elften Lebensjahr jahrelang sexuell missbraucht hatte. Die Größe und die Farben der »Nanas« »sind wie eine Art Voodoo gegen böse Geister«, bemerkt die Kunsthistorikerin Eunice Lipton im Januar 2015 in dem Online-Kunstmagazin *Hyperallergic*.

»Manchmal denken Leute auch, alle dicken*fetten Personen seien lieb«, schreibt Hengameh. Als Kind hoffte sie, durch Liebsein mehr Akzeptanz für ihren Körper zu erreichen, denn sie mochte zwar ein fettes Kind sein, aber mit einem »Herzen aus Gold«. »Mittlerweile kotzt mich die Assoziation von Dicksein und Naivität/Liebsein/Freundlichkeit an. Sie täuscht vor, dass dicke*fette Menschen so verzweifelt und einsam sind, dass sie nur nett zu anderen sein können. Sie können sich Arroganz, Gehässigkeit oder hohe Ansprüche in der Wahl ihrer Partner*innen oder Freund*innen nicht leisten.«

Der Artikel im *Vice* ist illustriert mit wunderschönen Fotos von Tereza Mundilová von nackten Speckfalten und behaarten Beinen in Großaufnahme, die wie abstrakte Gemälde aussehen und nur erahnen lassen, dass sie einen dicken weiblichen Körper darstellen.

Queer Vanity
Hengameh betreibt einen Blog, den sie »Queer Vanity« nennt. Das Wort *vanity*, also »Eitelkeit«, gefällt mir sehr. Ich habe immer auf meine Kleidung geachtet und wurde in der Grundschule von meinem Lehrer in verächtlicher Absicht als »Modepuppe« bezeichnet, was mir selbst aber eher schmeichelte. Doch nie hätte ich gedacht, dass ich mit fünfundsiebzig noch eitel sein würde. Das Wort »Eitelkeit« ist negativ konnotiert, für mich bedeutet es aber liebevolle Zuwendung zu mir selbst. Als meine Mutter, die sich gern bunt gekleidet hatte, anfing, sich die Lippen nicht mehr zu schminken und nur noch Grau und Beige zu tragen, ahnte ich, dass es mit ihr zu Ende ging.

»Eitelkeit kann auch politisch sein«, sagt Hengameh und attestiert mir, dass ich »superfesch« aussehe. Meine Frisur und meine Brille findet sie cool. Danke. Zu meinem siebzigsten Geburtstag haben mein Lebensgefährte und meine Freund_innen ein Überraschungsfest für mich veranstaltet. Eine Freundin, die mich gut kennt, hielt eine kurze Rede, in der sie betonte, dass mein Aussehen mir wichtiger sei als alle meine intellektuellen und beruflichen Leistungen. Das ist peinlich »weiblich«, aber es stimmt!

Kürzlich war ich mit zwei Kolleginnen bei einer dritten zum Essen eingeladen, alle über fünfzig. Und worüber haben wir (auch) geredet? Darüber, dass keine Diät der Welt in der Lage ist, den Fettwulst über der Taille loszuwerden. Wir wissen zwar, dass dieser Reifen um die Leibesmitte die physiologische Funktion erfüllt, das nach der Menopause schwindende Östrogen in Fett zu betten, aber es nützt nichts. Es gefällt uns nicht. Diese Eitelkeit jedoch bedeutet keine liebevolle Zuwendung zu uns selbst, sondern zeigt, wie sehr wir allesamt beeinflusst sind von der ohne Unterlass auf uns einprasselnden Bilderflut, in der es vor jungen, straffen, schlanken Frauen nur so wimmelt. Es macht uns unzufrieden mit uns selbst. Ich sehe mir die Modemagazine an und weiß, dass die Fotos der Frauen mit den superlangen Beinen einer Fotoshop-Bearbeitung unterzogen wurden. Abgesehen davon, dass sie fünfzig Jahre jünger sind als ich. Und ich falle trotzdem drauf rein.

Hengameh will dem etwas entgegensetzen. In ihrem Blog »Queer Vanity« geht es ihr darum, »Mode in einen queer-feministischen Zusammenhang zu stellen und sie auch als politisches Widerstandsinstrument zu betrachten«. Denn Mode sei Kommunikation. Es sei politisch, wenn Leute sich in der Mode Raum nehmen, denen er normalerweise nicht zugestanden wird. Wenn also nicht nur weiße, schlanke, heterosexuelle Cisfrauen oder zumindest heteronormativ schöne Frauen abgebildet werden, sondern Leute, denen Geschmack normalerweise nicht zugestanden wird, weil sie dick sind oder muslimisch oder queer und also nicht cool. »Ich passe mich nicht an irgendwelche Trends an, sondern benutze Mode als subversives Mittel. Indem ich zum Beispiel als dicke Person etwas Bauchfreies trage.« Wenn der eigene

Körper nicht der herrschenden Schönheitsnorm entspricht, gehört dazu Mut. Ich habe mir oft überlegt, ob ich es wagen würde, meinen alten Körper als politisches Statement gegen Altendiskriminierung nackt fotografieren zu lassen. Würde ich nicht.

Für Hengameh ist Mode ein Werkzeug, um mit sich selbst zu experimentieren. »Manchmal geht es mir an einem Tag nicht gut, und ich habe keine Lust, ich selbst zu sein. Da kann ich etwas anziehen, das mich zu einer anderen Person macht. Ich habe zum Beispiel drei Brillen. Wenn ich die Cateye-Hornbrille trage, fühle mich wie eine Uniprofessor_in. Das macht Spaß. Ich habe schon als Kind gerne mit anderen Kindern Kleider getauscht, aber meistens konnte ich nicht mithalten, weil ich zu dick war für die Kleider, oder eher so herum: Die Kleider waren zu klein für mich. Jetzt, als erwachsene Person, wo nicht mehr die Mutter für mich einkauft und ich herumexperimentieren kann, empfinde ich das als total befreiend.« Und damit es nicht zu teuer wird, gibt es *Queer Fat Femme Clothing Swaps*, also Kleidertauschbörsen für queere Dicke.

In einem als Artikel getarnten Werbeblog für »sexy« Kleidung und Accessoires aller Art in der *Elle* stellt die »Autorin« unter dem Titel »Porn Chic is back!« im Dezember 2017 die sich als kritisch ausgebende Frage »Ist das wirklich zeitgemäß?«. Es ist nur zeitgemäß, würde ich antworten, wenn die Aufmachung der Frauen wie auf den Slut Walks eine politische Botschaft gegen die Tendenz ist, Frauen, die Opfer von sexualisierter Gewalt werden, wegen ihrer Kleidung eine Mitverantwortung anzuhängen. Zeitgemäßer ist es gewiss, mit dem eigenen Körper umzugehen, wie Hengameh es tut: »Lange wollte ich jeden Funken Weiblichkeit an mir zerstören, um mich von ihr zu befreien«, denn das Rollenbild, das ihr die Gesellschaft anbot, erlebte sie schon mit vierzehn

Jahren als unerträglich einengend. Mittlerweile zelebriert sie sowohl ihre weiblichen als auch ihre maskulinen Eigenschaften: »Ich bin schön und stark. Ich bin fluide.« Ein Gender-Outlaw eben. Wie die »Nanas«.

PS: Aus dem Programm der im Dezember 2017 gebildeten rechtsnationalistischen österreichischen Regierung: »Die Besonderheit beider Geschlechter macht den Mehrwert für die Gesellschaft sichtbar. Die Verschiedenheit von Mann und Frau zu kennen und anzuerkennen, ist ein Bestandteil menschlichen Lebens und damit unantastbar mit der Würde des Menschen verbunden.«

#METOO

Ich war fünfundzwanzig und ertrug es nicht länger, bei meinen Eltern zu wohnen. Als vorübergehende Lösung mietete ich mich bei Bekannten in einer fensterlosen Kammer ein. Die Frage, wie eine bezahlbare Wohnung finden, beschäftigte mich ohne Unterlass. Meine Eltern waren nicht bereit, meine Unabhängigkeitsbestrebungen finanziell zu unterstützen. Ich studierte noch und jobbte, übernahm Tipp- und Übersetzungsarbeiten, um über die Runden zu kommen, es war aber nicht genug, um mich selbständig zu machen. Irgendjemand hatte mich an die Naturfreunde vermittelt, die eine Dolmetscherin für die französische Sprache suchten. Die Naturfreunde waren eine Ende des 19. Jahrhunderts gegründete Bewegung, die sich für gerechte Arbeits- und Lebensbedingungen und gegen die Ausbeutung von Mensch und Natur einsetzte. Ganz im Sinne der strammen politischen Zweiteilung in der Alpenrepublik standen die Naturfreunde der SPÖ nahe, während die Mitglieder der ÖVP zum Alpenverein gingen. Bei aller Distanz zur SPÖ hätte ich einen Job beim Alpenverein wahrscheinlich nicht angenommen.

Unverzüglich suchte ich das Büro der Wiener Naturfreunde auf, um mich vorzustellen. Die Dolmetscherin, die sie suchten, sollte zwei Herren sprachlich bei Verhandlungen auf Korsika unterstützen, wo die Naturfreunde ein Feriendorf unterhielten. Einen solchen Auftrag, der zudem mit ei-

179

ner interessanten Reise verbunden war, fand ich spannend und sagte sofort zu. Wir einigten uns auf das Honorar und plauderten noch ein wenig. Der betreffende Herr um die vierzig wollte mehr über mich wissen. Ich erzählte ihm von meiner aktuellen Sorge: der Suche nach einer Wohnung. Das ließe sich rasch regeln, versprach er, ohne zu zögern. Er würde unverzüglich alles in die Wege leiten. Ich konnte mein Glück kaum fassen.

Schon bald ging es los. Auf der Autobahn fuhren wir westwärts. Die beiden Herren saßen vorne, ich hatte es mir auf dem Rücksitz bequem gemacht. Der eine war blond, der andere dunkel, so viel weiß ich noch. Wir unterhielten uns. Arglos plauderte ich über mich, mein Leben, mein Studium und meine Sorgen. Schon in St. Pölten, also keine fünfundsechzig Kilometer nach Wien, streckte der Dunkelhaarige vom Beifahrersitz her seine behaarte Hand nach hinten und begann mein Knie zu tätscheln. Ich schob die Pranke weg und machte unmissverständlich klar, dass ich seine Annäherung nicht wünschte. Ich schob nur seine Hand weg, rief nicht empört aus: Was bilden Sie sich ein! Dieses Risiko ging ich nicht ein, schließlich standen uns noch ein paar gemeinsame Tage bevor. Und außerdem fehlte mir dazu das Selbstbewusstsein. Ich weiß nicht einmal, ob ich es heute in einem vollbesetzten Bus wagen würde, denn mit Sicherheit hätte ich mit einer altenfeindlichen sexistischen Reaktion zu rechnen, die mich beschämen würde.

Das freundliche Gespräch im Auto verstummte. Die Reise von Wien nach Ajaccio, der Hauptstadt von Korsika, war lang, etwa 1400 Kilometer quer durch Österreich und Norditalien. Eine Nacht würden wir auf der Fähre verbringen. Warum wir die Westautobahn nahmen und nicht gleich südwärts fuhren, weiß ich nicht, die Stadt St. Pölten habe ich aber genau in Erinnerung. Mein Knie wurde, soweit mir erinnerlich, in der Folge in Ruhe gelassen, aber die Aggression steigerte sich. Der Blonde hatte wohl die Beute dem Dunkeln überlassen, unmissverständlich war er aber mit seinem zurückgewiesenen Kollegen solidarisch. Mit seiner Unterstützung konnte ich nicht rechnen. Die Details sind mir nach so langer Zeit nicht mehr präsent, wohl aber weiß ich, dass die Nahrungsaufnahme in Restaurants in eisigem Schweigen erfolgte und ich während des langen Tages im Auto von den beiden Vertretern der österreichischen Arbeiterklasse jede Menge Feindseligkeiten vorgesetzt bekam, gegen Frauen, gegen Intellektuelle, gegen Studierende, alles gebündelt in meiner Person. Die Nacht auf der Fähre von Italien nach Korsika gestaltete sich besonders unangenehm. Es wurde getrunken. Irgendwie gelang es ihnen, mir mehr Cognac einzuflößen, als ich vertragen konnte, ich war Trinken nicht gewohnt. In meiner Kabine erbrach ich mich und schlief elendiglich. Aber immerhin konnte ich die Tür abriegeln.

Meine Arbeit als Dolmetscherin erledigte ich vertragsgemäß, doch die Stimmung war frostig, von den beiden wurde ich nur noch geschnitten. Auf der Rückfahrt richteten sie kein einziges Wort an mich. In Rovereto am Gardasee war dann Schluss. Sie wollten meine Anwesenheit nicht länger ertragen und setzten mich am Bahnhof ab. Die Rückreise nach Wien durfte ich selbst bezahlen.

Natürlich hatte ich die Wohnung abgeschrieben, ich hatte ja die Gegenleistung für das vorauseilende Entgegenkommen nicht erbracht. Dennoch begab ich mich ins Büro der Naturfreunde, vielleicht musste ich mir mein Honorar in bar abholen. Und siehe da, mein Ansuchen um die Genossenschaftswohnung der SPÖ war bereits weitergeleitet worden. So lief das damals in Österreich. Alles wurde streng nach Parteienproporz unter der Hand geregelt. Wer weiß, wie viele Wohnungssuchende ich übersprungen hatte.

Die Aussicht auf eine eigene Bleibe ließ mich die eben erst überstandenen Unannehmlichkeiten vergessen. Innerlich triumphierte ich sogar, dass ich den SPÖ-Grapscher nichtsahnend ausgetrickst hatte. Er hatte sich verkalkuliert und konnte wohl das bereits eingeleitete Verfahren nicht mehr stoppen. Die ebenerdige, fünfundvierzig Quadratmeter große Garçonnière mit einer vertretbaren Miete auf der anderen Donauseite war genau das Richtige für mich. Den nicht übermäßig hohen Genossenschaftsbeitrag würde ich schon irgendwie aufbringen. Der Haken daran war bloß, dass ich Mitglied der Sozialistischen Partei Österreichs werden musste, was mir total gegen den Strich ging. Meine Eltern versuchten mich von meiner starren Haltung abzubringen. Am Ende schrieb mich mein fürsorglicher Vater, ohne mich zu fragen, in die Partei ein und zahlte einige Monate den Mitgliedsbeitrag. Irgendwann verlief sich die einzige Parteimitgliedschaft meines Lebens im Sand. Das rote Mitgliedsbuch habe ich nie zu Gesicht bekommen.

Den Genossenschaftsbeitrag bezahlte ich mit dem Erbe, das mir ein Freund hinterließ, der sich das Leben nahm. Wir hatten uns in der Firma kennengelernt, in der ich drei Monate lang versuchte, ein bürgerliches Leben als angestellte Übersetzerin zu beginnen. Wir gingen ein paarmal miteinander aus, und er verliebte sich in mich, doch ich konnte seine Liebe nicht erwidern. Ich war die letzte Person, mit der er zusammen war. Er brachte mich mit dem Auto nach Hause und übergab mir einen Umschlag mit der Anweisung, ihn erst in der Wohnung zu öffnen. Oben angekommen, riss ich das Kuvert auf und fand das Sparbuch. Ich begriff sofort, was er vorhatte. Am Telefon versuchte ich ihn von seinem Vorhaben abzuhalten, aber er hatte das Zyankali griffbereit. Als die Feuerwehr durch sein Fenster einstieg, schluckte er es. Jung und unbedarft, wie ich war, hatte ich nicht erkannt, in welcher existenziellen Gefahr er geschwebt hatte. Als Kind musste er im Konzentrationslager mit ansehen, wie sein Vater erschossen wurde. Hätte ich ihn geliebt, hätte ich ihn vielleicht retten können. Wahrscheinlich aber nicht.

In meiner neuen, hellen Wohnung fühlte ich mich ab dem ersten Tag wohl. Sie war der Anfang meiner Emanzipation von meinen Eltern. Es war das Jahr 1968 und höchste Zeit. Schon bald lernte ich Gerhard kennen, der bei mir einzog. Er war es auch, der mich mit Leuten bekannt machte, die sich mit der »Frauenfrage« befassten, mein Einstieg in den Feminismus. Die Scham darüber, dass ich mich damals wegen einer Wohnung korrumpieren ließ und einer Partei beitrat, hielt lange an. Auch die Erinnerung an die Zyankali-Nacht.

Die Reise nach Korsika war eine Erfahrung von sexueller Belästigung, die für mich ein gutes Ende nahm und an die ich mich nur wegen der Wohnung erinnere. All die anderen Belästigungen und Ängste sind Schnee von gestern: Bei einer Baustelle die Straßenseite wechseln, das Erstarren der Schultern nachts bei Schritten hinter mir, ein beiläufiger Kommentar eines Kommilitonen über meine Brüste, während wir uns gegenseitig Vokabeln abfragten, die Scherze des Institutsbibliothekars Kubitschek über meine unangepasste Kleidung, die glimpflich ausgegangene Vergewaltigung in Polen, das Staunen darüber, dass eine so hübsche junge Frau wie ich Feministin war, das alles gehörte zum Frausein dazu und schien nicht weiter erwähnenswert. Aber natürlich prägte es mein Lebensgefühl in einer mir gegenüber feindselig eingestellten Welt, ebenso wie die Ansprüche, die ich an diese Welt stellte. Und machte mich schließlich zur Feministin.

Es ist gut, dass Frauen* heute all dies nicht mehr als selbstverständlich hinnehmen. Möglicherweise befinden wir uns tatsächlich an einer Zeitenwende. Hatte nicht die geschasste graue Eminenz im Weißen Haus Steve Bannon voller Schreck von einer »Revolution« gesprochen, die »zehntausend Jahre aufgezeichneter Geschichte rückgängig machen« werde? Da hatte die füllige Israelin Netta Barzilai noch gar nicht den Eurovision Song Contest 2018 gewonnen:

Look at me, I'm a beautiful creature
I don't care about your modern time preacher
Welcome boys, too much noise, I will teach ya

Einer der angenehmsten Aspekte des Alters ist es, den Zumutungen der sexuellen Belästigung nicht mehr ausgeliefert zu sein. Es ist eine Freiheit, die sich junge Frauen* wohl gar nicht vorstellen können. Ich kann tun und lassen, was ich will. Niemand beachtet mich. Ich kann ganz bei mir sein. Nicht gesehen zu werden ist andererseits aber auch schmerzhaft. Im Spanischkurs am Instituto Cervantes musste ich mich lautstark vordrängen, was eigentlich nicht meine Art ist, weil der Lehrer mich, die einzige Alte in der Gruppe, konsequent ignorierte, obwohl ich mich immer ganz vorne hinsetzte, direkt vor seine Nase. Es ist die sexistische Kehrseite der übermäßigen auf den jungen Frauen*körper gerichteten Aufmerksamkeit. Ebenso wie junge Frauen* wegen ihrer Jugend werde ich wegen meines Alters nicht ernst genommen. Wie sie muss ich laut und bestimmt auftreten, um nicht überhört und übergangen zu werden. Auch wenn kein begehrenswerter Körper mehr im Angebot ist – wir hören nie auf, Frau* zu sein.

SEXARBEIT: EINE FRAGE DER UMVERTEILUNG

Marleen

*»Drehscheibe des Frauenhandels in Europa ist heute
Deutschland. Das liegt nicht nur an der zentralen geo-
grafischen Lage, sondern vor allem an der liberalen Gesetzgebung. Die 2002 von Rot-Grün verabschiedete Reform des
Prostitutionsgesetzes sollte vorgeblich den Prostituierten
nutzen – sie hat jedoch, wie zu erwarten, den Frauen nur
geschadet und lässt das Geschäft der Profiteure boomen.
Und Vater Staat kassiert mit.«*
Alice Schwarzer, Prostitution, ein deutscher Skandal, *2013*

Marleen: Das ist keine Liberalisierung! Die Sittenwidrigkeit wurde aufgehoben. Als Wort. Nun gibt es einen gültigen
Vertrag. Wenn vorher ein Kunde nicht bezahlt hat, konnten
die Gerichte sagen: Was Sie machen, ist sittenwidrig, er muss
Sie nicht bezahlen. Das wurde mit dem Gesetz von 2002
geändert. Das ist aber noch lange keine Liberalisierung, sondern eine Stärkung unserer Rechte. Und mit dem neuen sogenannten Prostituiertenschutzgesetz haben wir jetzt Kon-
trollmechanismen, die erneut kriminalisierend wirken, auch
wenn es nicht im Strafgesetzbuch steht.

Marleen habe ich im Barcamp Frauen der Friedrich-Ebert-
Stiftung in Berlin kennengelernt. Sie leitete einen Workshop
über Sexarbeit und beeindruckte mich mit der kühlen
Selbstverständlichkeit, mit der sie über ihre Arbeit sprach,

und mit der Klarheit ihrer politischen Analyse. Viele Monate später komme ich in ihre Berliner Wohnung zum Interview. Ich bin unsicher, denn mit einer Sexarbeiterin habe ich noch nie gesprochen. Prostitution, die mit einer irritierenden Beharrlichkeit »das älteste Gewerbe der Welt« genannt wird, entzieht sich dem Alltagswissen, namentlich von Frauen. Sexarbeit ist umgeben von einer Aura von Geheimnis, Faszination, Anziehung und Abstoßung, Neugier, Erregung und Ekel. Eine mit den Worten von Karl Kraus »verruchte Mischung von Sittlichkeit und Neugierde«. Von Männern verfasste Literatur und von Männern gedrehte Filme haben mir ein schillerndes Bild von sexuell freien Frauen vermittelt, im Gegensatz zu den ins enge Korsett der bürgerlichen Ehe eingesperrten »Anständigen«.

Ich bin gespannt. Nie habe ich mit Schaudern in der Stimme gefragt »Darf die Vagina Arbeitswerkzeug sein?«, wie die Psychologin Dr. Ingeborg Kraus im Dezember 2017 in der Berliner Urania. Gerade weil ich Feministin bin. Die Vorstellung, Geld zu verlangen für das, was Ehefrauen ihrem Mann neben Putzen und Kochen oft nur widerwillig bieten, gefällt mir. Auch dass die Sexarbeiterin im Idealfall den Ablauf des Geschehens bestimmt. Natürlich bin ich nicht so naiv, dies für den Normalfall zu halten, aber es kommt gewiss öfter vor, als angesichts der massiven Negativpropaganda gemeinhin angenommen wird. Da in unserer Gesellschaft alles als Ware gehandelt wird, warum nicht auch der Sex?

Im kapitalistischen Patriarchat dient er den meisten heterosexuellen Frauen ohnehin als Verhandlungsmasse für Zuwendung, sozialen Status, Karrierechancen und soziale Sicherheit. Ich behaupte, dass jede (heterosexuelle) Frau sich ihres erotischen Kapitals bewusst ist. Was Frauen, vor allem aber die Verkäuferinnen von Waren aller Art, damit machen können, wird uns tagtäglich bis zum Erbrechen in der Werbung vorgeführt. Viele der aufstrebenden Filmschauspielerinnen, die von Weinstein & Co. sexuell behelligt wurden, wussten nur zu gut, dass die Vermietung ihres Körpers der Schlüssel zu einer Karriere in Hollywood sein könnte. So manche hat es sich vielleicht zweimal überlegt, ob es für sie nicht günstiger wäre, es schweigend zu erdulden.

Was mich auch nie abgeschreckt hat, ist die Vorstellung von Sex ohne Liebe – gerade weil meine Liebesbeziehungen so oft lange Phasen des psychischen Elends nach sich gezogen haben. Gern wäre ich frei gewesen von der Abhängigkeit, mit der Liebe für mich stets verbunden war. Der Rausch der Verliebtheit ist zwar eine unvergleichliche Droge, bei mir kam es aber danach häufig zum Absturz; wie bei einem Rausch so üblich. Ich beneidete die Männer, von denen mir viele über die Fähigkeit zu verfügen schienen, ihre Sexualität ohne Liebe auszuleben. Das ist ja wohl auch das, was so manchen Mann zu einer Sexarbeiterin treibt: bezahlen und genießen. Keine Beziehungsgespräche führen.

Ich hatte zwei Phasen in meinem Leben, im Alter von Anfang vierzig und im Alter von Ende fünfzig, als ich die Suche nach einer erfüllenden Beziehung aufgegeben hatte, aber nicht auf Sex verzichten wollte. In der ersten Phase setzte ich noch dreist eine Annonce in die Wiener Stadtzeitung, samt meiner Telefonnummer. Das Telefon klingelte ohne Unterlass, es war stressig, aber ich hatte einige durchaus erfreuliche sexuelle Begegnungen. Das zweite Mal lebte ich bereits in Berlin, es gab das Internet, und ich war vorsichtiger geworden. Doch neben einer Unmenge mit tödlicher Langeweile verbrachten Zeit, in der ich vollgelabert wurde, ohne auch nur einen Funken Interesse an meiner Person wahrzunehmen, hatte ich einige Kurzzeitaffären, die mein Leben zum Prickeln brachten.

Gut, das war keine Prostitution, ich musste mir nach deutscher Sitte sogar meistens mein Glas Wein selbst bezahlen, und der eine Verheiratete, der mich eine Zeitlang alle paar Wochen einige Stunden tagsüber beglückte, hat mir kein einziges Mal auch nur eine Blume mitgebracht, geschweige denn irgendein wertvolleres Geschenk, so wie ich es mir als Geliebte erwartet hätte. Trotzdem war es der beste Sex, den ich je im Leben hatte. Gerade wegen der Abwesenheit einer emotionalen Bindung. Alle Begegnungen erfolgten zwischen einem Mann und einer Frau, die dasselbe wollten: unverbindlichen Sex. Für mich als Frau jenseits der Menopause, der sexuelles Begehren üblicherweise nicht mehr zugestanden wird, war es angenehm, mich mit Männern zu treffen, die mein Alter (mehr oder weniger) kannten und offensichtlich ebenso bedürftig waren wie ich. Ich musste mich nicht für meinen Mangel schämen.

Bleibt noch hinzuzufügen, dass am Ende dieser beiden Anläufe zu Sex ohne Reue jeweils ein Ehemann stand.

In Wien hatten wir eine Phase in der Frauenbewegung, in der wir uns aus genannten Gründen für die Sexarbeit interessierten. Drei meiner feministischen Freundinnen traten damals zum Selbstversuch an und ließen sich in der vom »Nachtclub-König« Werner Schimanko betriebenen Revue-Bar Moulin Rouge als Animierdamen einstellen. Eine stieg sofort entsetzt aus, die anderen beiden machten eine Zeitlang weiter. Ich, die ich mich für ein solches Experiment für zu alt hielt (ich mochte vielleicht vierzig gewesen sein) oder auch den Mut dazu nicht hatte, diente ihnen als eine Art Supervisorin.

Was die zwei jungen Frauen überraschte, war die Erkenntnis, dass beide das Zeug zur Prostituierten in sich trugen. Beide ließen sich ins Separee einladen, wozu sie, soweit ich weiß, nicht verpflichtet gewesen wären. Und beide trafen sich nicht mit mir, um mir von ihrer Abscheu zu berichten. Was sie vielmehr erschreckte, war, dass sich zwischen ihnen eine Konkurrenz aufgetan hatte, wer öfter von einem Mann ins Separee geladen wurde. Ich glaube, das Experiment währte nicht lange, sicher bin ich mir aber, dass sich danach die Wege der beiden unwiederbringlich trennten. Keine wollte wohl später von der anderen daran erinnert werden, in welche seelischen Abgründe sie im Moulin Rouge geblickt hatten.

Anfang der Neunzigerjahre war ich mit meinem damaligen Mann in Amsterdam. Wir flanierten durch die Straße, in der die Frauen sich im Schaufenster anbieten. Meine Rolle der Voyeurin war mir peinlich, und ich sah mir die Frauen bloß aus den Augenwinkeln an. Manche trugen nur einen BH und ein knappes Höschen. Was mich frappierte, war, wie jung und schön sie waren. Die wenigsten Männer, die hier, von der Männergruppe geschützt, lärmend durch die Straße zogen, würden jemals auf dem normalen Beziehungsmarkt auch nur in die Nähe einer so schönen Frau kommen. Und ich hatte auch das Gefühl, dass sich die Männer keineswegs als Eroberer und Käufer fühlten, sondern ihre Unsicherheit vielmehr mit gespieltem Machogehabe übertünchten.

1972 wurde in Italien das International Feminist Collective gegründet und leitete eine Debatte über den Wert der von Frauen geleisteten Reproduktionsarbeit ein, also vor allem der unbezahlten Arbeit im Haushalt und mit Kindern. Um erfolgreich einer Erwerbstätigkeit nachgehen zu können, benötigt der Mann, der den Lohn nach Hause bringt, im traditionellen Kontext eine Frau, die ohne Lohn für seine körperliche und seelische Wiederherstellung sorgt und sich um die gemeinsamen Kinder kümmert. Aber auch der sexuelle Dienst am Mann galt in der damaligen Debatte als Reproduktionsarbeit.

Theoretische Grundlage bildete das Buch *Die Macht der Frauen und der Umsturz der Gesellschaft* von Mariarosa Dalla Costa. Dalla Costa legte dar, dass die von Frauen qua Geschlecht abverlangte Reproduktionsarbeit grundlegend für die kapitalistische Organisation der Arbeit sei, gleichzeitig aber als nicht entlohnte und unsichtbare Arbeit abgewertet werde, was zu einer Entwertung aller von Frauen geleisteten Lohnarbeit führe. Die praktische Umsetzung von Dalla Costas Analyse war die Kampagne »Lohn für Hausarbeit«, die vor allem von Marxistinnen in Großbritannien, Italien und den USA vorangetrieben wurde. *Il nostro lavoro non pagato è la debolezza del proletariato* – »Unsere unbezahlte Arbeit ist die Schwäche des Proletariats«, skandierte ich 1975 in Mestre mit meinen italienischen Schwestern beim Aufmarsch zum 1. Mai. Nie zuvor und nie danach habe ich solche Freude an einem – intellektuell so raffinierten – Slogan gehabt. Gemeint war, dass die Ausbeutung der Frauen im Haushalt die Arbeiterklasse spaltet, weil sie dem männlichen Proletarier ein Gefühl von Überlegenheit über seine ihm unterlegene Frau vermittelt.

»Wir sahen die Forderung nie als Endpunkt«, erklärt Silvia Federici, die Gründerin der Kampagne »Lohn für Hausarbeit« in den USA, 2014 in einem Interview. Sie sei bloß ein Hebel gewesen, »um die Machtbeziehungen zwischen Frauen und Männern und zwischen Frauen und Kapital zu ändern. Sie beinhaltete eine umfassende Analyse des Themas Lohn: Was ist Lohn? Das brachte uns weit über Marx hinaus.« Die Forderung nach Lohn für Hausarbeit wurde in Deutschland und Österreich von großen Teilen der Frauenbewegung abgelehnt. Man fürchtete, sie würde konservative Parteien, denen die Beibehaltung der guten alten Hausfrau am Herzen lag, dazu verleiten, diese mit einem Taschengeld abzuspeisen, um sie weiterhin an den Herd zu fesseln – was ja in Deutschland mit dem Ehegattensplitting und dem Betreuungsgeld tatsächlich der Fall ist, auch wenn genderneutral formuliert. Federici verbindet damit jedoch eine tiefgreifende Analyse und nannte die Bewegung denn auch »Lohn gegen Hausarbeit«.

Nicht immer in der Geschichte erfolgte die Reproduktionsarbeit im Haus, und nicht immer war sie alleinige Aufgabe der Frau. Seit der Wende zwischen dem 19. und dem 20. Jahrhundert und später nach dem Ersten Weltkrieg wurde die Rolle der Hausfrau gezielt konstruiert. Eine ideologische Kampagne wurde in Gang gesetzt, die das Zuhause in ein Zentrum der Produktion und Reproduktion der Arbeitskraft verwandeln sollte. Federici erinnert daran, dass die Frauen im 17. Jahrhundert in Europa von den meisten Berufen, denen sie zuvor außerhalb des Hauses nachgegangen waren, ausgeschlossen waren. Schon ab dem frühen Mittelalter durften sie nicht mehr Mitglieder von Zünften sein und konnten bald nur noch Arbeiten verrichten, die Formen von Hausarbeit waren, also als Krankenschwestern, Ammen, Dienstmädchen oder Wäscherinnen arbeiten. »Ab der zweiten Hälfte des 19. Jahrhunderts erkennen wir einen sehr entschlossenen Aufbau der Vollzeit-Hausfrau auch in der Arbeiterklasse. Das beweist eine ganze Reihe von Politiken, angefangen mit dem ›Familienlohn‹, dem Ausschluss von Frauen aus den Fabriken durch verschiedene Schutzgesetze und der Schaffung des Ehegesetzes.« Dazu kam das Verbot von Empfängnisverhütung und Abtreibung, um aus der Frau eine Gebärmaschine für die Produktion von Arbeitskräften zu machen.

Krankenschwestern, Ammen, Dienstmädchen, Wäscherinnen – wen Federici nicht erwähnt, ist die Sexarbeiterin. Wenn Frauen immer weniger außerhäuslichen Tätigkeiten nachgehen durften, wie sollten Unverheiratete, Alleinerziehende und Verwitwete ihren Unterhalt bestreiten? Von wegen »ältestes Gewerbe der Welt«!

Ungefähr zeitgleich mit der Kampagne »Lohn für Hausarbeit«, also um die Mitte der 1970er-Jahre, erregten die Aktionen zivilen Ungehorsams der Hurenbewegung in europäischen und amerikanischen Großstädten die Aufmerksamkeit der Öffentlichkeit. Es ging um Behördenwillkür und halsabschneiderische Geldstrafen. Vor allem die Französinnen machten von sich Reden. Etwa hundert Prostituierte besetzten am 2. Juni 1975 in Lyon die Kirche Saint-Nizier, um gegen die zunehmenden Polizeischikanen zu protestieren. Es war das erste Mal, dass man die Stimme dieser stigmatisierten Bevölkerungsgruppe derart laut vernehmen konnte. Eine Woche lang blieben die Prostituierten in der Kirche und wurden von der Frauenbewegung unterstützt, allen voran Simone de Beauvoir. Wesentlich besser geworden ist für die Sexarbeitenden in Frankreich seither wenig. Die Lage sei immer noch »katastrophal«, sagte 2015 die Sprecherin von Strass, der Gewerkschaft der Sexarbeitenden, die Stigmatisierung sei sogar noch größer geworden.

Allerdings gibt es inzwischen auf der ganzen Welt Hurenorganisationen, die sich für die Rechte der Sexarbeitenden einsetzen und auch in der Politik mitmischen. Die international zusammengesetzte Gruppe der »Prostitutas indignadas« von Barcelona zum Beispiel betrachtet sich als Teil der prekär arbeitenden Arbeiterklasse, und als Feminist*innen und Anarchist*innen unterstützen die Sexarbeitenden die katalanische Unabhängigkeitsbewegung.

In Wien arbeitete die Sozialwissenschaftlerin Brigitte Lehmann 1980 einen Monat lang als Portierin im Stundenhotel Weinstock im 2. Bezirk. Während die Prostituierten zuvor weitgehend selbstorganisiert gearbeitet hatten und nicht von Zuhältern abhängig waren, verstärkte der Staat zu jener Zeit seine Repression. Die Frauen wehrten sich, entwickelten Konzepte und verteilten ihr erstes selbstverfasstes Flugblatt, das sich gegen Bevormundung, Heiratsverbot und andere Schikanen richtete. Trotz des Protestes der von Feministinnen unterstützten Sexarbeitenden wurde das Weinstock von der sozialdemokratischen Gemeinde Wien gekauft und geschlossen. Der Plan, aus dem Hotel ein Frauenzentrum mit einer Servicestelle für Sexarbeitende einzurichten, scheiterte, als das Gebäude im folgenden Jahr abgerissen wurde.

Nach ihrer Zeit im Weinstock veröffentlichte Lehmann ihre Eindrücke. »Bei meinen Beobachtungen im Stundenhotel, bei den Gesprächen, im Kontakt mit den Frauen, die dort gearbeitet haben, habe ich sehr schnell gelernt, dass es nicht der Beruf ist, an dem die Frauen leiden«, schreibt Lehmann 2018 in *Zündende Funken. Wiener Feministinnen der 70er Jahre.* Gelitten haben sie vor allem unter der gesellschaftlichen Ächtung, der Kriminalisierung und den Schikanen durch Polizei und Staat. »Ich habe zur Kenntnis genommen, dass die Frauen ihren Beruf zum Teil gern ausgeübt haben, Berufsethos und Stolz auf gut gemachte Arbeit entwickelt haben, wie Menschen in anderen Berufen auch.« Als sie über diese Erkenntnisse im österreichischen Fernsehen sprach, wurde sie von Frauen als »Nutte« beschimpft und im Morgengrauen von Männern angerufen, die ihr für eine Nacht Geld anboten.

Trotz besserer gesetzlicher Grundlagen in manchen Ländern hat die Stigmatisierung von Sexarbeit und Sexarbeitenden nicht abgenommen, wir scheinen sogar einer Ära zunehmender Prüderie entgegenzugehen, in der, wie Laurie Penny 2014 in *Unspeakable Things. Sex, Lies and Revolution* schreibt, nicht der Sexismus, sondern der Sex als das wirkliche Problem wahrgenommen wird. »Die feministischen Kampagnen, die die größte Aufmerksamkeit erregen und das meiste Geld einstreichen, sind jene, die sich für das Verbot von Pornografie, die Abschaffung der Prostitution und die Verhinderung des Verkaufs anzüglicher T-Shirts starkmachen.« Dieser These würde Laura Kipnis, die eine Analyse der Kultur der »sexuellen Paranoia« an amerikanischen Universitäten vorgenommen hat, mit Sicherheit zustimmen.

»Darf die Vagina Arbeitswerkzeug sein?«, fragte die Psychologin Ingeborg Kraus auf einer Veranstaltung zur Sexarbeit. Die Vagina sei ein hochsensibles Organ, das mit unserem Gehirn und unserem ganzen Körper verbunden ist. »Es ist das Intimste, was eine Frau besitzt.« Nein, Frau Doktor Kraus! Mein Gehirn ist weitaus intimer als meine Vagina! Meine Gedanken, meine Fantasien, meine Träume. Und doch darf ich ungehindert jeder und jedem Zutritt dorthin verschaffen oder verweigern, je nachdem, wie es mir beliebt. Dr. Kraus beendete ihren Vortrag mit kaum zu überbietendem Kitsch: »Heute feiern wir den ersten Advent. Wir können und dürfen es nicht zulassen, dass wir wieder zu einer Gesellschaft des Wegschauens werden. Wir befinden uns vor einer gewaltigen Herausforderung, in der die Globalisierung, die Digitalisierung oder Sexroboter unsere Werte auf den Prüfstand stellen. Entscheiden Sie sich für die Abolition. Die Abolition ist mehr als ein Sexkaufverbot, mit der Abolition zeigen wir Haltung und bewahren unsere Werte. *Abolition means love!*«

Wie um Laurie Pennys These zu bestätigen, wetterte Alice Schwarzer im August 2014 in der *Emma* gegen den sexuellen Aufbruch der frühen 1970er-Jahre: »Diese Art von ›sexueller Revolution‹ war nur die andere Seite der Medaille des bürgerlichen Miefs. Wir Frauen, die wir bisher nur einem Mann zu gehören hatten, sollten nun allen Männern gehören.«

Auch hier erhebe ich Einspruch, und ich war immerhin dabei. Es war bestimmt nicht das Nonplusultra, was unsere »Genossen« damals lieferten, manche reagierten aggressiv auf das neue Selbstbewusstsein der Frauen, viele waren durch die plötzliche Woge des Feminismus, die über sie hereinbrach, so sehr verunsichert, dass sie gar nicht mehr wollten. Andere aber haben auch Einsicht gezeigt und sich bemüht. Nicht alle Männer waren und sind sexuelle Raubtiere. Es war eine lebensbejahende Zeit, ohne die ich niemals gelernt hätte, relativ unaufgeregt mit meiner Sexualität umzugehen.

Gerade weil ich, zwar ohne das Jesulein über dem Bett, aber doch zeittypisch verklemmt aufgewachsen bin, habe ich Sexarbeitende um ihre Freizügigkeit beneidet. Eine Frau, die ihre Vagina für heilig hält, kann das vielleicht nicht nachvollziehen. Es war eine Zeit, in der wir neue Formen des Umgangs und Zusammenlebens ausprobierten, unsere Scham ablegten und ohne Liebesversprechen mit Männern und mit Frauen schliefen. Manchmal auch mit mehreren beiderlei Geschlechts gleichzeitig. Eine Zeit, in der wir, oft erfolglos, gegen unsere Eifersucht ankämpften. Wir lehnten die bürgerliche Kleinfamilie als repressive Institution ab, ebenso wie autoritäre Kindererziehung und Monogamie. Wir wollten frei sein. Natürlich tat vieles weh, und es flossen Tränen, aber wir suchten nach unserem eigenen Weg und machten nicht nach, was uns auf YouTube vorgefickt wurde.

Wesentlich von Schwarzers *Emma* vorangetrieben, überwiegt heute in Bezug auf Prostitution in der öffentlichen Debatte die Vorstellung von der Prostituierten als Opfer der Verhältnisse, die Drogen, Ausbeutung, Gewalt, Frauenhandel, Erpressung, Zuhälterei, Sklaverei und Mord ausgeliefert ist.

Prostutitonsgesetz (ProstG)

Bevor ich zu Marleen zurückkehre, hier noch einige Informationen zur rechtlichen Situation in Deutschland und in Schweden.

Am 1. Januar 2002 trat das »Gesetz zur Regelung der Rechtsverhältnisse der Prostituierten« (Prostitutionsgesetz – ProstG) in Deutschland in Kraft. Bis dahin war die Ausübung der Prostitution in Deutschland zwar schon seit 1927 nicht verboten, also durchaus legal, galt aber als sittenwidrig und gemeinschaftsschädlich. Die Folge war die weitgehende Rechtlosigkeit von Sexarbeitenden. Verträge im Zusammenhang mit ihrer Tätigkeit galten aufgrund der Sittenwidrigkeit als nichtig. Es konnten also keine rechtswirksamen Arbeitsverträge abgeschlossen werden, und die Sexarbeitenden hatten keinen Zugang zur Sozialversicherung.

Nach dem ProstG von 2002 ist Prostitution nun nicht mehr sittenwidrig, und Verträge zum Zwecke der Ausübung der Prostitution, beispielsweise bei der Anmietung eines Gewerberaums oder zwischen Sexarbeitenden und Kunden, sind auch vor Gericht gültig. Außerdem haben die Sexarbeitenden Anspruch auf Sozialversicherung. Mit Einführung des Gesetzes wurden gleichzeitig einige Paragrafen des Strafgesetzbuches abgeschafft, die zum Beispiel die (Selbst-) Organisation von Sexarbeitenden und die Gestaltung von deren Arbeitsbedingungen betreffen. Andere Strafrechtsnormen wie das Verbot der Zuhälterei, das Verbot der Prostitution an bestimmten Orten oder zu bestimmten Tageszeiten, das Verbot »jugendgefährdender Prostitution« sowie das Verbot des »Menschenhandels zum Zwecke der sexuellen Ausbeutung« blieben bestehen. Bordelle sind grundsätzlich erlaubt.

Prostituiertenschutzgesetz (ProstSchG)

Das Prostituiertenschutzgesetz trat am 1. Juli 2017 in Kraft und soll das Prostitutionsgesetz von 2002 ergänzen. Es versteht sich als ein »Gesetz zur Regulierung des Prostitutionsgewerbes sowie zum Schutz von in der Prostitution tätigen Personen« und enthält einige Zusatzregelungen, die von den Betroffenen überwiegend als Kontrollmaßnahmen aufgefasst werden.

1. Wer eine Tätigkeit als Sexarbeitende ausüben will, muss dies vor Aufnahme oder Fortführung der Tätigkeit persönlich bei der zuständigen Behörde anmelden und erhält einen Lichtbildausweis. Diesen muss die betreffende Person bei der Arbeit immer mitführen und auf Verlangen berechtigten Kontrollpersonen vorweisen. Die Anmeldung muss alle zwei Jahre erneuert werden.

2. Für Personen, die als Sexarbeitende tätig sind oder eine solche Tätigkeit aufnehmen wollen, sind regelmäßige Gesundheitsberatungen verpflichtend. Diese müssen jährlich wiederholt werden. Für Sexarbeitende unter einundzwanzig Jahren gilt die Anmeldebescheinigung nur für ein Jahr, die Gesundheitsberatung muss alle sechs Monate wiederholt werden.

3. Wer ein Prostitutionsgewerbe betreiben will, bedarf der Erlaubnis der Behörde. Die Erlaubnis kann befristet werden und ist auf Antrag zu verlängern, wenn die für die Erteilung der Erlaubnis maßgeblichen Voraussetzungen fortbestehen.

4. Es gilt Kondompflicht beim Geschlechtsverkehr sowie ein Verbot der Werbung für entgeltlichen Geschlechtsverkehr ohne Kondom.

Das schwedische Modell

Prostitution in Schweden ist seit 1998 nicht mehr legal. Die Freier unterliegen der Strafverfolgung von bis zu einem Jahr Gefängnis, die Sexarbeitenden bleiben im Rahmen dieses Gesetzes straffrei, unterliegen jedoch anderen Gesetzen, die sie kriminalisieren. Prostitution wird als Gewalt gegen Frauen definiert, als »grobe Verletzung der Integrität der Frau«. Subsumiert unter Prostitution werden sowohl die Erwerbstätigkeit als Sexarbeitende als auch Zwangsprostitution, Kinderprostitution und Beschaffungsprostitution. Laut einer Studie von 2004 ist die Prostitution von den Straßen verschwunden und in den Untergrund gedrängt worden, was die Situation der Sexarbeitenden deutlich verschlechtert hat. In der Praxis behandelt die Polizei Sexarbeitende weniger als Opfer, die vor ihren Kunden gerettet werden müssen, denn als Mitwissende von Straftaten, weshalb es für sie schwieriger geworden ist, sich Hilfe zu holen, wenn ihnen Gewalt und Gefahr begegnen.

Sozialarbeiter*innen klagen, dass sie Probleme haben, die Sexarbeitenden überhaupt noch zu erreichen. Migrant*innen, die Opfer von Gewalt geworden sind, wird als einzige Hilfe ein vorübergehender Aufenthaltsstatus von dreißig Tagen zugestanden, damit sie sich überlegen können, ob sie mit den Behörden kooperieren wollen. Weigern sie sich, werden sie abgeschoben, auch wenn sie in ihrem Herkunftsland Gewalt erwartet. Migrant*innen haben ein Sprachproblem, werden von Hotels und Vermietern diskriminiert und von der Grenzpolizei gejagt. So sind sie oft gezwungen, eine Person zu finden, die ihnen bei der Suche nach Unterkunft und Kunden behilflich ist, also praktisch einen Zuhälter. Probleme gibt es auch mit schwedischen Sexarbeitenden, die eine Vergewaltigung nicht melden wollen, weil sie vom Kunden bezahlt wurden.

2014 verabschiedete das Europäische Parlament eine Empfehlung zugunsten der Einführung des schwedischen Modells in Europa. Außer in Schweden wurde die Freierbestrafung auch in Norwegen, Island, Irland und Frankreich (2016) eingeführt.

Als Feministin anschaffen gehen?

Marleen ist siebenundzwanzig, Studentin der Geschlechterforschung, Feministin, lebt mit ihrem Freund im studentischen Chaos einer Berliner Altbauwohnung und arbeitet mehrmals in der Woche als Zofe in einem Domina-Studio in Berlin-Tempelhof. Sie hat langes, am Hinterkopf zusammengebundenes Haar, ist ungeschminkt und trägt zum Interview abgetragene Jeans. Auf dem Fußboden ihres Arbeitszimmers stapeln sich Bücher. Bei ihren öffentlichen Auftritten und Interviews setzt sie sich engagiert für die Rechte von Sexarbeitenden ein, ihren richtigen Namen will und kann sie aus Rücksicht auf ihre Herkunftsfamilie nicht nennen.

Lieber würde sie sich nicht verstecken müssen, aber sie hat es ihren Eltern und ihrem Bruder versprochen, zumindest solange sie von ihren Eltern finanziell unterstützt wird. Sie musste sie einweihen, weil sie 2013 geoutet wurde. Unter dem Titel »Bordell Deutschland« erschien im *Spiegel* ein Artikel, in dem eine Sexarbeiterin interviewt wurde, auf deren Homepage sich auch ein Foto von Marleen befand. Innerhalb weniger Tage sprach es sich in der Gegend herum, in der sie aufgewachsen ist. Der Chef ihrer Mutter fragte seine Angestellte süffisant, wie die Geschäfte in Berlin so liefen, und Marleens Bruder möchte wegziehen, weil er behauptet, das Stigma ihrer Tätigkeit würde auf ihn abfärben. Ihre Mutter wollte es erst gar nicht glauben, und dann kamen die üblichen Klischees: Hast du einen Zuhälter? Bist du drogenabhängig? Hast du Geldprobleme? Wie kannst du das als Feministin machen, du magst doch Männer überhaupt nicht? »Und ich habe es noch gut«, sagt Marleen, »bei anderen brechen die Familien den Kontakt völlig ab.«

Die Frage ihrer Mutter, wie eine Feministin in der Sexarbeit tätig sein kann, ist durchaus berechtigt. Und Marleen konnte es sich eigentlich selbst nicht erklären. »Es war so ein Bauchgefühl, das mich nicht mehr losgelassen hat.« Zwölf oder dreizehn war sie, hatte gerade angefangen zu masturbieren und ihre Sexualität zu entdecken, als sie im Firmunterricht gefragt wurde, was sie später werden wollte. Ich kann doch jetzt nicht sagen, dass ich Sexarbeiterin werden will, dachte sie, die würden mich wahrscheinlich in die Klapse schicken.

Da war sie längst Feministin. Als Kind hat sie ihre eigene Familie und die Welt um sich herum beobachtet und gesehen, wie sehr Frauen benachteiligt werden. Sie hat die Rollenverteilung in ihrer Familie gesehen – der Papa, der auswärts arbeitet und immer spät nach Hause kommt, die Mama, die neben der Arbeit noch den Haushalt schmeißt und auf die Heimkehr des Mannes wartet. Sie hat gesehen, wie ihr Opa mit ihrer Oma, einer fünffachen Mutter, umging. Und sie hat erlebt, wie ihr jüngerer Bruder anders behandelt wurde als sie selbst, hat gesehen, was man Jungs durchgehen lässt und Mädchen nicht. Das fand sie nicht in Ordnung. Und irgendwann hat ihr jemand gesagt: Du bist ja Feministin! Und ihr empfohlen, die *Emma* zu lesen. Die Großmutter, eine gelernte Krankenschwester, hat ihr von den Frauen erzählt, die eingeliefert wurden, nachdem sie versucht hatten, eine Abtreibung an sich vorzunehmen. Und davon, dass viele daran starben. Vor allem diese Erzählung hat Marleen überzeugt, dass Abtreibung legal sein muss, und dazu beigetragen, aus ihr eine Feministin zu machen.

Zum Studium zog Marleen nach Berlin und führt hier

auch kein Doppelleben. Alle ihre Freund*innen wissen Bescheid. Aber dass sie jetzt überhaupt studiert, war ein harter Kampf, sagt sie. Ihre Eltern wollten sie erst nicht aufs Gymnasium schicken. Ihr Vater meinte, sie würde sich damit nur ihre Jugend versauen. »Ich wurde überhaupt nicht unterstützt in meiner Entscheidung, aber ich hatte die ganze Zeit das Gefühl, dass ich das Abitur schaffen würde. Jedes Mal, wenn ich am Verzweifeln war und mich fragte, ob ich nicht doch nachgeben und auf die Hauptschule oder die Realschule gehen soll, fand ich die Kraft, durchzuhalten. Es war so eine Art Urvertrauen. Und genauso war es mit der Sexarbeit. Dieses Gefühl: Ich möchte das auf jeden Fall machen.«

Ökonomische Umverteilung
Angefangen mit der Sexarbeit hat Marleen, als ihr das BAföG zusammengestrichen wurde, weil ihre Mutter auf einmal mehr Stunden arbeitete und mehr verdiente als früher. Marleen war klar, dass sie wegen ihrer Lernschwierigkeiten die Regelstudienzeit nicht schaffen und sich irgendwie selbst würde finanzieren müssen, wenn das BAföG auslief. Also ging sie zur Einstiegsberatung von Hydra, schaffte nach einer Wartezeit sechs Wochen an und begab sich danach, um nachzudenken, für fünf Monate auf den Jakobsweg. In dieser Zeit reifte in ihr die Gewissheit, dass Sexarbeit für sie der richtige Weg sei. »Ich will mich nicht als studentische Hilfskraft ausbeuten lassen. Ich will nicht in der Kneipe arbeiten oder im Kurierdienst. Das sind alles Jobs, die für total wenig Geld mental oder körperlich superanstrengend sind.«
Marleens Motivation war also in erster Linie das Geld? »Ja. Hätte ich genügend Geld, würde ich meine Zeit anders nutzen. Mir ist es nur wichtig, meine Lebenszeit, das kostbarste Gut, das wir Menschen haben, nicht in irgendeine

blöde Arbeit zu stecken. Ich will sie so teuer wie möglich verkaufen.«

Als Feministin sieht Marleen Sexarbeit als eine ökonomische Umverteilung, von Männern mit mehr finanziellen Ressourcen zu Frauen mit weniger finanziellen Ressourcen. »Klar gibt es auch in der Sexarbeit sehr viele äußerst prekäre Arbeitsverhältnisse«, räumt sie ein. »Ich kann mir, weil ich Abitur habe und studiert habe, Deutsche bin, in Deutschland arbeite und die Sprache beherrsche, Tätigkeiten aussuchen, bei denen ich in vergleichsweise kurzer Zeit relativ gut verdienen kann.« Sie sieht es als eine Unterwanderung des kapitalistisch-patriarchalen Systems. »Ich wische ihm quasi eins aus. Ich sage: Nicht mit mir! Ich mache zwar etwas, wofür ich stigmatisiert werde, aber ich spiele euer Spiel nicht mit. Ich gestalte mir die Regeln selbst. Ich sage: Okay, ich habe mit dir Sex, aber dafür gibst du mir Geld. Ich mache mich nicht von dir abhängig. Ich lasse mich nicht ausbeuten von dir, weder in der Ehe noch in einem Job, in dem ich total wenig verdiene und Drecksarbeiten verrichten muss.«

Der Einstieg

Inzwischen heißt es bei Hydra nicht mehr Einstiegs-, sondern Orientierungsberatung, weil sich viele, die sich beraten lassen, am Ende gegen den Einstieg entscheiden. Es wird geklärt, welche Erwartungen die betreffende Person hat. Stimmen sie mit dem überein, was sie real verdienen kann? Hat sie die utopische Erwartung, einen Freier zu finden, der sie rettet, einen Prinzen? In welchem Bereich will sie arbeiten, im Bordell oder im Escort-Service oder auf dem Straßenstrich? Und sie fragen dich, wie du mit deiner eigenen Sexualität klarkommst. Warum möchtest du diese Arbeit machen? Hast du Schulden? Wenn ja, willst du die wirklich mit Sexarbeit abarbeiten, oder können wir dir vielleicht irgendwie anders helfen? Willst du das machen, um dein Studium zu finanzieren, oder weil du kleine Kinder hast? Hast du noch einen anderen Job? Muss es geheim bleiben? Kannst du es jemand erzählen, oder musst du ein Doppelleben führen? Wenn ja, dann frage dich, ob du damit klarkommst, die ganze Zeit lügen zu müssen.

Ihren Einstieg machte Marleen in dem von Felicitas Schirow betriebenen »Café Pssst!«, das diese mittlerweile schließen musste. Dort saßen die Frauen und warteten auf Gäste. Kam ein Freier und beide einigten sich, mietete die Sexarbeiterin ein Zimmer. »Als ich das erste Mal in diese Bar ging, hatte ich Lampenfieber wie vor einem Bewerbungsgespräch. Klar hab ich mich auch gefragt, ob ich hübsch genug bin. Am ersten Abend habe ich mir das nur angeschaut, habe mich mit den Hausregeln einverstanden erklärt und mit den Kolleginnen unterhalten. Gearbeitet habe ich erst beim zweiten Mal. Der Erste war ein total süßer Stammgast. Ich habe mich dabei beobachtet, wie ich mich fühlte, und danach war ich einfach erleichtert, dass alles gutgegangen ist.«

Es gab immer ein, zwei Leute hinter der Bar, und manchmal war auch der Ehemann von Felicitas da oder sie selbst. Und es gab den Brasilianer, der die Zimmer putzte, die Mülleimer ausleerte und die Wäsche wusch. Wäre etwas vorgefallen, hätten diese Personen interveniert. Aber das war nie notwendig, erinnert sich Marleen. Es kam nur vor, dass ein Kunde im Hinterzimmer gekokst und sie zum Mitmachen genötigt hat. Das hat sie immer abgelehnt. Manche Kolleginnen, erzählt sie, lieben es, einen zu haben, der Kokain genommen hat, weil sie aus ihm mehr Geld herauspressen können. »Ich finde es furchtbar. Nach ein paar solchen Erfahrungen habe ich gelernt, nein zu sagen. Auch wenn ich das Geld brauche, lehne ich ab.«

203

Was Marleen bedauert, ist, dass sie keine ältere Kollegin hatte, die ihr das Handwerk hätte beibringen können. Zwar erfuhr sie, dass sie jeden Kunden erst einmal unter die Dusche schicken soll, und wie man damit umgeht, wenn einer durch zu viel Alkohol keine Erektion bekommt oder wenn es schnell vorbei ist, er aber für eine Stunde bezahlt hat; aber auch anderes Wissen hätte sie benötigt: Atmosphäre aufbauen, Umgang mit schwierigen Kunden, Aufbau einer Stammkundschaft ... Auch in vielen anderen Bereichen wäre eine Ausbildung angebracht gewesen: medizinisches Wissen, Gesprächspsychologie, Verkaufsgespräch, Sexualpraktiken, Buchführung, Recht. »Das wäre zum Beispiel auch ein Schritt, um die Sexarbeit als Beruf anzuerkennen.«

Wahrgenommen werden
»Die Kunden sagen, was sie wollen, und wenn du das nicht willst, lehnst du ab. Das klappt üblicherweise. Und später, wenn wir schon dabei sind, und er will etwas, was ich nicht will, sage ich ihm, was ich grad geil finde, und hoffe, dass er drauf eingeht und seinen eigenen Wunsch vergisst. Manchmal schaffe ich es aber auch nicht. Oder ich will nicht explizit ablehnen, weil ich damit riskiere, ihn als Kunden zu verlieren.«

So ungefähr läuft es ab. Anfangs war Marleen überrascht, wie respektvoll sie in der Regel behandelt wurde. Klar, manche Kunden kommen nur, um den Stress abzureagieren, erzählt sie, dann interessiert sie bloß der eigene Orgasmus, und die Frau ist ihnen egal. Aber viele haben ganz andere Bedürfnisse. »Es geht ihnen darum, wahrgenommen zu werden, Zuneigung, Bestätigung zu erfahren; berührt zu werden. Ich habe mal in einem Artikel ein Zitat von irgendeinem Philosophen gelesen, der gesagt hat: Ich werde wahrgenommen, also bin ich. Dieses Gefühl habe ich ganz oft bei Kunden.«

Gewalt ist ein großes Thema in der öffentlichen Debatte. Marleen selbst hat noch nie eine Vergewaltigung erlebt. Aber auch im Alltag sind die Abläufe bisweilen schwierig zu unterscheiden. »Wenn man Sex hat, entwickelt sich das Geschehen manchmal in eine Richtung, die man nicht möchte. Ich habe mal erlebt, dass ich um eine Pause gebeten habe, und der Typ hat es ignoriert. Ich habe dann auf die Uhr geschaut und gesehen, dass wir nur noch drei Minuten hatten. Da habe ich beschlossen, das jetzt nicht durchzusetzen. Hinterher habe ich mich darüber geärgert. Aber es war eben meine Entscheidung.«

Im Zuge des neuen Prostituiertenschutzgesetzes muss es in den Zimmern ein Notrufsystem geben. Meistens bringen solche Knöpfe oder Klingeln aber nicht viel, weiß Marleen aus ihrer Erfahrung, weil sie sich oft gerade nicht an der Stelle befinden, wo man sie brauchen würde. Doch die Sexarbeiterin kann schreien. Sie kann sich wehren. Marleen hat gelernt, dass Männer körperlich sehr verletzbar sind. »Man muss sich nur trauen.« Als Teenager hat sie an einem Selbstverteidigungskurs teilgenommen. Und aus Artikeln in der *Emma* weiß sie, dass eine der größten Gefahren für Frauen darin besteht, in Schockstarre zu verfallen und nicht mehr handlungsfähig zu sein.

»Ich habe mich in solche Situationen hineinversetzt und mental geübt. Generell gehe ich durch die Gegend und denke mir: Was könnt ihr mir eigentlich antun? Versuch's nur, und du wirst es bereuen.« Seit 2015 trainiert sie Krav Maga. Das ist eine rasch erlernbare Selbstverteidigungstechnik, die in den Zwanzigerjahren in Ungarn zum Schutz gegen antisemitische Schläger entwickelt wurde. Wirklich gebraucht hat sie sie noch nicht, aber mit ihrer Beherrschung fällt es ihr leichter zu sagen: Tu das nicht! »Und zwar in einem Ton, der auch befolgt wird. Ich spreche mit einer klaren, unzerbrochenen Stimme. Und die reagieren dann auch entsprechend: Oh, das wollte ich nicht. Ich wollte dir nicht wehtun. Selbstverteidigungstraining ist im Zweifelsfall ein besserer Schutz als Zwangsregistrierung. Doch weder Selbstverteidigungstraining noch Registrierung sind in der Lage, *rape-culture* zu durchbrechen: Die Verantwortung bleibt bei uns Sexarbeitenden, nicht bei den potenziellen Tätern, ob Freier, Passanten oder Ausbeuter.«

Ich habe mir immer vorgestellt, dass Prostituierte bisweilen auch Macht über ihre Kunden haben. Doch Marleen will von Macht nichts wissen. »Ich halte die ganze Machtdiskussion für Blödsinn. Für mich geht es um Augenhöhe. Ja, manche Kolleginnen sehen sich in der mächtigeren Position. Ich frage mich nur, wie sie es dann schaffen, ohne die Männer zu verachten. Ich will nicht den Respekt vor den Kunden verlieren und in ihnen keine Menschen mehr sehen – wie eine Kollegin, die alle Männer für Arschlöcher hält.« In ihrer Kindheit und Jugend hat auch Marleen so gedacht. Du magst doch Männer überhaupt nicht, hat sich deswegen ihre Mutter gewundert. Diese Denkweise war auch einer der Hauptgründe, warum sie Feministin wurde. »Erst in der Sexarbeit habe ich gesehen, wie krass verletzlich und verunsichert Männer sind.«

Es gibt aber Sexarbeitende, die ihre Kunden als die Mächtigen sehen, wie es ja auch in der öffentlichen Debatte meistens dargestellt wird. Die Freier hätten Macht, weil sie zahlten. Sie sagen, was sie wollen, und die Sexarbeitenden müssten nach ihrer Pfeife tanzen. »Für mich ist das eine sehr schädliche Einstellung. Wenn ich mit dieser Geisteshaltung an die Sexarbeit herangehe, dann ist es viel schwerer, Grenzen zu setzen, die von den Kunden respektiert werden müssen. Sie kriegen ja auch nicht ihr Geld zurück, wenn ich nicht auf alle ihre Wünsche eingehe. Das ist im Prostitutionsgesetz sogar gesetzlich zugesichert. Wir liefern eine Dienstleistung. Wir sind keine Ware, kein Gegenstand, keine Masturbationspuppe. Ich bin davon überzeugt, dass diejenigen Kolleginnen, die es nicht schaffen, sich von dieser Denkweise zu emanzipieren, auch jene sind, die sich schwerertun, das Erlebte psychisch zu verarbeiten. Sie tragen ein viel höheres Risiko, eine posttraumatische Belastungsstörung zu entwickeln. Das ist eine Selbststigmatisierung. Wenn du im Kopf gar nicht erst die Idee deiner eigenen Handlungsmöglichkeiten hast, dann ergreifst du sie auch nicht.«

Lieber Armut bekämpfen

Marleen ist zugegebenermaßen eine privilegierte Sexarbeiterin, die sich gute Arbeitsbedingungen aussuchen kann. Die Personen, häufig Migrant*innen, von denen in der öffentlichen Debatte überwiegend die Rede ist, können das nicht. Sexarbeitende wie Marleen, die sich öffentlich äußern, wird das immer wieder vorgeworfen. Um euch geht es nicht!

»Nein, natürlich nicht. Ich kann für diese Leute auch nicht sprechen. Aber ich weiß Bescheid über ihre Arbeitsbedingungen. Die Frage ist nur, welche Folgerungen man daraus politisch zieht. Wie kann man die Missstände beheben? Und was kann man tun, dass diejenigen, die eigentlich gar nicht anschaffen wollen, nicht anschaffen müssen? Wenn man will, dass es weniger Prostitution gibt, und vor allen Dingen weniger Prostitution unter miesen Arbeitsbedingungen, dann muss man die Armut bekämpfen, die Verelendung, die Schere zwischen Arm und Reich, zwischen den einzelnen Menschen ebenso wie zwischen den Ländern. Viele kommen nach Deutschland, weil sie hier mehr Geld verdienen können als anderswo. Viele haben auch schon in ihren Heimatländern angeschafft.«

Marleen ist bei Hydra aktiv, und Hydra veranstaltet im Rahmen eines Peer-Projekts Workshops in Bordellen. Sexarbeitende suchen Bordelle auf, um Wissen auszutauschen und weiterzugeben. Sie berichten, dass die meisten ausländischen Sexarbeitenden vorher wussten, was sie hier machen werden. Aber es gibt auch einige, die unter Vorspiegelung falscher Tatsachen hergelockt wurden. Was viele der Migrant*innen nicht wissen, ist, unter welch schlechten Bedingungen sie hier arbeiten müssen und wie groß die Schulden sind, die dadurch entstehen, dass ihnen geholfen wurde, um hierherzukommen; wie sehr sie riskieren, dadurch in Abhängigkeit zu geraten. Und dann haben sie Mühe, sich daraus zu befreien, weil sie die deutschen Gesetze nicht kennen und nicht wissen, dass das, was man ihnen erzählt, meistens erlogen ist. Dann kann es vorkommen, dass Sexarbeitende tatsächlich nicht das Haus verlassen. Wenn du hier rausgehst und von der Polizei erwischt wirst, darfst du nicht mehr hier arbeiten, wird ihnen gesagt. So kann man sie unter Druck setzen.

Aber viele, die einen langen, beschwerlichen Weg zurückgelegt haben, um hierherzukommen, sind keineswegs so minderbemittelt, wie sie in den Medien dargestellt werden. »Das ist eine Kombination aus Frauenfeindlichkeit und Rassismus.« Vulnerabel sind sie aber natürlich, weil sie die Sprache nicht beherrschen und die Gesetze nicht kennen. Das ist auch der Grund, warum die Hurenbewegung so großen Wert auf *peer education* legt.

Es stelle sich auch die Frage, wie gute Arbeitsbedingungen definiert werden, merkt Marleen an. »Gute Arbeitsbedingungen heißt in der Prostitution auch, einen Haufen Kohle zu verdienen. Vor einigen Tagen habe ich mit einer

Ungarin gesprochen, die zwar unter miserabelsten Bedingungen gearbeitet haben soll, aber angeblich in der Woche mehrere Tausend Euro verdient hat, wovon sie die Hälfte abgeben musste. Viele meiner Kolleg*innen und ich halten solche Summen angesichts der Konkurrenz und des Dumpings bei den Honoraren für unrealistisch. Logisch gibt es immer wieder sehr arbeitsintensive und somit einträgliche Zeiten, dann aber wieder längere Durststrecken, die mitberücksichtigt werden müssen.«

Nicht alle sind bereit, wegen des Geldes schlechte Arbeitsbedingungen in Kauf zu nehmen. »Ich kenne Kolleginnen, die gerne im ›Artemis‹ arbeiten, weil es dort extrem sauber ist und man gut verdient. Andere möchten nicht nackt herumlaufen müssen. Die, die das nicht wollen, arbeiten dann zum Beispiel lieber im ›Freudenhaus Hase‹ im Berliner Wedding. Die beiden Betreiberinnen sind sehr engagiert und sicher keine Ausbeuterinnen und Zuhälterinnen. Sie setzen sich für Hurenrechte ein, haben früher selbst angeschafft und machen dort auch kulturelle Events wie Lesungen.«

Besonders vulnerabel sind, wie gesagt, Migrant*innen. Es gibt welche, sagt Marleen, die nach Deutschland kommen, rasch Deutsch lernen und durchaus in der Lage sind, sich ihre Arbeit selbst zu organisieren. Und es gibt solche, die in Abhängigkeit geraten, weil sie sich haben helfen lassen, um hierherzukommen. »Und da stellt sich die Frage: Was kann man tun, um sie aus dieser Abhängigkeit zu befreien, oder wichtiger noch, um zu verhindern, dass sie überhaupt hineingeraten?«

Das größte Problem der migrantischen Sexarbeitenden ist bezahlbarer Wohnraum. Sie finden keine Wohnung, weil sie keinen ausreichend hohen Verdienstnachweis erbringen können und keinen »deutschen« Namen oder Pass haben, sind also in einem fort damit beschäftigt, ihre überteuerten

Unterkünfte zu bezahlen. Oder sie schlafen tatsächlich auf der Straße.»Und wenn eine Person keinen Wohnraum hat, ist das Dauerstress.«

Viele Sexarbeitende, Deutsche ebenso wie Migrantinnen, sind Mütter und haben große Angst, dass die Umwelt von ihrer Tätigkeit erfährt, haben Angst, dass ihnen die Kinder weggenommen werden. Das passiert in Deutschland zwar nicht so häufig, sehr wohl aber in anderen Ländern. Marleen:»Ein krasses Beispiel ist Schweden. Vor ein paar Jahren wurden einer Sexarbeiterin, die sich von ihrem Partner getrennt hat, weil er körperlich gewalttätig war, die Kinder weggenommen und dem gewalttätigen Vater anvertraut. Sie wurde dann von ihm ermordet.«

Zwei Gesetze

Mit dem Prostitutionsgesetz von 2002 wurden Sexarbeitenden einige Rechte eingeräumt: Sie dürfen mit dem Kunden einen rechtsgültigen Vertrag abschließen, sie dürfen sich sozialversichern lassen, und sie können auch angestellt arbeiten.»De facto wollen Sexarbeitende aber nicht angestellt werden«, schränkt Marleen ein,»und Bordellbetreiber*innen wollen sie auch nicht anstellen. Gerade im Flatrate-Bordell, wo für das Bereithalten der Dienstleistung ein fester Tagessatz gezahlt wird, was der Einkommenssicherheit einer Anstellung am nächsten kommt, greift die Politik mit einem Verbot ein, weil sie der Meinung ist, dass es Frauen entwürdigt. Wir arbeiten quasi immer selbständig, auf Honorarbasis. Natürlich müssen wir uns dann selbst versichern.« Eines der größten Probleme, mit denen sich Sozialarbeiter*innen herumschlagen, ist es, Sexarbeitende aus anderen Ländern in der gesetzlichen Krankenversicherung unterzubringen. Diese Hürde müsste abgeschafft werden, fordert Marleen.

Das 2017 eingeführte Prostituiertenschutzgesetz bedeutet

vor allem eine stärkere Kontrolle: durch die Anmeldepflicht, die verpflichtende Gesundheitsberatung, die Kontrolle der Einrichtungen und die hohen Auflagen. Wohnen am Arbeitsplatz ist nun verboten. »Gerade für Migrant*innen ist das ein großes Problem. Sie kommen für eine bestimmte Zeit nach Deutschland, arbeiten für eine Woche oder länger an einem Ort und ziehen dann weiter. Für so kurze Zeit können sie keine Wohnung finden. Wenn du in einem Laufhaus arbeitest und dort sowieso Miete zahlst, warum sollst du dann noch extra in einem Hotel wohnen?«

Der Gesetzgeber hat sich das so gedacht: Wenn sich die Sexarbeitenden 24 Stunden am Tag in demselben Zimmer aufhalten, haben sie keinen Feierabend. (Auch wenn sie natürlich zwischendurch rausgehen, um einzukaufen oder Erledigungen zu tätigen.) »Aber auch die Freier schlafen irgendwann. Wer kommt schon zwischen ein Uhr nachts und neun Uhr morgens ins Bordell? Es hat Gründe, warum viele Bordelle um zehn oder elf Uhr nachts dichtmachen.«

»Das Gesetz verfolgt mehrere Zwecke«, fasst Marleen zusammen. »Einerseits geht es um Migrationseindämmung und Abschreckung: Man will keine Migrant*innen hier haben, und erst recht nicht in der Sexarbeit. Zynisch könnte man es so formulieren: Die kommen zu uns her, lassen sich hier ausbeuten und wollen dann auch noch von unserem Sozialversicherungssystem profitieren! Das ist ja auch der Grund, warum es kein uneingeschränktes Aufenthaltsrecht für Opfer von Menschenhandel gibt.« Anders als in Italien können solche Personen hierzulande nach ihrer Aussage vor Gericht abgeschoben werden.

Hinter der Registrierung stecke auch ein finanzielles Interesse, mutmaßt Marleen. »Es gibt einen Bericht des Bundesrechnungshofs, der vermutet, dass die meisten von uns Steuern hinterziehen und dem Fiskus dadurch irre viel Geld entgeht – weil die sich einfach nicht vorstellen können, dass ganz viele einfach echt wenig Geld verdienen.«

Die von der Hurenbewegung am neuen Prostituiertenschutzgesetz kritisierte Kondompflicht ist in Marleens Augen zwar bevormundend, aber nebensächlich. Ihr geht es mehr darum, dass die hohen Auflagen für Bordelle im Sanitär- und Sicherheitsbereich eher Großeinrichtungen zugutekommen, die vornehmlich Männern gehören, während kleine, von aktiven oder ehemaligen Sexarbeiterinnen betriebene Läden schließen müssen. Es gab und gibt verschiedene Einschränkungen, in welcher Gegend ein Bordell betrieben werden darf. Manchmal hat die Person, die ein Bordell betreibt, beim Amt keinen Antrag auf Baunutzungserlaubnis gestellt. Bisher haben die Bauämter ein Auge zugedrückt; solange sich niemand beschwerte, wurde es nicht verfolgt. Das ist nun anders.

Kleinere Bordelle sind häufig illegal. Schon vor etwa zehn Jahren hat man in Berlin versucht, möglichst viele Wohnungsbordelle zu schließen. »Was dann gerade solche trifft, wo Frauen sich ihre eigenen Arbeitsbedingungen schaffen und anderen Frauen ermöglichen, dort zu arbeiten. Das neue Gesetz schafft patriarchale Strukturen, die wohlhabenden Männern, die mit Sexarbeit Kohle machen, die Konkurrenz von Frauen vom Leibe halten, die zum Beispiel selber mal angeschafft haben und nun ein Alter erreicht haben, in dem sie lieber aufhören.«

Bestrafung

Das Hauptproblem bleibt die Stigmatisierung, eine gesellschaftliche Frage, die sich in den Gesetzen niederschlägt. Da schafft das vielgepriesene schwedische Modell, das 2016 auch in Frankreich eingeführt wurde, keine Abhilfe. Wenn, wie es das Gesetz vorschreibt, Freier bestraft werden, die eine Prostituierte aufsuchen, so bedeutet das auch das Verbot von Anbahnung und das Verbot des Betreibens von Bordellen. Wenn sich zwei Sexarbeiterinnen in Schweden ein Appartement teilen, um dort zu arbeiten, wird die eine als Zuhälterin der jeweils anderen angesehen. Als Zuhälter gilt in Frankreich auch ein Kind über achtzehn, vor allem ein Sohn, oder der Partner einer Sexarbeiterin, der von ihrem Einkommen lebt, weil er gerade arbeitslos ist oder studiert. Das ist verboten. Marleen dreht den Spieß um: »Wie viele Frauen leben vom Einkommen ihres Mannes – der nicht nur vierzig Stunden die Woche arbeitet, sondern siebzig? Und sie kriegen von ihm eine Kreditkarte und obendrein eine Haushaltshilfe, müssen keinen Handstreich machen. Sind sie Zuhälterinnen ihres Mannes?«

Zuhälter*innen sind in Schweden auch Vermieter*innen, die Sexarbeitenden eine private Wohnung zum Wohnen vermieten. Da kommt die Polizei und sagt: Die Person, der Sie eine Wohnung vermietet haben, betreibt Sexarbeit. Wenn Sie das Mietverhältnis aufrechterhalten, müssen wir Sie leider wegen Zuhälterei anzeigen. Sexarbeitende stehen also immer mit einem Fuß in der Obdachlosigkeit. »Das sind Sachen, die kriminalisierend wirken. Ich kann in Frankreich nicht guten Gewissens eine Beziehung eingehen oder ein Kind kriegen und es durchs Studium schleppen, ohne gleichzeitig sagen zu müssen: Ich darf dir eigentlich kein Geld geben, sonst bin ich schuld daran, dass du ins Gefängnis kommst. Was ist das für ein Gefühl, mit deiner eigenen Arbeit jemand anderen zu kriminalisieren?«

Interessant ist auch, dass beim schwedischen Modell männliche und Trans-Sexarbeitende überhaupt nicht vorkommen. Es geht immer nur um den männlichen Freier und das cisweibliche Opfer.

Marleen: »Der ganze Mediendiskurs ist einerseits christlich-fundamentalistisch, andererseits feministisch geprägt. Es ist frappierend, dass Feminist*innen, die ansonsten vehement für die Legalisierung der Abtreibung sind, in dem Bereich mit Evangelikalen zusammenarbeiten.«

Eigentlich wollten die Prostitutionsgegner*innen, die verstärkt seit der Fußballweltmeisterschaft 2006 agitieren, das schwedische Modell einführen, was aber nicht geklappt hat. Es kam nur zu einer Symbolgesetzgebung im Strafrecht im Zusammenhang mit Menschenhandel, die besagt, dass sich Freier strafbar machen, die wissentlich eine von Menschenhandel betroffene Person aufsuchen. Das war aber auch schon vorher strafbar. Gegen Menschenhandel gibt es Gesetze. »Am Ende werden die Prostitutionsgegner*innen sagen: Wir haben keinen einzigen Freier bestrafen können, obwohl es so viele Zwangsprostituierte und Menschenhandelsopfer gibt; weil das Gesetz zu lasch ist, müssen wir eine allgemeine Freierbestrafung einführen. Diese ganzen bösen Freier müssen zur Rechenschaft gezogen werden.«

In Frankreich sind Bordelle seit den Fünfzigern verboten, man musste also als Escort arbeiten oder auf den Strich gehen. Viele Sexarbeitende haben jedoch nicht das Wissen, um online Werbung zu machen. Da sie jetzt einer verbotenen Tätigkeit nachgehen, haben sie auf dem Strich auch nicht mehr die Zeit, mit den Kunden angemessen zu verhandeln, es könnte ja jederzeit die Polizei auftauchen. Also steigen sie schneller ins Auto ein. Die Methode der Freierbestrafung zielt darauf ab, die Prostitution aus dem Straßenbild zu verdrängen. Die Städte haben Überwachungskameras installiert. »Prostitutionsgegner*innen sagen immer, sie wollen nicht die Prostituierten bestrafen, sondern die Freier. Aber überall, wo das Modell eingeführt wurde, wurde die bereits bestehende Kriminalisierung nicht abgeschafft, sondern verschärft. In Frankreich wurde nur eine Kleinigkeit abgeschafft: Früher reichte es, einen Minirock zu tragen und Kondome bei sich zu haben, um der passiven Anbahnung beschuldigt zu werden. Jetzt zählt nur noch die aktive Anbahnung.«

»Bordell Deutschland«

Also stimmen die schockierenden Geschichten nicht, die 2017 in der vielbeachteten ZDF-Dokumentation »Bordell Deutschland« gezeigt werden?

»Die Polizei macht ständig Razzien. In Berlin kommen Polizei, Zoll und Steuerfahndung im Schnitt alle drei Monate in jedes Bordell, zusammen oder einzeln. Man kann denen nicht so leicht durch die Lappen gehen. Genauso wie die Freier schaut sich auch die Polizei die Onlineportale an; ruft an, fragt, wer da ist. Es herrscht also eine ziemliche Kontrolldichte. Die neunzig oder gar fünfundneunzig Prozent Zwangsprostituierten, von denen gesprochen wird, sind völlig fiktiv.«

In der öffentlichen Debatte wird meistens nicht zwischen Menschenhandel, Schlepperei, Zwangsprostitution und normaler Sexarbeit unterschieden. Marleen erklärt, wie das, was oft als Menschenhandel bezeichnet wird, ablaufen kann: »Eine Person aus einem anderen Land will mit Sexarbeit in Deutschland Geld verdienen, hat aber keine Ahnung, wie sie es anstellen soll. Sie lernt eine Person kennen, die verspricht, ihr dabei zu helfen. Sie ist froh, weil sie keinen anderen Weg kennt, und begibt sich in das, was Schlepperei ist und fälschlicherweise als Menschenhandel bezeichnet wird. Für sie selbst ist es aber nur eine Person, die ihr hilft und sich dafür bezahlen lässt. Dann kann es jedoch sein, dass die betreffenden Sexarbeitenden in das geraten, was man Schuldknechtschaft nennt, mit schlechten Aussichten, durch ihre Arbeit je die Schuld abzutragen.«

Es gibt viele unterschiedliche Definitionen von Menschenhandel. Eigentlich würde man Menschenhandel als einen Vorgang verstehen, bei dem eine Person eine ihrer Freiheit beraubte Person kauft, um sie unbezahlt für sich arbeiten zu lassen. In Deutschland gilt es aber schon als Menschenhandel, wenn in einem Bordell eine Person zwischen achtzehn und einundzwanzig Jahren anschafft. In den USA reicht es, Sexarbeitenden über die Grenze eines Bundesstaates zu verhelfen und sich dafür bezahlen zu lassen. Die Rechtslage ist also sehr kompliziert.*

Arbeitsmigrant*innen aus Ländern außerhalb der EU benötigen eine Arbeitserlaubnis und ein Aufenthaltsvisum. Haben sie diese nicht, ist es auch egal, ob sie Sexarbeit leisten oder in der Küche arbeiten. In einem Bordell können sie schlecht anschaffen, weil diese häufig von der Polizei kontrolliert werden und wie alle anderen Betriebe eine genaue Buchhaltung führen müssen. Eine illegalisierte Person kann auf den Strich gehen oder als Escort arbeiten und muss immer schauen, dass sie nicht erwischt wird. Oder sie kann, wenn sie eine Aufenthaltserlaubnis hat, mit Kolleg*innen zusammen eine Wohnung mieten, dort für ein paar Tage anschaffen und dann rasch den Ort wechseln. Britische Medien nennen diese sehr stressigen Arbeitsbedingungen »Pop-up-Bordelle«.

Lücke im Lebenslauf

Ein großes Problem für Sexarbeitende ist die Lücke im Lebenslauf. Was machen Sexarbeitende, die aufhören wollen? Entweder sie schrauben ihren Lebensstandard herunter, weil sie eine miserabel entlohnte Tätigkeit ausüben müssen,

---

* Die Website https://menschenhandelheute.net/was-ist-menschenhandel/ gibt näheren Aufschluss.

was jene akzeptieren, die unter allen Umständen aufhören wollen. Oder sie schaffen weiter an, werden mit ihren Kunden alt und besuchen sie eventuell im Altersheim. »Das wollen und können nicht alle. Gerade in den Wechseljahren verändert sich der Körper, die Beziehung zu deiner Sexualität, du leidest unter Umständen an Scheidentrockenheit, du hast vielleicht einen Libidoverlust, manchmal entsteht ja auch eine gewisse Geilheit, wenn man mit einem Kunden arbeitet. Oder man hat einfach keinen Bock mehr, kann die nackten Schwänze nicht mehr sehen.«

Eine Möglichkeit für solche Personen ist es dann, selbst ein Bordell aufzumachen, für andere Sexarbeitende das Management zu übernehmen, das Marketing, einen Service anzubieten. So wie Agenturen das für Schauspieler*innen tun. »Das sollte gefördert werden. Es ist eine Möglichkeit für Sexarbeitende, sich weiterzuentwickeln, sich ihren Unterhalt zu sichern, ohne in ihren Lebensläufen etwas erlügen zu müssen. Natürlich erwirbt man mit Sexarbeit Qualifikationen. Aber welches Unternehmen, welcher Betrieb will ehemalige Sexarbeitende einstellen? Es gilt als betriebsschädigend. Und dort, wo es egal ist, verdient man zu wenig Geld.«

Es gibt drei autonome Beratungsstellen, die aus der Hurenbewegung entstanden sind und eigene Trägervereine haben: Hydra in Berlin, Kassandra in Nürnberg und Madonna in Bochum. Und dann gibt es noch viele Beratungsstellen für Sexarbeitende mit Trägern wie Caritas, Diakonie, Deutsche Aidshilfe oder AWO, die aber in ihrer politischen Meinungsäußerung oft weniger frei sind. Alle diese Beratungsstellen bieten Ausstiegshilfen an. Viele der Hilfe suchenden Personen haben keine Ausbildung oder haben sie abgebrochen, oder ihre Ausbildung wird nicht anerkannt oder liegt schon zu lange zurück. Wichtig bei der Ausstiegsbegleitung ist die Möglichkeit, das eine auslaufen zu lassen und mit dem anderen schrittweise anzufangen, um einen harten Schnitt zu vermeiden und dann eben komplett auf ALG II angewiesen zu sein.

In Frankreich etwa ist gesetzlich vorgeschrieben, dass eine Ausstiegshilfe nur dann zugelassen wird, wenn die Sexarbeitenden von jetzt auf gleich aussteigen. »Aber wovon willst du leben? Wie willst du deine Familie durchbringen?«

Hilfreich wäre die Aufnahme der Sexarbeit in das Allgemeine Gleichbehandlungsgesetz, schlägt Marleen vor. »Ich kenne mehrere Sexarbeitende, die ihren Hauptjob verloren haben, über den sie sozialversichert waren, weil rausgekommen ist, was sie sonst noch machen. Denn es ist gesetzlich vorgeschrieben, den Hauptarbeitgeber darüber zu informieren, wenn man noch einer weiteren Tätigkeit nachgeht. Gerade im Kinder- und Jugendbereich passiert das leicht.« Das Allgemeine Gleichbehandlungsgesetz müsste Sexarbeitende von der Informationspflicht ausnehmen, um sie vor dieser Art der Prekarisierung zu schützen: »Weil wir in einem stigmatisierten Beruf arbeiten, ruft keine das Arbeitsgericht an.«

Dominas
Nach dem neuen Gesetz müssen sich alle Sexarbeitenden registrieren lassen. Was wird Marleen tun?

»Ich bin gerade am Überlegen. Wenn ich mich nicht registrieren lasse, kann ich nicht mehr in dem Domina-Studio weitermachen, in dem ich jetzt arbeite. Denn wenn ein Bordell, in dem eine Frau unregistriert arbeitet, auffliegt, kann ihm die Lizenz entzogen werden, und das Bußgeld beträgt bis zu 50 000 Euro. Aber dieser Arbeitsplatz gefällt mir sehr. Wir zahlen dort wenig Miete für wunderbare Räumlichkeiten. Deswegen ist es bei den Kolleginnen sehr beliebt, und wir wollen diese Räumlichkeiten nicht verlieren.«

Was gefällt Marleen an ihrer Arbeit in dem Studio?

»Es ist vielfältiger, herausfordernder als im Bordell, man muss sich mehr Gedanken machen. Es ist aber auch zeitintensiver. Man braucht ein ausführlicheres Vorgespräch. Sonst fragst du nur, was einer machen will. Hier musst du auch gesundheitliche Sachen abfragen. Hast du Herzprobleme? Hast du Diabetes? Wenn man jemanden fixiert und fesselt, dann sind das Dinge, die man wissen sollte. Gibt es orthopädische Probleme? Kannst du auf dem Boden knien? Wobei ich jetzt nicht Sachen mache, die sonderlich gefährlich sind. Manche müssen da deutlich mehr abfragen und mehr medizinisches Wissen haben. Trotzdem habe ich auch einen speziellen Erste-Hilfe-Kurs absolviert.«

Der Flyer des Studios, den mir Marleen zu lesen gibt, verblüfft mich. Was es da nicht alles gibt! Nadeln, Masken, Mumifizierung ... Ich kann mir gut vorstellen, dass man dafür eine Ausbildung braucht. Für Marleen war es Learning by Doing. Und sie macht auch nicht alles, was im Flyer angeboten wird. »Nadeln zum Beispiel kann ich nicht ab. Auch Masken mag ich nicht. Ich will der Person ins Gesicht sehen. Manche Kunden wollen Körperbesamung oder Gesichtsbesamung. Manche wollen, dass ich ihnen einen blase oder runterhole. Aber bei vielen ist auf jeden Fall auch Geschlechtsverkehr dabei. Von der klassischen Domina, die sich nicht berühren oder lecken lässt, gibt es nur noch wenige. Das ist nicht mehr so gefragt. Wenn Alice Schwarzer im Fernsehen Johanna Weber vorwirft, sie brauche sich als Domina nicht ficken zu lassen, dann stimmt das nicht. Johanna ist eine der drei Betreiberinnen des Studios und arbeitet dort genauso wie wir anderen.«

Warum polarisiert Prostitution?
»Bei den Leuten geht ein Kopfkino ab, wenn sie ein Bordell sehen oder Sexarbeitende am Straßenstrich und dann auch noch so schlimme Geschichten lesen. Sie wollen einfach nicht damit konfrontiert werden. Die Bordelle sollen verschwinden, weil man deren Leuchtreklamen vom Wohnzimmer aus sehen kann.« Konstruktive Gespräche zwischen Prostitutionsgegner*innen und Unterstützer*innen der Hurenbewegung sind wegen der verhärteten Fronten kaum noch möglich. Aus Sicht der Prostitutionsgegner*innen gelten Sexarbeitende und ihre Unterstützer*innen als Verräter*innen am Feminismus.

Warum polarisiert die Prostitution so stark? Mir selbst erscheint die Grenze zwischen Sexarbeit und dem im Patriarchat erwarteten weiblichen Verhalten fließend. Verweist Prostitution also auf unbehagliche Weise auf die Rolle von Frauen in unserer Gesellschaft und muss deshalb so heftig abgewehrt werden? Verkäuferinnen, Flughostessen, Kellnerinnen, Schauspielerinnen, Sekretärinnen – sie alle müssen neben ihrer eigentlichen Arbeit auch noch ihren Körper in die Waagschale werfen. Kostenlos. Die Prostituierte lässt sich dafür bezahlen. Frauen müssen stets eine Zusatzleistung erbringen: das Lächeln, der kurze Rock, der tiefe Ausschnitt, die Schminke, die Stöckelschuhe. Sie müssen für die Firma, für die sie arbeiten, ihr erotisches Kapital einsetzen. Mit Selbstverständlichkeit hat sich die Republikanische Partei in den USA am 6. Oktober 2018 über die Aussagen dreier Frauen hinweggesetzt, die dem nunmehrigen Richter am Obersten Gerichtshof der USA Brett Kavanaugh Missbrauch vorwarfen oder wenigstens, ohne einzugreifen, dabei gewesen zu sein, als andere Missbrauch verübten. Das zeigt, wie ungebrochen in manchen Kreisen Männer Anspruch auf den weiblichen Körper erheben dürfen.

Marleen gibt mir recht, viele Frauen beziehen die Tätigkeit von Sexarbeitenden spontan auf sich: *Ich* könnte das nicht! Also muss es ihnen wohl Spaß machen. »In keinem anderen Beruf wird so sehr darauf gepocht, dass er einem Spaß machen muss, und danach gefragt, ob man freiwillig in ihm arbeitet. Es geht doch nur darum, ob die Arbeitsbedingungen passen, egal ob man nur arbeitet, um Geld zu verdienen, oder darin aufgeht.«

Marleen meint auch, viele Frauen würden Sexarbeit als Bedrohung ihrer Beziehung sehen. »Sie wollen ihr sexuelles Druckmittel behalten. Wenn ihr Typ aber ganz *easy peasy* zu einer Sexarbeiterin gehen kann und für wenig Geld einen geblasen kriegt, dann fehlt dieses Druckmittel.« Denn die Männer, die eine Prostituierte aufsuchen, repräsentieren einen kompletten Querschnitt durch die Gesellschaft. Manche müssen lange sparen, um es sich leisten zu können, und gönnen es sich einmal im Jahr. Andere zahlen es aus der Portokasse. »Die geben dann auch mal für drei Stunden achthundert oder neunhundert Euro dafür aus, dass sie mich foltern dürfen, mir den Arsch verhauen, meine Nippel quälen, mir einen Knebel in den Mund stecken, mich fesseln, mich an den Haaren ziehen, mich bespucken.«

Und das alles lässt du mit dir machen?, frage ich einigermaßen fassungslos. Für Marleen ist es einfach Arbeit. »Weil es Geld gibt. Und manchmal ist es auch amüsant.«

Die Stigmatisierung des Berufs hat einen historischen Hintergrund, der fortwirkt. Wenn eine Frau früher vergewaltigt wurde, galt sie als »gefallenes Mädchen«. Oft fand sie keinen Mann oder musste den Vergewaltiger heiraten. Diese »Lösung« ist noch heute in vielen Ländern üblich. Oder das Opfer wird getötet. Oder es bleibt ihr nur noch die Sexarbeit. Sexarbeitende waren (und sind) öffentliche gefallene Mädchen, Frauen, die man straflos vergewaltigen konnte und kann.

»Mädchen! Wie ich es hasse, wenn wir Mädchen genannt werden. Mädchen sind unselbständig, unmündig, können und dürfen keine eigenen Entscheidungen treffen. Mädchen müssen beschützt werden. Für Mädchen sind Männer gefährlich. Mädchen wird gesagt: Steig nicht zu fremden Männern ins Auto. Und dann gibt es auch noch dieses Wort ›Frischfleisch‹, das immer wieder verwendet wird. Was ist das nur für ein Wort!? Frischfleisch wird gegessen, und da hauen wir auch mal ordentlich drauf, um Schnitzel draus zu machen. Das ist eine Sprache, die dazu verleitet, Sexarbeitende nur negativ zu sehen. Deshalb ist es für mich durchaus nachvollziehbar, wie Prostitutionsgegner*innen denken. Die Geschichten, die erzählt werden, sind im Endeffekt Pornos. Mitleidspornos. Da gibt es in den Dokumentationen krass pornografische Beschreibungen: Dutzende Männer standen um sie rum und haben alle auf sie runtergewichst. Und du hörst das, siehst das, liest das und stellst dir dann vor, du selbst bist diese Frau. Und du denkst: Oh Gott, ich muss unbedingt etwas dagegen unternehmen, das kann man doch nicht zulassen.«

Das Engagement weißer, wohlhabender Frauen zur Rettung »gefallener Mädchen« zieht sich durch die Geschichte. »In den südostasiatischen Ländern arbeiten Organisationen der Prostitutionsgegner*innen oft mit der Polizei zusammen. Die macht dann Razzien in den Bordellen und steckt die Sexarbeitenden in Sweatshops. Die Frauen haben aber Familien zu ernähren. Sie verdienen dort einen Bruchteil von dem, was sie vorher hatten, werden von Vorarbeitern und Chefs sexuell belästigt und vergewaltigt und fliehen bei der nächstbesten Gelegenheit zurück ins Bordell. Aber die ›Abolitionist*innen‹ können sich gut fühlen.«

Bewusstsein über den eigenen Wert

Wie geht es Marleens Freund mit ihrer Tätigkeit? In Schweden würde er als ihr Zuhälter gelten.

»Als wir zusammengekommen sind, habe ich es ihm gesagt, nach dem Motto ›Friss oder stirb‹. Es ist halt schon eine sehr körperliche Arbeit, die ich leiste, und hinterher muss ich auch wieder zu mir finden. Deswegen habe ich meistens am selben Tag keinen Nerv mehr für Sex, ich brauche einfach ein bisschen Zeit für mich. Dann geht Kuscheln, aber erst mal keine Penetration. Es ist eben Arbeit, die ich leiste, um Geld zu verdienen. Die macht mir nicht immer Spaß. Manchmal gehe ich, um mich selbst auszuprobieren, sehr nah an meine Grenzen und sogar darüber hinaus. Das muss ich hinterher natürlich verarbeiten, sonst läuft irgendwann das Fass über.«

Sexarbeitenden würde eine Supervision guttun. Marleen und ihre Kolleg*innen sprechen über ihre Arbeit. Aber eben vielleicht nicht über alles, worüber zu reden ihnen guttun würde. Es herrscht eine gewisse Scheu, die Stigmatisierung durch die Gesellschaft bleibt nicht ohne psychische Folgen. Und im privaten Umfeld können sie wegen ihres Doppellebens erst recht nicht darüber sprechen.

»Ich würde schon sagen, dass viele an psychischen Belastungen leiden. Ob das jetzt unbedingt ein posttraumatisches Belastungssyndrom ist oder Burnout, weiß ich nicht. Auch andere Selbständige bekommen Burnout. Man muss sich um so vieles kümmern, um Fotos, um Werbung, man muss Texte schreiben, man muss unfassbar viel mit den Kunden kommunizieren. Dann hat man die ganze Zeit das Handy dabei, damit man angerufen werden kann. Wenn man im öffentlichen Raum ist, muss man eine Ecke finden, wo man mit denen ungestört telefonieren kann. Dann muss man schauen, wie es in den Terminkalender passt. Wie lange man braucht, um hinzukommen, wenn man mit dem Auto unterwegs ist und Hausbesuche macht.«

Für Marleen liegt in der Stigmatisierung und ihrer fehlenden Verarbeitung die Ursache für posttraumatische Belastungsstörungen, weniger im direkten Kontakt mit den Freiern.

Im Zusammenhang mit Prostitution werden auch immer Drogen genannt. Manche Prostituierte fangen mit der Sexarbeit an, weil sie Geld für die Drogenbeschaffung brauchen, weiß spätestens seit Christiane F. die ganze Republik. »Denen ist nicht geholfen, wenn die Freier kriminalisiert werden. Sie brauchen eine sichere Umgebung, und sie brauchen die Entkriminalisierung der Drogen.« Andererseits gibt es Sexarbeitende, die aus wirtschaftlicher Verzweiflung anfangen und die Arbeit eklig finden. »Sie erlauben Männern permanent, ihre Grenzen zu überschreiten, und wissen nicht, wie sie zu sich selbst zurückfinden. Sie verkraften es dann nur, indem sie Drogen nehmen. Sprich: vorher kiffen, sich betrinken. Eine Professionalisierung des Berufs und Supervisionen, die Sexarbeitenden helfen, sich besser um sich selbst zu kümmern und Grenzen zu ziehen, wären weit wirkungsvoller als eine Verschärfung ihrer ohnehin schwierigen Arbeitsbedingungen durch Bestrafung der Freier.«

Marleen verfügt wohl über das entsprechende intellektuelle Potenzial, um ihre Bedürfnisse zu erkennen, bemerke ich.

Marleen widerspricht: »Man braucht Bewusstsein. Ein Bewusstsein über den eigenen Wert. Und das habe ich vielleicht, weil ich Feministin bin. Das haben nicht alle Frauen. Und wenn du dich sowieso schon wertlos fühlst, dann wirst du in diesem Job wahrscheinlich noch weiter entwertet. Manche werden von dieser Arbeit auch emotional abhängig, gerade wenn sie in ihrer Kindheit und Jugend keine Zuwendung bekommen haben. Sie fangen jung an und merken: Hier kriege ich Zuneigung und sogar ›Liebe‹. Denn die körperliche Zuwendung, die du jemandem gibst, bekommst du in der Regel auch zurück. Das erschwert, damit aufzuhören, denn es fehlt dir dann. Trotz aller schlechten Erlebnisse, die man natürlich auch hat.«

Natürlich würde Marleen nach Abschluss ihres Studiums gern in einem bürgerlichen Beruf arbeiten, doch die Sexarbeit möchte sie nicht aufgeben. »Was ich zum Beispiel daran schätze, ist die Unmittelbarkeit des Feedbacks. Das tut mir einfach gut, das hat man nicht in jedem Job. Da sagt niemand danke. Du siehst kein strahlendes Gesicht hinterher. Das Feedback ist fast immer positiv. Ich sehe, wie sie reinkommen, wie erschöpft sie sind von ihrem Arbeitstag. Und dann sehe ich hinterher ihr Gesicht, entspannt und dankbar.«

Entkriminalisierung

Sind nicht alle für die Entkriminalisierung der Prostitution? Es liegt doch auf der Hand, dass ein Verbot dem Machtmissbrauch durch Polizei, Freier und Zuhälter Tür und Tor öffnet. Doch Marleen erinnert an den Aufschrei, als Amnesty International im Sommer 2015 eine Resolution verabschiedete, in der sich die Organisation für eine Entkriminalisierung aussprach. In der *Emma* verkündete Alice Schwarzer »das unrühmliche Ende einer Menschenrechtsorganisation« und behauptete, eine Entkriminalisierung diene nur Menschenhändlern, Zuhältern und Bordellbetreibern. Und mehrere berühmte Hollywood-Schauspielerinnen wie Meryl Streep und Kate Winslet haben an AI appelliert, diese Resolution nicht zu verabschieden. Ihr könnt doch nicht Zuhälterei entkriminalisieren! Der Hurenbewegung wird unterstellt, Ausbeutung entkriminalisieren zu wollen. Sie vermischen das Betreiben von Bordellen mit Zuhälterei und behaupten, Bordelle seien immer Ausbeutung. Weil Dritte, die nicht selbst anschaffen, davon profitieren. Sie behaupten, Agenturen seien Zuhälter.

»Ja, es stimmt, die Prostitutionsgegner*innen sagen, sie möchten nicht, dass Prostituierte kriminalisiert werden. De facto ist es aber so, dass es in allen Ländern, wo es eine Freierbestrafung gibt, zur Kriminalisierung der Sexarbeitenden kommt. Es ist offensichtlich, dass es ihnen nicht um das Wohl der Sexarbeitenden geht, sondern um die Abschaffung der Prostitution und um die Bestrafung der Freier. Weil in ihren Köpfen die Männer dafür bestraft werden müssen, dass sie so ›böse Sachen‹ mit Frauen machen.«

Entstigmatisierung

»Das Problem sind nicht unsere Kunden, auch nicht für die migrantischen Sexarbeitenden, obwohl es natürlich immer wieder Vollidioten und Übergriffige gibt. Ein viel größeres Problem ist die Gesellschaft und deren Wirkung auf uns.«

Andauernd fällt das Wort »Entstigmatisierung«. Es gehe darum, offen darüber reden zu können, sagt Marleen. Über andere Berufe könne man sich informieren, es gibt Stellen, die Jobsuchende vermitteln. Es gibt gesetzliche Regelungen, die nicht stigmatisieren. In der Sexarbeit gibt es das alles nicht. »Seit Einführung des ProstSchG arbeiten viele nicht mehr im Bordell wie früher. Vieles läuft übers Internet. Das führt zu Vereinzelung. Und gerade diejenigen, die kein Deutsch können, lassen irgendwelche Typen, Zuhälter, Menschenhändler, wen auch immer, die Werbeprofile machen.« Generell ist es in Deutschland heute weniger notwendig, einen Zuhälter zu haben. »Gegen Beziehungspartner, denen Kolleginnen die ganze Kohle rüberreichen, kann man gesetzlich nicht vorgehen. Davor schützt unter anderem eine feministische Erziehung für ein ebenbürtiges Beziehungs- und Familienmodell.«

Wie könnte also die Entstigmatisierung der Sexarbeit aussehen?

»Wir könnten uns alle outen, damit wir sichtbar werden und die Leute sehen, dass wir normale Menschen sind und keine Opfer oder Ungeheuer.« Das ist heute für Sexarbeitende immer noch schwerer, als es für Homosexuelle war. Homosexuellen war klar, dass sie es sich nicht ausgesucht haben, dass sie so sind und ihr Leben lang so bleiben werden. Um gesellschaftliche Akzeptanz zu erreichen und sich nicht länger verstecken zu müssen, war Outing eine wichtige Strategie. Bei Sexarbeitenden ist die Situation anders. Oft sehen sie ihren Job nicht als Teil ihrer Identität und wollen ihn nur vorübergehend ausüben, um eben nicht mit lebenslanger Stigmatisierung leben zu müssen. Sexarbeitende haben sich selbst für ihre Tätigkeit entschieden, aus welchen Gründen auch immer, und es ist auch durchaus möglich, ein bürgerliches Leben zu führen und den anderen Teil zu verschweigen. All dies ist für Lesben und Schwule nicht so einfach.

Marleen würde sich gern outen. Sie leidet darunter, dass sie nicht unter ihrem eigenen Namen auftreten kann, wie es ihrem politischen Anspruch entspricht. Aber sie hat es ihren Eltern und ihrem Bruder versprochen. Es gebe auch schon genügend Sexarbeitende, die an die Öffentlichkeit gehen, sagt sie. Nur werde ihnen immer vorgehalten, sie seien eine Minderheit. »Was man über uns berichtet, sind nicht unsere Familienprobleme, das Problem des Doppellebens, der Stigmatisierung. Es geht immer nur um Ausbeutung, Zuhälterei, Menschenhandel. Und es wird gesagt, dass jene, die statt des schwedischen Modells einfach Entkriminalisierung wünschen, Nymphomaninnen sind, eine kleine deutsche Minderheit. Man begreift nicht, dass wir eben über die Ressourcen verfügen, um für lau mit den Medien zu sprechen; dass wir nicht diejenigen sind, die Tag für Tag stundenlang am Strich stehen müssen, um unseren Lebensunterhalt zu bestreiten; dass wir eine eigene Wohnung haben und nicht schauen müssen, wo wir die nächste Nacht verbringen.«

Helfen würde vor allem ein anderer Mediendiskurs. Seit 2012 gab es 26 Krimi-Folgen, die Prostitution zumindest am Rande behandelten. In elf davon waren Prostituierte Mordopfer und zudem Opfer von Menschenhandel, Schlepperei, Zuhälterei, Drogensucht oder finanzieller Not. Die anderen bewegten sich im kriminellen Milieu. In einer Doppelfolge sind sie sogar auf dem Müll gelandet. »Man könnte Sexarbeit in TV-Serien auch einfach normal, weniger einseitig abhandeln, mit unseren Alltagsproblemen. Mit dem Problem, dass man um den Hauptjob fürchten muss, mit dem Problem, dass Beziehungen in die Brüche gehen. Und man könnte Angebote aufzeigen, wie die Lage der Sexarbeitenden zu verbessern wäre.«

In den Medien treten auch Ehemalige auf, die Horrorgeschichten über ihre Erfahrungen erzählen. Sind die alle erlogen?

»Nein, nicht alle, aber auch das kommt vor. Für sie ist es die einzige Möglichkeit, sich reinzuwaschen. Wenn sie sich als Opfer der Verhältnisse inszenieren, werden sie rehabilitiert. Würden sie sagen ›Ja, ich hab's gemacht, ich fand's nicht supergeil, aber ich habe mir auch keinen Zacken aus der Krone gebrochen‹, also meine Haltung, dann bekommen sie diese Erlösung von der Stigmatisierung nicht, den Ablassbrief. Als Opfer kannst du nichts dafür und bist weder deviant noch unmoralisch.«

Fembots

Marleen hält Sexroboter, sogenannte Fembots, die zunehmend angeboten und mit denen mittlerweile sogar Bordelle
bestückt werden, für keine ernstzunehmende Konkurrenz.
»Das sind keine menschlichen Wesen. Sie haben keine Kör-
perwärme. Sexroboter können zwar superintelligent pro-
grammiert werden, aber ich bezweifle, ob es möglich sein
wird, Geräte herzustellen, die Emotionalität vermitteln.
Nicht nur mit Worten und Gesten, sondern mit ihrer ganzen
Aura, mit der Ausstrahlung, über die eben nur ein Mensch
verfügt. Und genau das ist es, was superwichtig ist in der
Sexarbeit.«

Es werde befürchtet, diese Roboter könnten das Bild der
Frau als jederzeit verfügbares Fleisch noch verfestigen,
wende ich ein.

»Ich finde, es wäre viel sinnvoller, zu fragen, ob es das ist,
was wir in unserer Gesellschaft wollen – diese Art der Sexualität. Was fehlt den Leuten, die eine Sexpuppe für sich als
Chance sehen? Es heißt nur immer, wir müssen die Männer
erziehen. Es geht nicht darum zu begreifen, warum Männer dieses Bedürfnis überhaupt haben. Ich denke, es hat niemand wirklich Interesse daran, die Gesellschaft so zu verändern, dass diese Bedürfnisse gar nicht erst entstehen. Es hat
auch letztlich niemand ein Interesse daran, die monogame
Beziehung nicht mehr als Norm zu sehen. Nicht einmal viele
Feminist*innen.«

Eine Welt ohne Prostitution

Wir sind uns einig: Prostitution wird angeboten und nachge-
fragt, weil Ungleichheit herrscht. »In einer Gesellschaft ohne
Prostitution müssten die ökonomischen Ressourcen zwischen allen Menschen gleich verteilt sein, und es dürfte keinen Arbeitszwang geben, keine Ausbeutung. Man kann nicht

alles beim Alten lassen und gleichzeitig die Prostitution zum Verschwinden bringen. Das geht nur, wenn wir keinen Kapitalismus und kein Patriarchat mehr haben.« Also vorerst eine Utopie. Marleen kann sich aber auch eine nichtpatriarchale und nichtkapitalistische Gesellschaft vorstellen, in der es trotzdem Prostitution gibt. Nur wäre sie dann gleichberechtigt, sowohl Männer wie Frauen und Transpersonen würden ihre Dienste anbieten und nachfragen.

Der Gang zur Sexarbeiterin ist nicht immer, aber in manchen Fällen ein Ausdruck von Mangel. Die Möglichkeit, ihn zu beheben, ist zwischen Männern und Frauen ebenso ungleich verteilt wie deren Ressourcen. Auch Frauen leiden an Mangel, verfügen aber nicht über die selbstverständliche Gewissheit, jederzeit zu einer sexarbeitenden Person gehen zu können. Es ist auch eine Geldfrage. Frauen verdienen weniger und müssen das, was sie haben, für die Familie ausgeben.»Und dann wird auch gesagt, Männer seien sexuell einfacher gestrickt. Raus, rein – das reicht. Aber ich als Frau bin ja so kompliziert«, sagt Marleen.»Sehr viele Frauen kennen ihre eigene Sexualität nicht und vertrauen nicht darauf, dass professionelle Dienstleistende sie zum Orgasmus bringen können.«

In Berlin gab es einmal ein Bordell für Frauen, das schließen musste, weil die Kundschaft nicht reichte. Viele Sexarbeiterinnen freuen sich sehr, wenn Frauen ihre Dienste anfragen. Eine Kollegin von Marleen bietet auf ihrer Homepage immer auch einen Service für Frauen an. Und endlich bekam sie tatsächlich einen Anruf von einer Frau, die aber schließlich einen Rückzieher machte, weil es ihr zu teuer war. Die Kollegin wäre sogar bereit gewesen, das Honorar zu senken, nur um endlich eine Frau als Kundin zu haben.

Es gibt einige Sexarbeiterinnen, die Leistungen für Frauen anbieten oder ausschließlich für Frauen arbeiten. Die vielleicht bekannteste Sexarbeiterin in Berlin ist Kristina Marlen. Sie ist Physiotherapeutin, Tänzerin und Performerin, bezeichnet sich als tantrische Domina und ist auf Bondage spezialisiert. Frauen, sagte sie im Oktober 2017 dem Deutschlandfunk Kultur, kämen zu ihr, wenn sie an einem Scheideweg stehen, wenn sie eine Trennung hinter sich haben oder sich ihre Sexualität in den Wechseljahren verändert. Aber auch Frauen zwischen zwanzig und dreißig gehörten zu ihren Kundinnen. Diese hätten schon ein anderes sexuelles Selbstbewusstsein als ihre Mütter und verfügten oft über die nötigen finanziellen Mittel, um sich die Dienstleistung einer Sexarbeiterin leisten zu können.

Frauen, sagt Marleen, gehen gern zur Tantra-Massage, weil sie dort die Berührung bekommen, die ihnen fehlt. Dabei geht es darum, die sexuelle Lust zu steigern und dann wieder abklingen zu lassen. Angestrebt wird, die sexuelle Energie, die sich aufbaut, im Körper zu verteilen und sie nicht mit dem Orgasmus nach draußen verpuffen zu lassen.

AIMÉE & JAGUAR

Es ist der 18. Januar 2018, der Tag, an dem Orkan Friederike den Eisenbahnverkehr in weiten Teilen Deutschlands zum Erliegen brachte. Noch sitze ich nichtsahnend im ICE. Ich bin auf dem Rückweg von einer Lesung aus *Aimée & Jaguar* in Nidderau, wo die bezaubernden Fachwerkhäuser aus dem 16. Jahrhundert die Besucher*innen in ein Deutschland der Gebrüder Grimm versetzen. Die Veranstaltung fand in einem Multiplex-Kino statt, in dem nach meinem Auftritt der gleichnamige Film gezeigt wurde. Das Mikrofon funktionierte nicht, sodass ich ohne technische Unterstützung durch die Geschichte galoppieren musste, die ich schon so oft erzählt hatte.

Sie ist so vielschichtig, dass ich immer wieder einige Aspekte vergesse, die mir eigentlich wichtig sind. Es ist auch schon ziemlich lange her, seit das Buch im März 1994 seinen Siegeszug durch die Medien angetreten hat. Neben etlichen TV- und Radio-Dokumentationen sowie Theateraufführungen und szenischen Lesungen in Deutschland, den Niederlanden und Ungarn wurde *Aimée & Jaguar* unter der Regie von Max Färberböck mit Maria Schrader und Juliane Köhler verfilmt und in zwanzig Sprachen übersetzt, zuletzt 2008 ins Polnische.

Für mich war das auch nach bald fünfundzwanzig Jahren in Deutschland immer noch erhältliche und in den USA neu aufgelegte und aktualisierte Buch von lebensgeschichtlicher

Bedeutung. Es machte mich – wenn auch in bescheidenem Ausmaß – zu einer Bestsellerautorin, deren Name im In- und Ausland untrennbar mit *Aimée & Jaguar* verbunden ist, und ließ mich dank der medialen Aufmerksamkeit, die sich auf mich richtete, meine traumatische Scheidung besser verkraften. Vor allem aber verschaffte mir die Arbeit an der bittersüßen Liebesgeschichte von Lilly Wust und Felice Schragenheim Zugang zu meinen eigenen jüdischen Wurzeln.

Wer in der Nachkriegszeit in Österreich oder Deutschland aufgewachsen ist, hatte es schwer, sich öffentlich als Jüdin zu bekennen, zumal wenn dies keine Aussage über eine Religionszugehörigkeit bedeutete, sondern einen bloß zu einer Nachfahrin von erlittenem Terror und Gewalt stempelte, zu einem Opfer. Vor allem aber muss man auch heute noch damit zurechtkommen, dass die Leute plötzlich in scheues Schweigen verfallen und meinen, dir gegenüber Schuldgefühle empfinden oder wenigstens demonstrieren zu müssen. Sie erzählen dir auch ihre Familiengeschichten, in denen nicht selten väterlicherseits Mitglieder von SA oder SS vorkommen, mütterlicherseits eifrige Aktivistinnen des BDM.

Ich erinnere mich gut an eine Frau, deren Vater Arzt in der österreichischen Euthanasie-Anstalt Hartheim war. Sie war merklich traumatisiert von ihrer Familiengeschichte, und ich begriff, um wie viel angenehmer es ist, nicht zur Tätergruppe zu gehören. Es entbindet mich von der katastrophalen deutsch-österreichischen Nazi-Geschichte. Das, was ich aufzuarbeiten habe, ist letztlich einfacher zu verkraften. *Aimée & Jaguar* hat mir geholfen, in der Öffentlichkeit offen über meine jüdischen Vorfahren und darüber, was ihnen angetan wurde, zu sprechen. Sie haben mir, auch wenn es zynisch klingt, zu dem Ruhekissen verholfen, mich auf der gerechten Seite der Geschichte vorfinden zu können.

Die Auseinandersetzung mit Felice Schragenheim, der jüdischen Protagonistin des Buches, unterstützte mich darin, mir das kulturelle Umfeld meiner Großeltern und meiner Mutter vorzustellen. Wie sie stammte Felice aus einem großstädtischen, assimilierten, bürgerlichen jüdischen Elternhaus, in dem ähnliche Bücher gelesen und ähnliche politische Haltungen eingenommen wurden wie in der Warschauer Jugendzeit meiner Mutter. Mit einem Mal sah ich ihr Zuhause klar vor mir. Als ich, Jahre nach Erscheinen von *Aimée & Jaguar*, zur Vorbereitung von *Himmelstraße*, dem Buch über meine Familie, nach Warschau reiste und vor dem einzigen in der Chłodna-Straße unzerstört gebliebenen Gebäude stand, in dem meine Großeltern und ihre Kinder gelebt hatten, erkannte ich, dass ich nicht allzu weit danebenlag. Dort, in der Beletage des schönen Jugendstilgebäudes, hatten sie also gewohnt, nicht wesentlich anders als Felice Schragenheim in der Berliner Auguste-Viktoria-Straße. Wie die Schragenheims hatten meine Großeltern zwei Töchter.

Als meine damalige Lektorin im Verlag Kiepenheuer & Witsch, für den ich mehrere Bücher geschrieben und übersetzt hatte, mir kurz nach der Wende von der Geschichte erzählte und mich fragte, ob ich daran interessiert wäre, mich damit zu befassen, zögerte ich keinen Augenblick. Das Angebot kam gerade zu einer Zeit, als ich das Bedürfnis verspürte, mich mit meiner jüdischen Geschichte auseinanderzusetzen. Die Liebesgeschichte von Felice und Lilly gab mir darüber hinaus Gelegenheit, in meiner Arbeit meine beiden Lebensthemen miteinander zu verbinden: dass ich eine Frau bin und dass ich eine Jüdin bin, meinen Feminismus und mein Eintreten gegen Antisemitismus und Rassismus.

Die Geschichte war dem Verlag von einem Amerikaner angeboten worden, der wiederum über einen anderen Amerikaner, einen Kameraden aus dem Vietnamkrieg, darauf gestoßen war. Charles Brady hatte vorgehabt, ein Buch über

The Good Germans zu schreiben, über Deutsche, die während der Nazizeit Juden und Jüdinnen halfen. Ende der 1980er-Jahre hatte ihm der Berliner Senat die Adresse von Lilly Wust gegeben. Auch wegen Bradys mangelhafter Deutschkenntnisse wurde nichts aus dem Projekt, doch sein Kumpel, der es finanziell unterstützt hatte, wollte die Geschichte unbedingt gewinnträchtig unterbringen. Nach mehreren fruchtlosen Vorsprachen bei diversen deutschen Verlagen landete er schließlich bei meiner Lektorin, die das Potenzial des Stoffes erkannte.

Ich lebte damals in Köln und machte mich im Februar 1991 auf den Weg nach Berlin, um Lilly Wust kennenzulernen. Die Fotoreporterin Christel Becker-Rau begleitete mich und hielt den Augenblick fest. Bei der ersten Begegnung beeindruckte mich die zahnlose alte Frau mit ihrer kräftigen Stimme und der Bestimmtheit ihres Erzählens, die im krassen Widerspruch zu ihrer eher hinfälligen Erscheinung standen. Neben einem enormen Gedächtnis zeigte es sich, dass sie über einen Koffer voller Fotos und Dokumente über die Familie Schragenheim und über ihre Beziehung zu Felice verfügte, alles fest in Plastiktütchen verpackt und mit Gummiringen zusammengehalten. Natürlich war nichts geordnet.

Zu Beginn war ich in erster Linie damit beschäftigt, die Unterlagen zu sichten und mit Lillys Erzählung und den zeitgeschichtlichen Daten und Fakten in Übereinstimmung zu bringen. Während mehrerer Besuche in Berlin lernte ich, mich in der Nazizeit zurechtzufinden und Lillys Erinnerungen mithilfe von Interviews mit anderen in die Geschichte involvierten Personen zu verknüpfen und mitunter auch zu relativieren. Als ich Jahre später nach Berlin zog, war mir die Stadt vertraut, durchzogen von Adressen, an denen die Geschichte von Felice Schragenheim, ihrer Familie und der Geliebten Lilly Wust stattgefunden hatte.

Anstrengend gestaltete sich bei meiner Recherche mein Bemühen, Lilly neue Erinnerungsfetzen zu entlocken, denn sie hatte ihre Geschichte im Laufe der Jahrzehnte zu Stehsätzen festgefügt, die nur schwer zu durchbrechen waren. Wenn es mir gelang, war es eine große Freude und trug dazu bei, die Erzählung bunter zu gestalten. Das, was Lilly als beglückende Begegnung zwischen zwei Frauen darstellte, begann sich aufgrund der Gespräche mit Zeitzeugen allmählich einzutrüben. Natürlich sei ihr Mann ein Nazi und Antisemit gewesen, gab sie schließlich zu, nahezu sicher hatten sie an der Wand ein Bronze-Relief von Hitler, das andere gesehen hatten, Lilly jedoch leugnete; natürlich hatten sie, was sie wiederum zugab, den *Völkischen Beobachter* abonniert und *Mein Kampf* im Bücherregal stehen. Und selbstverständlich hatte Lilly mit ihren vier Söhnen das Mutterkreuz in Bronze und auch sonst von den Annehmlichkeiten profitiert, welche die Nazis regimetreuen Familien angedeihen ließen.

Die Wiedersprüche zwischen ihrer Erzählung und dem, was ich im Zuge meiner Recherchen herausfand, belasteten unsere Beziehung. Während ich anfangs voller Begeisterung ihrer Schilderung lauschte und mich über die Liebe zu der jungen Jüdin freute, die Lilly den Ehemann abspenstig machte, musste ich sie nun mit peinlichen Fragen behelligen. Als ihr Zweitältester, der zum Judentum übergetreten war und in Israel lebt, nach Berlin zu Besuch kam, vereinbarten wir ein Treffen am Bahnhof Zoo. »Mutti hat mir gesagt, Sie wollen mit ihr über die Zeit nach 1933 reden«, eröffnete er das Gespräch. »Mutti will darüber nicht sprechen.«

Gut, das war Aussage genug. Manches erzählte Lilly dann aber doch. Wie sie zu einem Zeitpunkt, als sie noch nicht wusste, dass Felice Jüdin war, in Anwesenheit ihres Pflichtjahrmädchens Inge gesagt habe, an den Zerstörungen in Berlin durch die alliierten Bomber seien nur die Juden schuld, worauf Inge einen Wutanfall bekam, Felice jedoch »wunderbar« reagierte und Inge mit dem Hinweis »Sie weiß nicht, was sie sagt« zu beruhigen versuchte. Dass die beiden sich überhaupt kennenlernten, weil Lilly Inge gegenüber damit geprahlt hatte, sie könne Juden riechen, und die draufgängerische und humorvolle Felice, deren Geliebte Inge war, unbedingt die Probe aufs Exempel machen wollte, habe ich wiederum von Inge erfahren.

Heute, älter und milder geworden, meine ich, Lilly hat eben einfach zeittypisch gedacht. Wenn man in einem fort solche Sprüche hört, hinterlässt das bei Personen ohne politisches Bewusstsein Spuren. Damals ärgerte ich mich über Lillys Weigerung, ihre damalige Haltung mit meiner Hilfe kritisch zu reflektieren. Es wäre für sie eine einmalige Gelegenheit gewesen, mit sich selbst ins Reine zu kommen. Dachte ich.

Als ich das Buch schrieb, war es mir ein großes Bedürfnis, die Grenze zwischen den beiden Frauen nicht zu verwischen: denn die eine war eine Nazi-Mitläuferin, die die Vorteile, die das Regime »Arier*innen« gewährte, bedenkenlos in Anspruch nahm und der ja auch bis zuletzt kein Haar gekrümmt wurde, selbst als bekannt war, dass sie bei sich eine Jüdin und danach sogar drei weitere im Untergrund lebende Jüdinnen versteckt hatte; die andere war eine Gejagte, die jeden Tag mit dem Schlimmsten rechnen musste, das schließlich ja auch eintrat. Die eine liebte freiwillig und ohne Rücksicht auf sich und ihre Familie, für die andere war die Liebe eine Chance, den Häschern zu entkommen.

Schwierigkeiten hatte ich auch damit, dass Lilly Wust sich die Freiheit nahm, sich zu den Juden hinüberzustehlen, obwohl ihre Versuche, nach dem Krieg zum Judentum überzutreten, von der Jüdischen Gemeinde abgelehnt worden waren. Zwei ihrer Söhne ließ sie in der Schule als Juden einschreiben, eigentlich eine unglaubliche Dreistigkeit, ganz zu schweigen vom Missbrauch ihrer eigenen Kinder. »Ich hasse die Deutschen immer noch«, sagte sie mir, als wäre sie nicht eine von ihnen.

Lilly Wust hatte in ihrer Wohnung zwei Kühlschränke, einen für Milchiges, einen für Fleischiges, von denen sie allerdings einen als Medikamentenschrank benutzte. Jedes Mal, wenn wir uns trafen, ließ sie meine Mutter, die Jüdin, grüßen. All dies war mir äußerst unangenehm, ebenso wie ich es damals nicht mochte, wenn deutsche Musiker Klezmer spielten und sich das deutsche Publikum beim Besuch eines Klezmer-Konzerts in seiner Judenfreundlichkeit sonnte. Auch diese Abwehr einer kulturellen Aneignung habe ich in der Zwischenzeit überwiegend abgelegt. Heute sehe ich Musik als kulturelles Erbe der Welt, das uns allen gehört. Wir haben auch nichts dagegen, wenn Koreaner*innen Mozart spielen und Jazzmusiker*innen Didgeridoos in ihre Musik integrieren. (Die Aborigines mögen das allerdings anders sehen.) In Klezmer-Konzerte gehe ich ohnehin nicht mehr.

Damals befand ich mich erst am Anfang meines Weges. Um zu verhindern, dass das Buch trotz meiner Bemühungen, die Brüche im Text sichtbar zu machen, nur als Liebesgeschichte mit bösem Ende gelesen wird, entschied ich mich für ein Nachwort, in dem ich meinen persönlichen Standpunkt darlegte. Diese Momentaufnahme meiner damaligen Haltung, die ich seither abgeschwächt und teilweise ganz weggelassen habe, sorgte für Ärger – wie von mir durchaus beabsichtigt. Manche Leser*innen dankten mir zwar dafür, ihr eigenes Unbehagen bestätigt zu haben, die überwiegende Mehrzahl jedoch war erzürnt.

»Sie haben mithilfe von Frau Wust ein so wunderbares, einmaliges Buch geschrieben. Ihre Leser sind begeistert, sie

239

sind aber auch wütend, entsetzt, fassungslos und traurig, ziehen Sie doch mit diesem anmaßenden Nachwort eine erschreckende Schleifspur hinter sich her: *Neid!*« So schrieb mir eine Buchhändlerin aus Weingarten. Und eine Person aus München äußerte sich ähnlich: »Unausgesprochenes, Gärendes quillt zwischen den Zeilen hervor und versucht, sich im Nachhinein wie ein Schatten über und in die Geschichte zu schreiben.«

»Wenn das Persönliche politisch ist«, schrieb ich in der österreichischen feministischen Zeitschrift *an.schläge* im März 1995, »dann sollte eine feministische Autorin nicht so tun, als wäre sie objektive Berichterstatterin. Wie sich ihre Recherche gestaltete, was sie während des Schreibens beschäftigt hat und welche Fragen nach Fertigstellung des Buches offengeblieben sind, könnte für ihre Leserinnen und Leser durchaus von Interesse sein und sie dazu veranlassen, die Geschichte noch einmal zu überdenken.«

»Wenn die Liebe Brücken baut, wer darf da kommen und sie einreißen?«, schrieb eine Leserin. Und in der Tat: Ich habe vielen die Liebe vermasselt. Ich habe mir Gedanken darüber gemacht, ob die Jüdin Felice – nach dem Krieg als freie Frau – bei ihrer besitzergreifenden Geliebten geblieben wäre, und ich habe daran erinnert, dass Lilly Wust, wie Millionen Deutsche ihrer Generation, nicht bereit war, über ihr Mitläufertum zwischen 1933 und 1943 (als sie erfuhr, dass Felice Jüdin war) zu sprechen. Gerade dieser Vorwurf des Schweigens über zehn wesentliche Jahre ihres Lebens hat viele meiner Leser*innen gegen mich aufgebracht. Die Liste der entschuldigenden Erklärungen ist lang: Alle anderen haben auch geschwiegen, Lilly hat es nicht besser gewusst, hat bloß die Meinung ihres Mannes nachgeplappert, ist ein Opfer von Indoktrinierung und Manipulation, hatte mit vier Kindern keine Zeit, sich auch noch um Politik zu kümmern.

»Lilly war im besten Fall eine naive Mitläuferin«, setzte sich denn auch Cornelia Filter in der *Emma* flott darüber hinweg, dass gerade das millionenfache Mitläufertum, das Wegschauen fast aller es den Nazis so leicht gemacht hat, und beendete ihre Rezension mit dem Hinweis, es wäre besser gewesen, ich hätte das Buch nie geschrieben. In umso größere Verzückung verfielen die meisten angesichts der »großen Liebe«. »In Lillys Aufzeichnungen dominiert eine absolut treue, innige, alle Gefahren bewusst auf sich nehmende Liebe, wie man sie – zu allen Zeiten – selten findet«, schrieben mir zwei Lesben aus Wien. Und verwiesen darauf, dass Lilly und Felice einander mehrmals geschworen hatten, »miteinander alt zu werden«.

Das Bedürfnis nach einer erhebenden, heldenhaften Frauenliebe ließ viele über Details gedankenlos hinweglesen. Wen störte es schon, wenn Lilly noch Jahrzehnte nach Felices Tod sagte, diese hätte nur jüdisch ausgesehen, »wenn sie ihre Tage hatte«? Rezension um Rezension wurde die Geschichte ohne eine einzige Delle nacherzählt, genauso wie die im März 2006 verstorbene Protagonistin es gerne sah.

Doch die Geschichte handelt auch von dem Versuch einer ehrgeizigen und lebenslustigen jungen Jüdin, dem Zerstörungswerk der Nazis zu trotzen, und von ihrem verzweifelten Bemühen, es doch noch zu ihrem Onkel in die Vereinigten Staaten zu schaffen. Und sie handelt von einem Jaguar im Käfig, der gar nicht anders konnte, als Lillys vereinnahmende Liebe anzunehmen und zu erwidern. Abhängig von fremder Hilfe und ihr ausgeliefert, konnte die Untergetauchte keinen Konflikt mit ihrer Aimée riskieren, wie sehr auch immer diese sie geliebt haben mag. Diese fundamentale Ungleichheit anzusprechen war bei vielen tabu. »Irgendwie hat man jetzt das Gefühl, man könnte dadurch auch persönlich freier sein und zu so einer Liebe offener stehen, wie Sie es bewundernswert taten«, schrieb eine Rentnerin aus Heidelberg an Lilly Wust. »Ich würde mich schon dazu bekennen, ich bin ja auch frei, wie es Felice war, doch meine geliebte Freundin ist verheiratet und wohnt leider 500 Kilometer weit weg.« Felice frei? Was für eine epochale Vergesslichkeit ist nötig, um einen solchen Satz zu schreiben?

»Sicher, es gibt nicht viele Geschichten über uns«, kommentierte Klaudia Brunst in der *taz*. »Aber müssen wir gleich ohne jedes Geschichtsbewusstsein annektieren?« Klar, ebenso wie ich mich aufgrund meiner Familie mehr mit der Jüdin identifiziere als mit der »Arierin« und darauf bestehen muss, dass Felice nicht als Lesbe, sondern als Jüdin getötet wurde, kann die Geschichte mit einer anderen Interessenlage auch anders gelesen werden. Aber es gibt schließlich auch historische Fakten.

Ich habe nur noch selten Lesungen aus *Aimée & Jaguar*, und das Publikum ist anders geworden, mehrheitlich älter, ruhiger, nachdenklicher. Damals herrschte große Aufgeregtheit. In der Düsseldorfer Lesbenszene wurde gefragt, ob es statthaft sei, dass eine »Hetera« ein Buch über lesbische Liebe schreibt. Auch Cornelia Filter warf mir in der *Emma* meine Ehe vor. Dass ich auch Jüdin bin, gab mir offensichtlich keinen Passierschein. Bei meinem nach Erscheinen des Buches überwiegend sehr jungen Publikum vermutete ich, dass der größer gewordene zeitliche Abstand zwischen der Nazi-Generation und ihnen ihre Kritik an den Täter*innen und Mitläufer*innen verwässerte. »Die Kids von heute wollen ihre Opis und Omis uneingeschränkt lieben dürfen«, schrieb ich 1995. Man interessiere sich in erster Linie für sich selbst, schrieb ich weiter, der Blick von außen stört.

»Wieso bringen Sie sich überhaupt da rein in die Geschichte?«, fragte entnervt eine Frau aus Bonn. Als hätte die Autorin nichts mit ihrem Werk zu tun. Die für die französische Übersetzung von *Aimée & Jaguar* beim Verlag Stock verantwortliche junge deutsche Lektorin wollte allen Ernstes so gut wie alle Äußerungen von Jüdinnen und Juden – Felices Gedichte, Briefe von Freund*innen, Interviews mit Überlebenden – aus der französischen Ausgabe streichen. Und auch der Pfälzer Übersetzer sorgte sich einem Politiker gleich um das Deutschlandbild: »Ich fürchte, dieses Buch kann letzten Endes in Deutschland und mehr noch im Ausland als Buch über die ›Bad Germans‹ interpretiert werden: ein Klassiker der Nachkriegszeit, wo die Deutsche die Böse ist, nur die Böse sein kann.«

Lilly Wust musste zehn Jahre ihres Lebens tabuisieren, weil es nach ihrem Weltbild nur gute und böse Menschen geben durfte. Während früher »an allem die Juden schuld« waren, mussten nachher ihre Söhne zu Juden gemacht werden, weil Christen zu Nazis geworden waren. Dass es zwischen »gut« und »böse« feine Abstufungen gibt und Lillys Verhalten irgendwo in der Mitte lag, scheint mein heutiges Publikum eher akzeptieren zu können. Ohne einen Sturm der Entrüstung auszulösen, ist es nun auch möglich, darauf hinzuweisen, dass gerade Lillys Besuch im Lager Theresienstadt ein Beispiel für egozentrische politische Ignoranz war, die Felice extrem gefährdete, und keineswegs Ausdruck heldenhaften Mutes. Felices Freundinnen hielten es für möglich, dass Felice gerade deswegen kurz nach Lillys Besuch nach Auschwitz und von dort nach Groß-Rosen deportiert wurde. Eine nicht beweisbare Behauptung, aber es sollte erlaubt sein, sich Gedanken darüber zu machen, ob eine Liebe in Zeiten des Terrors nicht mit anderen Maßstäben beurteilt werden muss als eine Liebe heute.

Wohl wissend, dass Lilly, die Lebende, in der Öffentlichkeit ihre Sicht der Geschichte verbreiten würde, die vor allem um ihre Liebe zu Felice kreiste, während Felice, die Er-

243

mordete, ihrer Stimme beraubt war, habe ich schon bald nach Erscheinen des Buches zusammen mit Christel Becker-Rau und dem Grafikdesigner Wolfgang Wittor eine Ausstellung konzipiert – »Das kurze Leben der Jüdin Felice Schragenheim« –, in der viele der umfangreichen Dokumente und Fotos sowie zeitgeschichtliches Material grafisch aufbereitet wurden. 2002 erschien bei dtv eine Art Katalog mit dem gleichnamigen Titel, der in einer wunderschönen Ausgabe auch auf Italienisch vorliegt. Mehrere Jahre hindurch wurde die achtzig großflächige Tafeln umfassende Ausstellung in Volkshochschulen und Rathäusern in vielen deutschen Städten gezeigt und von Schulklassen mit ihren Lehrer*innen besucht.

Felices Nachlass befindet sich heute im Archiv des Jüdischen Museums in Berlin. Lilly hatte vorgehabt, das Material nach ihrem Tod dem Archiv der Internationalen Holocaust-Gedenkstätte im israelischen Yad Vashem zu überlassen. Sämtliche Fotos und Dokumente lagerten übergabebereit in einem Koffer auf ihrem Schrank. Christel und mir gelang es, ihr dieses Vorhaben auszureden. Felice war eine überzeugte Berlinerin, die zwar gern nach Amerika ausgewandert wäre, nicht jedoch, wie ihre Stiefmutter Käte Schragenheim, nach Palästina. Der Nachlass der Familie Schragenheim sollte unserer Meinung nach unbedingt in Berlin bleiben.

Das Buch hatte Auswirkungen, die mich besonders glücklich machen. Bei Erscheinen der britischen Ausgabe sah Felices Neffe, der Sohn ihrer rechtzeitig nach England entkommenen älteren Schwester Irene, in der *London Times* ein Foto von Felice, das seiner verstorbenen Mutter verblüffend ähnlich sah. Nach der Lektüre des Artikels kaufte er sich das Buch – und begegnete seiner eigenen Familiengeschichte, über die seine deutsch-jüdischen Eltern nie gesprochen hatten. Er rief mich an, und schon bald reiste er mit einem BBC-

Filmteam, das eine Dokumentation über die Geschichte drehte, nach Berlin, der Stadt, die in seiner Familie tabu gewesen war. Gemeinsam mit Lilly besuchten wir die Gräber seiner Großeltern Erna und Albert Schragenheim. David Cahn hatte seine Wurzeln wiedergefunden. Und Berlin, durch das in seiner Fantasie bestiefelte SA-Horden trampelten, präsentierte sich als liebenswerte multikulturelle Stadt. Ein Jahr später kam er zusammen mit seiner Frau, seinem Bruder und dessen Frau wieder. Der Bann war gebrochen.

Kurz nach Erscheinen der ersten Ausgabe meldete sich 1995 Elenai P., die ich während meiner Recherche vergeblich gesucht hatte. Sie fügte der Geschichte wertvolle Informationen hinzu, die in die Taschenbuchausgabe einflossen. Die überarbeitete zweite Ausgabe von *Aimée & Jaguar* verschlechterte meine ohnehin wegen des Nachworts nicht mehr rosige Beziehung zu Lilly Wust. Denn Elenai P. äußerte in den Interviews, die ich mit ihr führte, unmissverständlich Kritik an Lilly, die sie für Felices Tod mitverantwortlich machte. Lilly wiederum konnte oder wollte nicht zwischen den Interviewpassagen, die das Buch um einen weiteren Aspekt aus jüdischer Sicht ergänzten, und meiner eigenen Meinung unterscheiden. Seitdem hatten wir kaum noch Kontakt. Im Zuge der Veröffentlichung hatte sie darüber hinaus neue Freundinnen gefunden, die sie in ihrer ablehnenden Haltung mir gegenüber bestärkten. Eine von ihnen war Dolmetscherin und nahm sie sogar mit nach Toronto, als sie dort beruflich zu tun hatte.

Im Jahr 2000 reiste Lilly mit dem Senator-Filmteam nach Los Angeles, wo der Film den Golden Globe für den besten fremdsprachigen Film erhielt. Natürlich freute ich mich darüber, dass Lillys Leben dank unserer gemeinsamen Arbeit eine so interessante Wendung genommen hatte. Ich glaube jedoch nicht, dass die drei verbliebenen ihrer vier Söhne von der lesbischen Prominenz ihrer Mutter begeistert waren. Als sie im März 2006 verstarb, haben sie mich nicht verständigt. Vom Tod Lilly Wusts erfuhr ich aus der Zeitung. Ihr israelischer Sohn übergab Felices und Lillys Nachlass dem Archiv des Jüdischen Museums.

Lilly Wust hat geschafft, was sie sich vorgenommen und unzählige Male in Interviews betont hatte: Felice ein Denkmal zu setzen. Und sich selbst nebenbei auch. Das wiederum warf mir vor allem Elenai P. vor und wurde darin von einer befreundeten jüdischen Schriftstellerin unterstützt, die sich nicht scheute, Lilly ohne Beweise zu bezichtigen, Felice aus Habgier verraten zu haben. Auch die Journalistin Katharina Sperber verbreitete diese unbelegte Behauptung 2003 in der *Frankfurter Rundschau*, ohne mit Lilly und mir gesprochen zu haben, ein eklatanter Bruch journalistischen Anstands. Der Artikel ist für alle Zeiten im Internet zu finden, und ich werde immer wieder darauf angesprochen.

Ich selbst war zwischen die Mühlen geraten. Die einen warfen mir vor, die große Liebe der mutigen alten Frau in den Schmutz gezogen, die anderen, aus einer Narzisse eine Heldin gemacht zu haben. Damit konnte und kann ich gut leben. Ich bin zufrieden, mit meiner Erzählweise zwei Gruppen von Leser*innen erreicht zu haben, die sich normalerweise vielleicht ausschließen: junge (lesbische) Frauen, die sich vor allem für die Liebesgeschichte interessieren und beim Lesen eine Menge über die Nazizeit und das Leben von in Berlin versteckt lebenden Jüdinnen und Juden erfahren, und Leser*innen, die bereits viel über die Nazizeit und den Holocaust gelesen haben und sozusagen nebenbei in eine lesbische Liebesgeschichte geraten. Ich denke, dass das Buch einen Beitrag zum Abbau diverser Vorurteile geleistet hat.

Dank der vielen Übersetzungen verbreitete sich *Aimée &*

Jaguar über die ganze Welt und führte zu einer Vielfalt an spannenden Begegnungen. Die wichtigste ereignete sich 1999 in San Francisco, wohin ich eingeladen wurde, um auf einem Panel über Lesben im Dritten Reich die Geschichte der beiden Frauen zu erzählen. Nach der Veranstaltung kam eine elegante grauhaarige Frau auf mich zu und stellte sich als Beate Mohr vor. Mir blieb das Herz stehen. Beate Mohr war die Frau, mit der Felice in Theresienstadt eingesperrt war. Von dort gibt es in Felices Nachlass eine auf den 11. Oktober 1944 datierte Postkarte mit folgendem Inhalt: »Es geht mir danke gut. Hoffe ein Gleiches von Ihnen. Von Felice nichts gehört. Hoffe Sie gesund und munter. Alles Gute und Grüße an alle. Beate Mohr.« Diese Postkarte, die einen langen Weg hinter sich hatte, ehe sie Lilly erreichte, wollte ihr mitteilen, dass Felice von Theresienstadt weggebracht worden war. Felice wurde am 9. Oktober mit dem Transport Ep-342 nach Auschwitz deportiert.

Und nun stand Beate Mohr vor mir! Sie hatte ihren Namen in meinem Buch und die Ankündigung der Veranstaltung gelesen und war gekommen, um mir die letzten noch offengebliebenen Fragen über Felice Schragenheims Verbleib zu beantworten. Sie wollte nicht viel erzählen, schon gar nicht über ihr eigenes Leben, nur so viel, dass sie mit Felice eine Woche in Auschwitz zugebracht hatte, beide dann als arbeitsfähige junge Frauen auf einem einwöchigen Fußmarsch nach Groß-Rosen getrieben wurden und im Frauennebenlager Kurzbach, 25 Kilometer von Breslau entfernt, bei eisiger Kälte Panzerfallen graben mussten. Als die Rote Armee näher rückte, brachte man die Frauen nach Bergen-Belsen, wo sich Felices Spur verliert. Auch Beate Mohrs Schwester starb dort an der Ruhr. »Felice konnte so schöne Geschichten erzählen«, erinnerte sie sich. Den Unterlagen von Felices in Tel Aviv lebendem Verwandten Martin

Feuchtwanger zufolge starb sie im März 1945 in Bergen-Belsen.

Nicht allzu lange nach Erscheinen des Buches wurde ich von Gabriele Bausch kontaktiert, die an der Hildegard-Wegscheider-Schule in Berlin-Grunewald Religion unterrichtete. Zufällig war ihr *Aimée & Jaguar* in die Hände gefallen, und es wurde ihr bewusst, dass sie an Felices Schule arbeitete, die damals Bismarck-Lyzeum geheißen hatte. Sie erzählte ihren Schüler*innen die Geschichte der Schule, die zwischen 1933 und 1938 von mehr als hundert jüdischen Schüler*innen verlassen werden musste. Ich hatte im Buch kritisch angemerkt, dass es an der Schule keine Gedenktafel gab, die an diese Schüler*innen erinnerte. Gabriele Bausch und ihre Schüler*innen nahmen sich die Kritik zu Herzen. »Felice steht stellvertretend für viele andere jüdische Schülerinnen, die in den Jahren 1933 bis 1938 ihre Schulzeit nicht mit dem Abitur beenden konnten, sondern das Bismarck-Lyzeum mit Begründungen wie ›um eine Schule im Ausland zu besuchen‹ und ›wegen Fortzugs der Eltern‹ verlassen mussten«, schrieben Corinna und Verena in der Abi-Zeitung von 1995. »Ist es nicht schade, dass wir als Schüler dieser Schule erst durch ein Buch einer schulfremden Schriftstellerin von diesem Direktor und diesen ehemaligen Schülerinnen erfahren?«

Am 3. Oktober 1998 wurden im Rahmen einer feierlichen Veranstaltung zwei Gedenktafeln in deutscher und hebräischer Sprache enthüllt. Die Entwicklung des Textes und die Finanzierung der Tafeln durch die Schüler*innen erfolgten im Rahmen eines mehrjährigen Projektes unter der Leitung von Gabriele Bausch. 1998 erschien auch die Dokumentation der Hildegard-Wegscheider-Oberschule »Diskriminiert – Vertrieben – Verfolgt«, in der zwei von Felices Schulfreundinnen interviewt wurden, die ihr zu Ehren aus den USA angereist waren und meiner Geschichte neue Erkenntnisse hinzugefügt haben. Auch die ausführlichen Erinnerungen der deutschen Mitschülerin Christa-Maria Friedrich flossen in das 2002 erschienene Buch *Das kurze Leben der Jüdin Felice Schragenheim* ein.

Aimée & Jaguar wurde 2005 auch ins Russische übersetzt. Die in Deutschland lebende Übersetzerin ließ mir dankenswerterweise ein Exemplar zukommen. Trotz mehrmaliger Anfragen schickte der Verlag aus Kischinau, der Hauptstadt der Republik Moldau, mit dem mysteriösen Namen »Depozit en gros« weder meinem Kölner Verlag noch mir selbst auch nur ein einziges Belegexemplar. Alle, die ich darum bat, waren außerstande, das Buch in einer Moskauer Buchhandlung aufzutreiben. Schließlich meldete sich ein Bekannter aus Sankt Petersburg: Er habe das Buch gefunden – in einem Pornoladen.

PS: Im Frühjahr 2016 wurden beide Gedenktafeln gestohlen. Wer die Diebe waren, blieb ungeklärt. Anfang 2017 wurden sie durch Nachbildungen ersetzt.

EIN LEBEN OHNE EXCEL

Katrin Rönicke

Katrin Rönicke ist Journalistin, Buchautorin, Bloggerin, Podcasterin und Mutter zweier Kinder. Sie lebt in Berlin und ist wie ich Mitglied im Journalistinnenbund. Wir haben uns bei einem Weihnachtsessen des JB kennengelernt. »Für mich bedeutet Emanzipation Befreiung von Abhängigkeit. Wenn ich an die Zukunft denke, wünsche ich mir zum Beispiel mehr Emanzipation vom Kapitalismus. Und mehr Emanzipation von Krieg und von der Logik, Konflikte nur mit Waffen lösen zu können. Ich empfinde Emanzipation als ein viel stärkeres Wort für die Zukunft als Feminismus – weil ich wirklich das Gefühl habe, dass unsere derzeitigen Kämpfe weit über den Bereich der Geschlechterbeziehungen hinausgehen. Rassismus zum Beispiel wird heute von vielen mitgedacht.

Schauen wir doch, wie wir seit ungefähr 2001 mit unseren muslimischen Mitmenschen umgehen. Wenn eine Frau ein Kopftuch trägt, ist das sofort ein Politikum, gerade weil prominente Feministinnen wie Alice Schwarzer die Agenda diktieren. Seit ich Anfang zwanzig war, hatte ich ein *Emma*-Abo und war sehr beeinflusst von der Debatte. Die richtete sich schon damals gegen das Kopftuch. Man kann ja auch nicht alles von der Hand weisen, was Schwarzer schreibt. Sie berichtet von ihren Besuchen im Iran in den Siebzigern und davon, wie frei die Frauen früher waren. Wenn man erfahren hat, wie die Frauen durch die konservativ-islamische Revolution plötzlich gezwungen wurden, sich zu verschleiern, dann entwickelt man eine Abneigung gegen dieses Kopftuch.

Wenn ich aber 2018 in Deutschland nach meiner Haltung zum Kopftuch frage, muss ich einsehen, dass ich von dem Tuch nicht auf den Kopf schließen kann. Das tut aber Schwarzer, wenn sie unterstellt, das Kopftuch sei immer ein politisches Statement. Ich habe inzwischen so viele Frauen mit Kopftuch kennengelernt. Das hat mit Kultur zu tun, mit Tradition und teilweise auch mit Protest. Die Debatte wird so engstirnig und vereinfachend geführt. Da muss man doch genauer hinschauen. Die Geschichte des Iran ist eine andere Geschichte als die der Frauen, die hier in Europa ein Kopftuch tragen. Ob da eine Form von Unterdrückung dahintersteht, kann man nicht erkennen. Da müsste man in jedem einzelnen Fall nachfragen. Das tut Schwarzer aber nicht. Sie schert alle über einen Kamm.

Schwierig für uns Feministinnen ist, dass nun aus der Kopftuchfrage eine extrem von rechts dominierte Debatte geworden ist. Wenn es um Muslim*innen geht, ist die AfD plötzlich stramm feministisch. Natürlich gibt es durchaus problematische Traditionen in muslimischen Familien. Ich weigere mich aber, den Islam frauenfeindlich zu nennen. Ich weiß, dass es muslimische Gelehrte, Denker*innen und Politiker*innen gibt, die sich auf ganz andere Weise mit dem Islam auseinandersetzen, liberale Reformer*innen, die genau hinschauen und ihre eigenen Glaubensbrüder und -schwestern kritisieren. Sie sind der entscheidende Hebel. Ihre Arbeit müssen wir unterstützen. Ihnen muss man das Mikro unter die Nase halten und ihnen eine Bühne bieten. Aber es passiert ja auch eine Menge. Da bin ich zuversichtlich.«

Möglichkeitsraum im Kopf

Katrin Rönicke ist ein positiver Mensch, man kann es nicht anders sagen. Ich fühle mich – über zwei Generationen hinweg – stark mit ihr verbunden, denn ich habe eine ähnliche Grundhaltung. Ich glaube daran, dass Menschen zu Einsicht fähig sind und sich verändern können, einzelne Menschen und die gesamte Menschheit. Vielleicht haben Katrin und ich in manchen Punkten einen ähnlichen Hintergrund. Katrin hat bis zum Alter von sieben Jahren in der DDR gelebt und ist im Juni 1989 mit ihrer Mutter in den Westen aufgebrochen, um dem Vater zu folgen, der zwei Jahre zuvor ausgereist war. Für Katrin war der Umzug eine aufregende Angelegenheit, ein Rausch des Neubeginns. Ich habe fünf Jahre in England gelebt und mein Spielzeug ohne Bedauern an meine Freundinnen und Freunde verteilt. Die Reise von St. Albans nach Wien drei Jahre nach Kriegsende war für mich ein großes Abenteuer. Die Lust am Reisen ist mir geblieben. Meine linken Eltern haben mir trotz ihrer eigenen Erfahrungen einen naiven Fortschrittsglauben mitgegeben, der letztlich meine Einstellung zum Leben geprägt hat. Auch wenn diese Zuversicht immer wieder einbricht und gerade heute besonders ranzig aussieht.

Katrins Kindheit in Goltewitz bei Oranienbaum in Sachsen-Anhalt hat für sie einen »Möglichkeitsraum im Kopf« geschaffen. »Das nimmt man irgendwie mit.« Nach ihrer Ausreise landeten Mutter und Tochter im schmucken Städtchen Bad Mergentheim in Baden-Württemberg. Dort war es für das Kind weit weniger paradiesisch, als das Westfernsehen ihm vorgegaukelt hatte. Andererseits hat Katrin aber auch die positive Erfahrung gemacht, dass Mauern eingerissen werden können. Dinge können sich mit einem Schlag ändern. Ein Unrechtsregime kann implodieren. Bei aller Freiheit, die Katrin in ihrer Kindheit erlebt hat, bot die DDR als Staat keine Freiheit. Ihr Vater wurde zum Dissidenten, weil er sich 1987 entschied, nach dem Besuch bei seinem achtzigjährigen Onkel nicht mehr zurückzukehren.

Katrin wurde bald nach ihrer Ankunft eingeschult. Und erlebte, dass es Leute, die anders sind, schwer haben im »lieblichen Taubertal«. »Das war dann der erste Knick in meiner Märchenwelt.« Während sie in ihrer Kindheit mit kurz geschnittenen Haaren mit den Nachbarjungen »rumstromerte« und keinen Gedanken an ihre Kleidung verschwendete, wurde sie im Westen zur Außenseiterin und in den ersten Jahren wegen ihres Akzents, einer Mischung aus Brandenburgisch und Sächsisch, gehänselt. Ihre Frisur und burschikose Kleidung, die sie aussehen ließen wie ein Junge, waren noch das geringste Problem, denn es dauerte nur wenige Monate, bis ihr Haar die erforderliche Mädchenlänge erreicht hatte, und der rosa Rucksack war auch nicht schwer zu besorgen. »Ich wollte dazugehören.«

Katrin hat sich angepasst, ohne zu wissen, dass sie sich dabei eine bestimmte Geschlechterrolle aneignete, und immer mal wieder rebellierte sie auch dagegen, denn in diesen an sie als Mädchen gestellten Erwartungen konnte sie sich selbst nicht finden. Bei den Jungs hatte sie es weniger schwer. Bis heute fällt ihr der Kontakt zu Männern leichter. Dabei hatte sie noch Glück: In ihrer Klasse war eine Rumänin, von der alle sagten, sie habe Mundgeruch. Und Katrin hatte einen Lehrer, der sie in der Grundschule unter seine Fittiche nahm und es sich zur Aufgabe machte, sie zu integrieren. Dafür ist sie ihm bis heute dankbar.

Inmitten österreichischer Kinder, möglicherweise mit Nazi-Eltern, war ich ein englisches Mädchen, das anfangs wahrscheinlich auch noch nicht einwandfrei Deutsch sprach. Ob ich deswegen gehänselt wurde, weiß ich nicht. Ich erinnere mich aber, dass meine Mitschüler*innen mich als »Kaninchen« verlachten, weil meine Mutter in mein Pausenbrot nach englischer Manier neben Wurst und Käse auch ein Salatblatt legte. Und ich erinnere mich, dass die Kinder, mit denen ich auf dem Hof spielte, meine Mutter als »Böhmin« verspotteten, wenn diese mich auf Englisch zum Essen rief.

Was mich sprachlos macht, ist der Mangel an Neugier, den auch die Kinder von Migrant*innen heute erleben. Niemand hat Katrin gefragt, wie sie in der DDR gelebt hatte, nicht die Lehrer*innen, nicht ihre Mitschüler*innen. Ich hatte im Gymnasium einen Englischlehrer, der den Verstand und den Mut hatte, anzuerkennen, dass ich besser Englisch konnte als er, und der sich nicht scheute, mich nach der richtigen Aussprache eines Wortes zu fragen. Welchen Reichtum an Erfahrung hätte Katrin ihrer Schulklasse schenken können. Schon damals hätten die Kinder über unterschiedliche Rollenbilder sprechen können. Aber die DDR war das Verliererland, und wer will schon von einem Verlierer lernen.

Schon in der vierten Klasse begann sich Katrin vom knabenhaften Mädchen zu einer jungen Frau zu entwickeln. In Ihrem 2015 erschienenen Buch *Bitte freimachen. Eine Anleitung zur Emanzipation* beschreibt sie anschaulich ihre Reaktion auf die körperliche Veränderungswelle, die sie gnadenlos überrollte. Nichts davon konnte sie schätzen: nicht ihre interessanten Augenbrauen, die immer dunkler und dichter wurden und wie bei Frieda Kahlo über der Nasenwurzel zusammenwuchsen, nicht die Brüste, die ihr »so was von peinlich« waren, und schon gar nicht der »Busch«. »Die fiesen kleinen Haare wuchsen an den Seiten des Badeanzugs verräterisch heraus und waren *die* Attraktion bei den Jungen, deren Kichern sich wie ein Martinshorn in meine Ohren brannte.«

Heute ist Katrin nicht übermäßig groß, doch damals überragte sie ihre Mitschüler*innen um mindestens einen

Kopf. Auch das war ihr peinlich, samt der Schuhgröße achtunddreißig. Ich selbst war zwar um einiges älter, aber mit meiner Schuhgröße achtunddreißig (die mittlerweile auf 40,5 angestiegen ist) hatte ich als Teenager auch meine liebe Not, zumal meine Mutter und ich uns während des Urlaubs in Italien gern mit Schuhen eindeckten, wo die Leute damals noch kleiner waren. Ich genierte mich jedes Mal, wenn ich der italienischen Verkäuferin diese horrende Ziffer nennen musste.

Kurz vor ihrem elften Geburtstag kam auch noch das Blut. Wie gern wäre Katrin ein Junge gewesen, um sich »mit dem ganzen Scheiß nicht auseinandersetzen zu müssen«. Sie wollte einfach Kind bleiben. Die Diskrepanz zwischen Körper und Kopf bestimmte vier Jahre lang ihr Leben. »Vier Jahre, in denen ich mich deplatziert, deformiert und von Gott gehasst fühlte.« Wie ich – nur war ich um einiges älter – trug sie weite, sackähnliche Schlabberpullis, um ihre Brüste zu verbergen, und krümmte ihren Rücken, um kleiner zu wirken.

Heute setzt die Pubertät bei den Mädchen immer früher ein, damals war Katrin Avantgarde. Ich war dreizehn, als es so weit war, meine Mutter fünfzehn. Die Probleme mit ihrem Körper löste Katrin auf eine Weise, an die ich mich in meiner Schulzeit nicht erinnern kann: Gemeinsam mit zwei Freundinnen begann sie abzumagern. Mit fünfhundert Kalorien am Tag nahm sie tatsächlich ab und wurde dafür von ihren Schulkameradinnen bewundert. Integration geglückt. Als sich Probleme mit ihren beiden Freundinnen einstellten, beschloss Katrin tatsächlich, sich zu Tode zu hungern. Mit einem Knäckebrot und einer Tomate am Tag und einem irren Sportprogramm dazu wäre ihr das wahrscheinlich auch gelungen. Knapp vor dem Eintritt in die echte Magersucht wurde sie von einer selbstbewussten und kurvigen Cousine aus der ehemaligen DDR gerettet. Katrin begann wieder zu essen und emanzipierte sich von ihren Diät-Freundinnen. Im Frühjahr 1997, im Alter von vierzehn Jahren, stellte sie sich eines Tages vor den Schlafzimmerspiegel ihrer Eltern, lächelte ihr Spiegelbild an und sagte zu sich:»Hallo, du. Du bist eigentlich ganz okay.« Bald suchte sie sich eine Jugendkultur aus, in der es egal war, wie man aussah und welche Klamotten man trug. Grunge. Sie trug die Pullover ihres Vaters und Doc Martens, die bis heute ihre Lieblingsschuhe geblieben sind. Auch ich habe sie inzwischen entdeckt. Meine sind knallrot.

Die Quote als Einstiegsdroge
In der Grünen Jugend von Baden-Württemberg entdeckte Katrin die Quote. Erst wurde sie gefragt, ob sie für den Landesvorstand kandidieren wolle, man würde eine Frau brauchen. Danach kandidierte sie für den Bundesvorstand. Die Quote ermöglichte ihre rasche Politisierung. Ohne sie wäre Katrin vielleicht nicht gefragt worden und bestimmt nicht auf die Idee gekommen, sich selbst vorzuschlagen. In regelmäßigen Abständen trat ein neuer junger Mann unter achtundzwanzig in die Grüne Jugend ein und hielt die Quote für ungerecht. Um bei den Debatten bestehen zu können, musste Katrin sich mit den Argumenten für und wider Quote auseinandersetzen und kam zu dem Schluss, dass sie sinnvoll sei. »Die Quote war meine Einstiegsdroge in den Feminismus.«

Achtzehn Jahre sind seit ihrem Eintritt in die Grüne Jugend vergangen. Und viel hat sich seither verändert. Aber schon damals gab es ein Gesetz zur Vergewaltigung in der Ehe und für den erleichterten Zugang zum Schwangerschaftsabbruch. »Wenn ich mir überlege, was alles vorher schon erkämpft wurde, dann fasse ich mir an den Kopf und denke: Mann, wir hatten es schon recht gut.«

Ich gebe ihr recht. Immer wieder muss ich jungen Frauen, die klagen, es habe sich so wenig verändert, erklären, wie es früher war. Wie es war, sich eine illegale Abtreibung zu beschaffen, wie wir von Männern angestarrt und belästigt wurden, wenn eine Gruppe von Frauen nach dem Plenum im Frauenzentrum ein Gasthaus aufsuchte. (Heute gibt es in den Kneipen meistens mehr Frauen als Männer, es sei denn, es handelt sich um ein hochpreisiges Etablissement.) Wie wir angefeindet und verhöhnt wurden, als wir die Gewalt gegen Frauen »entdeckten«.

Aber auch Katrin hat diesbezüglich einschlägige Erfahrungen: In Bad Mergentheim musste sie sich als Grüne als Kinderschänderin beschimpfen lassen, als eine, die »schlimmer als Hitler« sei. Wenn sie vom Klimawandel sprach, wurde sie ausgelacht. »Es gab noch keinen Resonanzboden für die Themen, die mir wichtig waren. Mittlerweile lacht keiner mehr.« Und es gehört heute zum guten Ton, Feministin zu sein. »Wenn ich zurückblicke, ist es eine Geschichte der Verbesserungen.« Da ist er wieder, dieser positive Ton. »Ich glaube einfach daran, dass man Dinge verbessern kann. Man muss einfach drüber reden.«

Dieser Glaube an den Wert der Aufklärung hat auch mich angetrieben. Ich zeige Katrin ein Foto von mir im Alter von sechzehn Jahren. Ich trage ein weiß geblümtes Kleid, das mir meine Mutter genäht hat, mit einem gestärkten Unterrock aus Perlon, der den gezogenen Rock des Kleides bauscht. Ich trage meine hochhackigen weißen Schuhe aus Italien und weiße Handschuhe. Es war die Zeit, als wir für Audrey Hepburn schwärmten. Ich sehe aus wie eine Puppe, wenn auch mit einem tragischen Gesichtsausdruck. Aber der Schein trügt. Ich konnte schon damals denken. Ebenso wie heute verschleierte Frauen denken können. Damals und noch viel mehr später in den 1970ern dachte ich auch, dass alles nur besser werden kann. Es war eine Zeit des Aufbruchs. Heute bin ich skeptischer. Wir haben zwar mehr Bewusstsein für die Menschenrechte von Frauen und Minderheiten, mehr Sensibilität für Rassismus und Diskriminierung, gleichzeitig hat die Verschärfung des Kapitalismus die Lage in der Welt verschlimmert.

Katrin gibt mir recht. »Das sind dann auch die Themen, die mich sehr, sehr wütend machen. Die Geschlechterthemen bleiben wegen meiner Kinder wichtig für mich. Und ich komme ja auch selbst immer wieder an meine Grenzen, weil ich eine Frau bin. Es ist also immer noch spürbar, aber nicht so, dass ich es zu meiner alleinigen Agenda machen würde. Die neuen Herausforderungen liegen in der Verbindung zwischen der Digitalisierung und diesem wirklich sehr radikalen Kapitalismus. Da muss man genau aufpassen, was passiert.«

Richtig DDR

Katrin ist mir auch deshalb so vertraut, weil sie eher wie ein Hippie lebt als wie ein erfolgreiches Alphamädchen. Ich selbst habe erst im Alter von etwa vierzig begonnen, mir Gedanken über eine wie immer geartete Karriere zu machen. Da war es längst schon zu spät. Durch meinen Aktivismus und meine Artikel war ich als Feministin abgestempelt, was, anders als heute, ein absolutes Karrierehindernis war. Alles, was ich schließlich doch noch erreicht habe, ist mir, so scheint es mir, wie zufällig in den Schoß gefallen. Nur Kinder zu bekommen habe ich nicht gewagt. Dass Katrin davon gleich zwei hat, erfüllt mich mit Ehrfurcht.

»Das ist richtig DDR«, sagt Katrin. »Meine Mutter war zweiundzwanzig, als sie mich bekommen hat. Das war das Normalste auf der Welt, und ich habe es immer als super empfunden, junge Eltern zu haben. Es war für mich ein

Vorteil, noch während des Studiums Kinder zu bekommen. Gleichzeitig ist es ein irres Risiko, und im Nachhinein denke ich, dass ich zum Glück nicht genauer darüber nachgedacht habe.«

Katrin hat auch mit einundzwanzig geheiratet. »Ich war jung, hatte viele Flausen im Kopf und habe immer an das Gute geglaubt. Irgendwie wird es schon klappen. Das war sehr naiv.« Die Kinder waren so sehr Wunschkinder, dass das junge Paar bereits besorgt im Kinderwunschzentrum saß, als Katrin erst dreiundzwanzig war.

Mit ihrem geschiedenen Mann hat sie eine geglückte Regelung gefunden, für die sie von vielen Frauen beneidet wird. Die Eltern teilen sich die Sorge um die Kinder genau zur Hälfte, eine Woche hat sie die Kinder, eine Woche er. Sie erlebt, was viele ihrer getrennt lebenden Freundinnen bestätigen: Als sie noch ein Paar waren, hatte sie weniger Freizeit.

Ihre beiden Kinder, ein Junge und ein Mädchen, sind Katrins »geheimes Privatexperiment«. Sie beobachtet die Unterschiede zwischen ihnen – und kommt nicht weit. Die beiden sind sehr verschieden, aber es ist nicht erkennbar, was dabei das Geschlecht bewirkt. Als ihr Sohn drei war, haben sie in einem Katalog geblättert, und er durfte sich etwas zum Anziehen aussuchen. Er wollte unbedingt einen bestimmten Rock. Bist du sicher? Ja, er war sich sicher. Und der Rock wurde bestellt. Niemand hat ihm gesagt, dass er das nicht dürfe, auch nicht der Erzieher in der Kita mit den rosa Socken. Als seine Schwester zur Welt kam, hat ihr Sohn sich seine Plüschtiere mit einem Tragetuch vor den Bauch gebunden und sie durch die Gegend getragen. Und er liebte Glitzer.

Nach herkömmlicher Wissenschaftsmeinung ist ein solches Kind »geschlechtsidentitätsgestört«. »Das habe ich aber nicht eingesehen. Ich habe gesagt: Das ist mein Kind. Und mit der Geschlechtsidentität ist es bei ihm noch nicht so weit. Er ist ein Kind. Ich habe ihn einfach gelassen.« Irgendwann brach die Außenwelt über dieses Kind herein mit ihren Vorstellungen von »Mädchenfarbe« und »Mädchenkleid«. Glücklicherweise gab es in der Kita-Gruppe mit vierzehn Kindern noch einen anderen Jungen, der gern Kleider und Röcke trug. »Ich frage mich, wie hoch der Schnitt gewesen wäre, wenn niemand auf die Idee gekommen wäre zu sagen: Das tut ein Junge nicht.«

Katrins Tochter ist heute acht Jahre alt. Nach einer Eiskönigin-Phase findet sie inzwischen alles, was rosa ist, doof, trägt am liebsten Latzhosen und spielt Basketball. Man könne Kinder nicht vor dem Einfluss der Umwelt schützen, sagt Katrin. Man könne ihnen nur eines mitgeben: Kritikfähigkeit. »Ich habe meiner Tochter nie gesagt: Du darfst kein rosa Kleid anziehen. Wenn sie im Fasching als Eiskönigin gehen wollte, habe ich ihr das entsprechende Kleid besorgt. Sie entscheidet selbst. Das ist mir wichtig. Meine Kinder sollen in der Lage sein, Dinge zu reflektieren. Ich hatte einmal eine Veranstaltung und zog hochhackige Schuhe an, was ich fast nie tue. Da rief meine Tochter: Ich will auch solche Mädchenschuhe! Da hat ihr Bruder sie angeschaut und gesagt: Das ist doch Quatsch. Es gibt keine Mädchenschuhe. Es gibt nur bequeme oder unbequeme Schuhe. Da dachte ich: Jetzt bin ich aber gespannt, was sie antwortet. Und sie sagte: Ach ja, stimmt. Er ist für sie eine Autoritätsperson. Hätte ich es gesagt, hätte sie wahrscheinlich protestiert.«

Wenn ein Kind jedoch in einer Familie aufwächst, in der Mädchen- und Jungensachen normal sind, ist es natürlich viel schwerer für das Kind, sich gegen den Strom zu entscheiden. »Einmal war ein Bekannter bei uns zu Gast, der der Meinung war, Kinder müssen alles essen, was man ihnen vorsetzt. Da habe ich gesagt: Nein, meine Kinder haben Ge-

schmacksnerven und wissen, was ihnen schmeckt und was
nicht. Ich zwinge sie nicht. Dabei wird uns Feministinnen
immer gesagt, wir würden alle gleichmachen. Ich habe das
Gefühl, dass ich genau das Gegenteil tue.«

Frauenhirne, Männerhirne

Katrin hat Biologie und Chemie studiert, das Studium aber
abgebrochen, um auf Erziehungswissenschaften umzusat-
teln. Doch die Neurobiologie hat sie nicht losgelassen. In den
Nullerjahren begann diese in der Debatte um Geschlechtsidentitäten eine große Rolle zu spielen. In vielen Medien
meldeten sich Evolutionsbiolog*innen, Neurolog*innen und
Psycholog*innen zu Wort, die auf den biologischen Unterschied von Frauen und Männern verwiesen. Unsere Gehirne
seien unterschiedlich, und deshalb könne es gar nicht anders
sein, als dass Frauen bestimmte Berufe ergreifen und Männer andere. »Das war damals die feministische Herausforderung schlechthin, und ich habe mich immer auf dem aktuellen Stand gehalten. Was wissen die Neurolog*innen tatsächlich, und was ist nur Annahme?«

Es geht um Biologie versus Sozialisation. Was ist Natur?
Was steckt in unseren Genen? Wo können wir gar nicht
anders? Abhängig von den gesellschaftlichen Bedingungen
schlägt das Pendel mal in die eine, mal in die andere Richtung aus. In den 1970ern setzte man total auf Sozialisation.
Biolog*innen, die ehrlich sind, seien heutzutage nach wie vor
nicht in der Lage, den Anteil von Natur und Umwelt zu
quantifizieren, meint Katrin. Denn nach allem, was über die
Neuroplastizität des Gehirns bekannt sei, entwickele es sich
mit dem, was der Mensch tut. Und das beginne schon bei der
Geburt. Ein Kind, das viel Platz im Bauch hat, weil die Mutter viel Fruchtwasser hat und der Fötus sich folglich viel bewegen kann, wird auch später sehr mobil sein, sagt Katrin.

Das hat sie zumindest bei ihren Kindern beobachtet, beim Jungen ebenso wie beim Mädchen.

Die Debatte um Transgender hat neue Fragen aufgeworfen. Es gibt zum Beispiel Jungen, die schon sehr früh darauf bestehen, ein Mädchen zu sein. Woher kommt das? Katrin liest regelmäßig den Twitter-Account von Chelsea Manning. Diese twittert darüber, was bei ihr anders ist, seit sie eine Frau ist. Sie schreibt, dass sie seit der Hormoneinnahme eine neue emotionale Seite in sich entdeckt, die sie früher nicht kannte. »Das muss ich zur Kenntnis nehmen«, sagt Katrin. »Vielleicht können uns diejenigen, die beide Seiten kennen, mehr über die Unterschiede erklären. Ich weiß es nicht.«

Auch bei Vanja, die mit ihrer Klage den Rechtsspruch des Bundesverfassungsgerichts bewirkt hat, waren ja anscheinend die Chromosomen dafür verantwortlich, dass sie sich in ihrer männlichen Identität nicht wohlfühlte. »Ich neige immer mehr zu der philosophischen Haltung, die im Existenzialismus angesiedelt sein könnte: Ich kann nur über mich selbst Auskunft geben. Wir wissen am besten, wer wir sind. Wenn ein Kind darauf beharrt, ein Mädchen zu sein, auch wenn die ganze Welt in ihm einen Jungen sieht, dann hat es trotzdem recht.«

Männerfreundlich

In einem Interview im Deutschlandfunk hat Katrin ihren Feminismus als männerfreundlich bezeichnet. Was meint sie damit?

»Ich definiere den Mann nicht als meinen Feind. Ich erwarte von Männern, dass sie mitmachen, dass sie Frauen unterstützen. Es hat mich immer gestört, wenn Frauenbeauftragte Selbstbewusstseinskurse für Frauen angeboten haben, diese Einstellung, dass Frauen geholfen werden muss. Vielleicht war das einmal notwendig, aber mittlerweile brauchen wir eher Männer, die einfach Platz machen; die zur Seite treten, wenn eine Frau sich bewirbt, für die eine Frau neben sich genauso selbstverständlich ist wie ein Mann. Das erwarte ich von Männern. Dann bin ich auch männerfreundlich. Es soll ein Miteinander sein und kein Gegeneinander. Bei manchen Feministinnen gibt es immer noch so eine gewisse Männerfeindlichkeit. Ich mag überhaupt nicht, wie zum Beispiel im Netz über Männer gesprochen wird.«

Meiner Meinung nach ist die Männerfeindlichkeit der zweiten Welle zum Teil ein Klischee. Ich selbst war nie »männerfeindlich«. Wenn ich mit Männern lebe, wie ich es getan habe und tue, dann kann ich es nicht sein, dann muss ich die grundsätzliche Menschlichkeit und Einsichtsfähigkeit von Männern anerkennen. Natürlich habe ich sie scharf kritisiert. Wenn sie mich unterdrücken, dann will ich sie bekämpfen. Aber ich habe mich mit Männern immer politisch auseinandergesetzt, nie den Kontakt abgebrochen. Ich habe mich zu Vorträgen und Diskussionen sogar von Burschenschaften einladen lassen. Ich erwartete zwar nicht, diese rechten jungen Männer mit meinen Argumenten zu überzeugen, aber ich wollte unter verschärften Bedingungen argumentieren lernen. Solche Einladungen erwiesen sich in der Tat als sehr nützlich für mich.

Eine gewisse Männerfeindlichkeit auf der Grundlage von weiblicher Lebenserfahrung ist weit verbreitet unter Frauen, die sich keineswegs als Feministinnen begreifen. Katrin spricht von jungenfeindlichen Erzieherinnen in der Frankfurter Kinderladenbewegung, und ich erinnere mich daran, dass es Debatten in Deutschland gab, ob eine Mutter einen vierjährigen »Macker« mit ins Frauenzentrum nehmen darf. Ich glaube, dass wir in Österreich weniger radikal waren. Ich habe in Wien den Frauenbuchladen »Frauenzimmer« mitgegründet. Für uns war klar, dass wir Männer nicht ausschließen wollten, wie es die Frauenbuchläden in Berlin praktizierten. Wir können doch nicht fordern, dass Männer die feministische Literatur rezipieren, und ihnen gleichzeitig den Zugang zu ebendieser Literatur verweigern. Die Buchhandlung »Frauenzimmer« hat letztlich auch viel länger überlebt als die beiden radikalen Buchläden in Berlin. Katrin kann diese Männerfeindlichkeit noch heute erkennen. So hat das Opfer einer Gewalttat die Definitionsmacht über den Hergang des Geschehens. »Wenn eine Frau behauptet, vergewaltigt worden zu sein, dann ist ihr auf jeden Fall zu glauben, denn im Patriarchat ist der Mann der Mächtige und die Frau das Opfer.« Wodurch das Grundprinzip des Strafrechts – die Unschuldsvermutung – ausgehebelt wird. Theoretisch ist das auch ein Problem der #MeToo-Bewegung. Wenn zehn, zwanzig oder mehr Frauen dieselbe Geschichte erzählen, ist sie auf jeden Fall glaubwürdig, grundsätzlich kann man jedoch nicht davon ausgehen, dass Frauen immer die Wahrheit sagen.

»Aber es wird sehr oft davon ausgegangen. Da stehe ich im Zweifelsfall auf der Seite der Männer. Der Fall Kachelmann zum Beispiel ist in Deutschland extrem ausgeschlachtet worden. Auch in meinem eigenen Umfeld sind viele Feministinnen davon überzeugt, dass er ein Vergewaltiger ist. Dabei ist es gerichtlich erwiesen, dass die Frau gelogen hat. Das hat nur keiner mehr mitbekommen. Das wird man den Feministinnen immer vorhalten können. Auch im Fall Assange wissen wir nicht, ob er tatsächlich ein Vergewaltiger ist. Es steht Aussage gegen Aussage. Alle, die ihn kennen, halten ihn für ein Arschloch. Aber das macht ihn noch nicht zum Vergewaltiger. Es besteht ein Bedürfnis nach Eindeutigkeit, man möchte richten. Unklarheit erzeugt Unbehagen.«

Katrins Männerfreundlichkeit hat aber auch ihre Grenzen.

Vor kurzem hat sie einen Artikel über gewisse Eigenartig-
keiten der männlichen Sexualität geschrieben und das Wort
»verhaltensoriginell« geprägt, das mir sehr gefällt. Sie
schreibt über Männer, die sich Puppen halten, und über das
erste Bordell in Deutschland, das Sexpuppen anbietet. Im
Internet gibt es Foren, in denen sich Männer über ihre Puppen austauschen. Sie behandeln sie, als wären sie Menschen.
Sie berichten darüber, wie angenehm es ist, dass sie nie wi-
dersprechen.
»Ist das wirklich nur konfliktscheu? So wie manche Männer osteuropäische oder asiatische Frauen bevorzugen, weil
die angeblich nicht so emanzipiert sind? Der andere Punkt
ist, dass sie mit diesen Puppen keinem Männlichkeitsideal
entsprechen müssen, sie müssen nichts beweisen. Weder sich
noch den Puppen.«
Und in der Tat: Die Ansprüche an Männer scheinen erheblich zu sein. Sie werden von Vätern, Onkeln, älteren
Freunden an die Jungen weitergegeben. Im Zuge der #Me-
Too-Debatte haben sich auch Männer gemeldet. Katrin: »Sie
sagen: Ich auch. Ich hatte als Jugendlicher auch ein bestimmtes Bild von dem im Kopf, was ich als toller Kerl zu
tun habe, wie viele Frauen ich auf meiner Liste abhaken
muss; dass Frauen Wesen sind, die man sich nehmen kann,
die man erobert, jagt; dass mir der Zugriff auf eine Frau zu-
steht.«
Es gibt im Netz aber auch den Hass auf Frauen. »Als ich
noch im Blog ›Mädchenmannschaft‹ mitgemacht habe, haben wir mehrere Tausend Kommentare von Männern erhalten, mit Morddrohungen und genauen Schilderungen, wie
man uns umbringen sollte. Das sind Männer, die sich durch
den Feminismus bedroht fühlen. Der Antifeminismus oder
Antigenderismus ist auch ein Bindeglied zwischen der Rechten und einer gewissen Mitte der Gesellschaft. Das sind Leute,

die vielleicht gar nicht so rechts sind, aber sagen: Das mit
dem Genderwahn ist doch verrückt. Das ist Schwachsinn,
was ihr da macht. So ein Jens Spahn oder Martenstein. Und
auf einmal wird das rechte Gedankengut anschlussfähig.«

Pornos und parfümierte Slipeinlagen
In ihrem Buch *100 Seiten über Sex* schreibt Katrin darüber,
wie die Kinder heutzutage über YouTube aufgeklärt werden.
Ein Kind, das ein Smartphone besitzt, hat Zugang zu teilweise gewaltverherrlichender Pornografie. Katrin hat sich
damals Gedanken darüber gemacht, was sie tun wird, wenn
ihre Kinder alt genug für ein Smartphone sind. Mittlerweile haben beide eins, allerdings solche, bei denen man
den Browser ausschalten kann. Sie haben kein YouTube
und keine E-Mail-Funktion. Sie können nur SMS schreiben, Fotos machen und telefonieren. Ihrem Sohn hat Katrin
sein erstes Spiel installiert. Mit den Eltern gibt es eine Ver-
abredung: Wenn sie einen Browser brauchen, müssen sie
fragen.

Katrins Kapitel über Pornografie habe ich aufmerksam
gelesen. Ende der 1980er, als ich noch in Köln lebte, habe
ich bei Alice Schwarzers PorNO-Kampagne mitgemacht. Ich
kann mich nicht erinnern, ob ich mich explizit für ein Verbot eingesetzt habe, ich denke, ich habe die Frage eher um-
gangen. Die Art der Sexualität, wie sie in der Mehrheit der
Pornos dargestellt wird, erschien mir aber widerlich, frauen-
verachtend und das Gegenteil von dem, was ich mir unter
einer befreiten Sexualität vorstelle.

»Ich habe auch mit Alice darüber gesprochen«, erzählt
Katrin.»Es gab damals diesen Pornografie-Paragrafen, bei
dem es in erster Linie um den Verstoß gegen die Sittlichkeit
ging. Ihr jedoch ging es um Erniedrigung und Gewalt an
Frauen. Aber ein Verbot bringt nichts. Es gibt Dinge, die

klar verboten sind und für die es trotzdem einen riesigen Markt gibt. Kinderpornografie ist verboten, Zwangsprostitution ist verboten, Menschenhandel ist verboten, und es passiert trotzdem. Ich habe den Eindruck, dass es sich bei der ganzen PorNO-Kampagne um ein riesiges Missverständnis gehandelt hat. Alice Schwarzer und *Emma* haben etwas anderes unter Pornografie verstanden, nämlich nur die gewalttätigen, unterdrückerischen Sachen. Alles andere ist ja kein Porno, sondern Erotik. So hat sie es mir erklärt. Ich glaube, die Debatte war notwendig, um Veränderungen herbeizuführen.«

Heute gibt es verschiedene Portale mit frauenfreundlicher Pornografie. »Ich habe das für mein Buch recherchiert und fand es interessant und auch schön, mich da ein bisschen umzuschauen«, erzählt Katrin. »Der Sex ist authentisch. Die Frauen sind nicht glatt rasiert. In den Hochglanzpornos sieht man kein einziges Haar, und die Labien sind gekürzt. Das ist ja ein eigener Zweig der plastischen Chirurgie. Die Frauen sind dort unten ordentlich aufgeräumt. Nach Fertigstellung des Kapitels habe ich mich aber von den Abos rasch wieder abgemeldet und folge weiterhin dem Grundsatz: Die besten Pornos laufen in meinem Kopfkino.«

Katrin hält den heutigen Umgang der Frauen mit ihrem Körper für ein wichtiges feministisches Thema. »Da seid ihr echt schon weiter gewesen, meine ich. Es gab doch diese Selbstuntersuchungsgruppen, wo sich die Frauen mit dem Spekulum gegenseitig angeschaut haben. Ich weiß nicht, ob ich da mitgemacht hätte, aber ich finde es gut, dass es das gab.«

Ich selbst war zu schamhaft, um in einer dieser Gruppen mitzumachen, aber auch ich finde, dass sie viel zur Enttabuisierung des weiblichen Körpers beigetragen haben. Mir entsprach mehr, bei der deutschen Ausgabe des legendären amerikanischen Aufklärungsbuches für Frauen *Our Bodies, Ourselves (Unser Körper, unser Leben)* mitzumachen.

Damals wie heute gab und gibt es Bücher, deren Anliegen es ist, die Sicht auf den Frauenkörper zu entkrampfen, Bücher, in denen zum Beispiel nur Vulven abgebildet sind. Sexualtherapeutinnen zeigen sie ihren Klientinnen, damit diesen bewusst wird, dass es auch andere Frauen gibt, die unten »so komisch« aussehen. »Ich kenne eine Sexualtherapeutin, die versucht, ihren Klientinnen beizubringen, ihren eigenen Geruch zu akzeptieren, ihnen zu zeigen, dass Körpergeruch einfach normal ist. Menschlich. Der Intimgeruch ist absolut verpönt. Er ist ebenso tierisch wie Schamhaar. Frauen verwenden Slipeinlagen, die parfümiert sind. Diese Oberflächlichkeit, die uns umgibt, wird durch die sozialen Medien verstärkt. Auf Instagram hast du als junge Frau mit deinen Selfies die Möglichkeit, ein Influencer zu werden, also so berühmt und beliebt, dass du Werbeaufträge bekommst. Du kannst dann gut davon leben. Das ist für viele junge Frauen ein Ansporn, sich unters Messer zu legen. Im Internet findest du dann diese Vorher-nachher-Bilder von berühmten Instagram-Stars.«

Podcasts und Blogs
Katrin lebt vom Podcasten. Das klingt erst einmal erstaunlich, denn Podcasts sind im Netz frei verfügbar. Ein Podcast ist eine Audiosendung, die auf unterschiedliche Weise gestaltet werden kann, vom Feature über einen tagebuchartigen Text bis zur »Laber-Runde«. Man kann sich alles kostenlos anhören. »Aber es gibt mittlerweile eine Art neue Moral. Die Leute, die sich das regemäßig anhören und es mögen, wollen auch etwas zurückgeben und werfen jeden Monat einen bestimmten Betrag in den Topf.«

Als Audible, die Hörbuchsparte von Amazon, für den

jeden Freitag erscheinenden Podcast »Wochendämmerung« (www.wochendaemmerung.de) nicht mehr zahlen wollte, haben sich Katrin und ihr Ko-Autor Holger Klein an ihre Hörer gewandt: »Wenn ihr wollt, dass es den Podcast weiter gibt, dann zahlt uns bitte Geld. Wenn wir im Monat 2500 Euro bekommen, machen wir weiter.« Mittlerweile spenden die Hörer*innen freiwillig über 3000 Euro, und die beiden machen weiter. Sie sprechen über das, was in der abgelaufenen Woche los war, und laden manchmal auch Gäste ein. Allmählich entwickelt sich ein Werbemarkt für Podcasts, denn den Werbefirmen wird bewusst, dass die Podcaster*innen viel näher an ihrem Publikum sind als das herkömmliche Radio.

Auch Medienunternehmen geben Podcasts in Auftrag. Je nach Vereinbarung sind die Podcaster*innen entweder vollkommen frei in der Themenwahl, oder sie besprechen den Inhalt mit dem Chefredakteur, wie bei dem vierzehntägig erscheinenden Piqd (www.piqd.de). In Eigenregie produziert Katrin mit Susanne Klingner und Barbara Streidl, den Autorinnen des 2008 erschienenen Buches *Wir Alphamädchen*, seit Sommer 2013 jeden zweiten Donnerstag den »Lila Podcast« (www.lila-podcast.de). Hier sprechen sie, meistens zu zweit, fünfundvierzig Minuten oder länger über »aktuelle Themen, Debatten und interessante Gedanken, die ihnen aufgefallen und hängengeblieben sind«. »*Der* deutsche feministische Podcast. Intelligent und unterhaltsam«, urteilt *This is Jane Wayne*, die »Online-Plattform für Großstadtheldinnen«. »Wir haben jetzt an die 10 000 Downloads pro Episode, das ist schon super«, freut sich Katrin. »Leider zahlen nicht alle.«

Katrin produziert ihre Podcasts zu Hause. Susanne Klingner sitzt in München. Ich habe mir ihr Ministudio auf dem Schreibtisch unter dem Hochbett angesehen und war beindruckt: ein PC, ein professionelles Mikrofon, ein Kopfhörer und ein Stapel Bücher. Sonst nichts. 2008 kam Katrin zu dem ein Jahr zuvor von den drei Autorinnen von *Wir Alphamädchen* gegründeten Blog »Mädchenmannschaft« (https:// maedchenmannschaft.net), einer der ersten feministischen Blogs. Für »Mädchenmannschaft« schrieb Katrin drei Jahre lang. 2009, als auf der Berliner Konferenz Re:publica Blogger über Relevanz und Zukunft der Blogosphäre diskutierten, war diese noch komplett von Männern dominiert. Katrin bot einen Workshop über feministische Netzpolitik an. Daraus wurde ein Panel zum Thema »Wenn Frauen bloggen. Warum Babykotze genauso relevant ist wie das iPhone«. »Nein, Leute«, protestierte Katrin, »das war nicht das, was ich machen wollte.« Schließlich gestand man ihr den von ihr gewählten Workshop zu, während die anderen Frauen auf dem Panel zu »Wenn Frauen bloggen« saßen.

Die Hälfte der Blogs wird von Frauen geschrieben, doch sie bleiben unsichtbar. Sichtbarkeit läuft über persönliche Kontakte, und Männer sind einfach besser vernetzt. Angeregt durch die Stimmung auf der Re:publica haben einige Frauen dann die Facebook-Gruppe »Girls on Websociety« gegründet. 2012 ging das Online-Magazin *Die Featurette* online, ebenfalls eine Gründung von Susanne Klingner, Katrin und Barbara Streidl. Wenn eine Autorin einen interessanten Blogtext zu einem Thema veröffentlichte, wurde er vom Magazin übernommen. Am Ende mussten die Macherinnen wegen Arbeitsüberlastung aufgeben. »Viele dieser Frauen sind untereinander vernetzt, und manche haben Bücher geschrieben. Oder arbeiten für den Frauenrat. Es ist einfach schön zu sehen, was sich alles seither bewegt hat. Als wir das Magazin einstellten, hatten wir unser Ziel eigentlich auch schon erreicht. Wir wollten die Bloggerinnen sichtbar machen. Und ich würde sagen: Es ist uns gelungen.«

Was Frauen Frauen antun

2010 kam es zu Konflikten innerhalb der »Mädchenmannschaft«, die zu einem gegenseitigen Vertrauensverlust führten. Als Katrin, Susanne und Barbara nach einem halben Jahr Pause wieder in die Redaktion zurückkehrten, fanden sie eine andere Mädchenmannschaft und eine Stimmung vor, die ein Nebeneinander von verschiedenen Meinungen nicht mehr zuließ. Eines der Themen war die Intersektionalität, das Mitdenken verschiedener Diskriminierungsformen, was, so frage ich Katrin, doch eigentlich ein selbstverständlicher Ansatz ist.

»Ich habe zu der Zeit ein Seminar zum Thema Intersektionalität am Institut für Sozialwissenschaften besucht, weil ich meine Bildungslücke schließen wollte. Aber ich bin daraus nicht schlau geworden. Ich habe nicht verstanden, warum es mich teilweise so anschreit. Wir haben Texte gelesen, in denen weiße Feministinnen der neue Feind waren, weil sie weiß sind und bestimmte Dinge nicht sehen. Da war sehr viel Wut in diesen Texten. Ich habe gedacht: Ja, okay, ich verstehe den Vorwurf, dass es weiße Feministinnen gibt, die sich zu wenig in die Lebensrealität von schwarzen oder muslimischen Frauen versetzen. Ich sehe, dass es da noch Nachholbedarf gibt. Aber was daran jetzt so grundsätzlich neu sein soll, hat sich mir nicht erschlossen. Ich kann mit diesem akademischen Ansatz nichts anfangen und sehe nicht, welche neuen Handlungsspielräume sich daraus ergeben sollen. Das stört mich am meisten. Es ist mir immer wichtig, über Probleme zu reden, und ich bin auch bereit, mich zu ändern. Aber es gibt eine gewisse Szene von Leuten, die immer nach dem Haar in der Suppe suchen. Und zwar nicht bei den Maskulisten oder bei den Rechten, sondern bei uns. Bei uns Feministinnen. Wer verhält sich hier falsch? Im Amerikanischen gibt es den Ausdruck *calling out* – jemanden öffentlich runtermachen.«

Das kenne auch ich aus der Wiener Frauenbewegung. Inhaltliche Konflikte sind sehr rasch in Hass ausgeartet. »Es gibt eine Tendenz von Frauen, mit anderen Frauen unmenschlich umzugehen. Ich habe ein Buch von Phyllis Chesler aus dem Jahr 2001 gelesen, *Woman's Inhumanity to Woman*, in dem die Autorin die Schattenseiten der Beziehungen zwischen Frauen untersucht. Sie beschreibt, wie Frauen zerstörerisch mit Frauen umgehen. Es gibt ein ungeschriebenes Gesetz, dass Frauen andere Frauen nicht kritisieren dürfen. 2011 habe ich mich sowohl von der Mädchenmannschaft als auch von meinem Mann getrennt. Ich habe dann irgendwann den Witz gemacht, dass ich mich mit meinem Mann inzwischen besser verstehe als mit der Mädchenmannschaft. Mit ihr war es schwieriger und auch traumatisch. Unter Frauen entsteht bei Konflikten viel Aggression, die aber nicht offen ausgetragen wird. Es gibt keine Konfliktkultur. Männer streiten sich und gehen hinterher gemeinsam einen trinken. Das können Frauen viel schlechter. Ich habe das bei der Grünen Jugend gelernt. Dort haben wir uns immer gestritten. Zum Beispiel über das Thema Prostitution, klassischerweise ein Thema, über das sich Menschen richtig verfeinden können. Dass man sich politisch streitet, aber persönlich befreundet bleibt, ist unter Frauen sehr selten.«

Das altmodische Wort »Solidarität«
Ich frage Katrin, was sie von einer Frau wie Ronja von Rönne hält, die einmal sagte: Ich bin nicht Feministin, ich bin Egoistin. »Lassen wir sie erst einmal erwachsen werden«, sagt Katrin. »Soll sie erst einmal Kinder kriegen.« Die Mutterschaft sei für so gut wie alle Frauen ein Einschnitt. »Davor ist alles easy und locker, man ist gleichberechtigt und kann machen, was man will. Aber wenn das Kind einmal da

ist, dann ist man eben Mutter. Das habe ich selbst erfahren. Sowohl im Beruf als auch im Freundeskreis ist die Frau plötzlich weniger wert. Halt Pech gehabt. Da muss man sich nichts vormachen: Die Kinder hängen überwiegend an den Müttern dran, weil die Väter sich immer noch geschickt rausziehen. Auch der Vater meiner Kinder, der ja eigentlich ein Feminist war. Und sie werden von der Gesellschaft auch nicht zur Übernahme der Vaterpflichten ermuntert. Mein Ex hatte eine befristete Stelle. Als unsere Tochter auf die Welt kam, wollte er Teilzeit arbeiten. Aber der Chef, der selbst fünf Kinder hat, war der Meinung, dass das nicht geht. Dummerweise für ihn spielte sich das Ganze in einem Bereich ab, wo das Teilzeitgesetz Anwendung fand. Der Vater meiner Kinder hatte also ein Anrecht auf Teilzeit. Er hat es auch durchgesetzt, aber danach wurde sein Vertrag eben nicht verlängert. Das ist eindeutig Diskriminierung, aber man kann es nicht beweisen.«

Was müsste geschehen, um diese Pattsituation aufzulösen? Die logische Konsequenz wäre natürlich die Umgestaltung der Arbeitswelt, ein Umdenken bei denen, die Machtpositionen innehaben. Aber warum sollten sie umdenken?

»Weil sie sonst einen wie den Vater meiner Kinder verlieren. Er ist jetzt bei einer Firma, in der es viele Eltern gibt, richtig gute junge Leute, die Teilzeit arbeiten oder Sabbaticals nehmen, das ist eine ganz neue Unternehmenskultur. Die Männer müssen sich eben für ein Unternehmen entscheiden, das ihnen Zeit für Kinder zur Verfügung stellt.«

Wenn sie es sich aussuchen können. Das betrifft also in erster Linie die gut Ausgebildeten. Und die Sabbaticals sind zwar eine schöne Sache, aber Eltern können sich das nicht leisten, es sei denn, es handelt sich um Spitzenverdiener*innen.

»Man muss trachten, diese Möglichkeiten auch in anderen Branchen durchzusetzen. Am Ende braucht es immer Männer, die es verlangen. Bei den homosexuellen Paaren, die ich kenne, funktioniert es komischerweise besser. Die nehmen dann auch Einkommenseinbußen in Kauf. Das können aber Familien, die kaum über die Runden kommen, nicht. Da sind wir dann gleich bei Lohngerechtigkeit und Lohnungleichheit. Und beim Kapitalismus. Der Kapitalismus strebt immer danach, die Menschen maximal auszubeuten. Alles ist ein politischer Kampf. Aber ich weiß, wofür ich kämpfe. Und ich bin nicht allein.«

Katrin verwendet in ihren Büchern das Wort »Solidarität«, das genauso altmodisch klingt wie »Emanzipation«. Von Solidarität spricht heute kaum jemand. »Anstatt dessen, was wir jetzt in der herkömmlichen Ehe haben, wünsche ich mir Solidarität. In meiner Familie funktioniert es prima: Es gibt den Kindesvater, der die Kinder jede zweite Woche übernimmt. Es gibt seine und meine Eltern, und wir haben Freunde. Ich habe einen Freund, der sich Mühe gibt, und er hat Mitbewohner*innen. Das ist einfach eine bunte, chaotische Großfamilie. Wir unterstützen uns alle gegenseitig. Wir halten zusammen.«

Ein solches solidarisches Zusammenleben hat auch die Wohngemeinschaftsbewegung der Zeit nach 1968 angestrebt. Heute sind Wohngemeinschaften eher Zweckgemeinschaften. Dafür gibt es die Patchwork-Familien. »In der traditionellen Ehe stehen so viele mit den Kindern allein da. Ich würde mich deshalb auch nie als alleinerziehend bezeichnen, weil ich einfach nicht allein bin.«

Wie stellt sich Katrin ihr weiteres Leben vor, die Zeit, wenn ihre Kinder erwachsen sind?

»Mein Ziel ist es, etwas zu bewirken, Veränderungen herbeizuführen.« Von Karriere träumt sie nicht. »Ich habe gelernt, dass sich immer irgendetwas ergibt, das ich vorher nicht erwartet habe. Ich kann mir vorstellen, rauszugehen, vielleicht für Human Rights Watch zu arbeiten, irgendwo anders auf der Welt.« So ganz gegen den Zeittrend hat sie keinen Plan. Vorerst hat sie mit ihrer journalistischen Arbeit ein Auskommen. Dann wird man sehen.

So habe ich es auch gehalten. Irgendetwas hat sich immer ergeben.

»Ich kannte mal einen, der sein Leben in einer Excel-Tabelle geplant hat.«

Und?

»Es ist nichts draus geworden.«

Eben.

MIT ENERGIE UND LEIDENSCHAFT

Agnieszka Brugger

Als ich Agnieszka Brugger meine erste Mail schrieb, habe ich sie, wie alle meine Ansprechpartnerinnen vor ihr, geduzt. Schließlich sind wir Feministinnen, Schwestern sozusagen. Geantwortet haben immer nur ihre Mitarbeiter*innen, natürlich per Sie. Der Termin wurde mehrmals hin und her geschoben, glücklicherweise bin ich als Teilzeitrentnerin flexibel. Agnieszka Brugger ist sehr beschäftigt. Aber ich habe Geduld mit Dreißigjährigen, die in einem fort ackern müssen, und bin froh, solchen Stress hinter mir gelassen zu haben.

Der Berliner MdB-Büroneubau befindet sich auf der Straße Unter den Linden. Portier hinter Glas mit Mikrofon, Gästeausweis gegen Personalausweis, Taschenkontrolle wie am Flughafen. Ich erinnere mich an den Zugang zum Büro von Johanna Dohnal, die 1979 Staatssekretärin für Allgemeine Frauenfragen war und später die erste Frauenministerin Österreichs wurde. Ihr Büro befand sich in dem repräsentativen Barockgebäude am Wiener Ballhausplatz, in dem die österreichischen Bundeskanzler amtieren, damals Bruno Kreisky. Die 2010 verstorbene sozialdemokratische Feministin Johanna Dohnal stammte aus einfachen Verhältnissen, wie man so sagt, und passte doch schon allein wegen ihres Gardemaßes hervorragend in die prunkvollen Räumlichkeiten des Bundeskanzleramts. In ihrem Büro jedoch ging es zu wie in einem Frauenzentrum; feministische Plakate an den

Wänden, ein Gewusel ohnegleichen, ein ständiges Kommen und Gehen. Alle Frauen* wurden vom Portier automatisch die herrschaftliche Treppe zu Johanna hinaufgewinkt. Von Taschenkontrolle keine Rede. Das hat sich heute gewiss geändert.

Nun gibt es im Wiener Bundeskanzleramt eine Bundesministerin für Frauen, Familie und Jugend von der Österreichischen Volkspartei, die sich weigert, das angestrebte »Frauenvolksbegehren 2.0« zu unterzeichnen. Die Initiator*innen wollen damit die Regierung zwingen, sich mit frauenpolitischen Themen auseinanderzusetzen, damit die Österreicher*innen nicht noch weitere 170 Jahre auf die echte Gleichberechtigung warten müssen. Die von der Initiative geforderte Geschlechterquote von fünfzig Prozent auf allen Ebenen geht Ministerin Juliane Bogner-Strauß »zu weit«. Von der aktuellen österreichischen Bundesregierung wird die Förderung von Frauenprojekten derzeit heruntergefahren oder gänzlich gestrichen, darunter Beratungsstellen und Gewaltschutzeinrichtungen, aber auch Bildungs- und Medienprojekte. Fraueninitiativen, die jahrzehntelang konstruktive Arbeit geleistet haben, zittern um ihre Existenz.

Ich werde von Agnieszkas Mitarbeiterin abgeholt. Aufzug, lange Gänge, irgendwie einschüchternd. Ich frage mich, ob ich nicht einen Fauxpas begangen habe, Agnieszka Brugger zu duzen. Ihr Amt als Mitglied des Bundestags verleiht Würde, auch bei einer Dreiunddreißigjährigen mit Piercings. Aber dann ist es ganz entspannt, wir sind ja schließlich bei den Grünen.

Auch ich war bei den Grünen aktiv, zwar nie Parteimitglied, aber immerhin Kandidatin auf der Wiener Landesliste – 1986, als sich die österreichischen Grünen wegen der vorgezogenen Wahlen überstürzt für ihren erstmaligen Einzug in den österreichischen Nationalrat fit machen mussten. In der Frauengruppe GRAPPA – Gruppe außerparlamentarischer und parlamentarischer Aktivistinnen – haben wir einen in meiner Erinnerung großartigen Text verfasst, der, so unsere utopische Vorstellung, angesichts der zentralen Bedeutung der »Frauenfrage« dem neuen Parteiprogramm der Grünen als Präambel vorangestellt werden sollte. Doch zu einem so radikalen Schritt waren die österreichischen Grünen noch lange nicht bereit.

Unser Text ist leider verschollen, und meine Kandidatur scheiterte an den Konflikten zwischen »Fundis« und »Realos«. Freda Meißner-Blau, einst Kandidatin für das Amt der Bundespräsidentin und maßgeblich für die damalige Verdrängung der Linken aus dem Grünen Nationalratsklub verantwortlich, zog schließlich als einzige Frau mit sieben Männern ins Parlament an der Ringstraße, obwohl sich die Grünen eine Frauenquote von fünfzig Prozent verordnet hatten, eine Folge des erbittert ausgetragenen Streits. Nach zwei Jahren hatte auch Meißner-Blau genug von der parlamentarischen Arbeit und zog 2011 in einem Interview ein enttäuschtes Resümee: »Ich hätte den Grünen mehr Radikalität gewünscht.«

Mit mir hätte sie sie haben können, ich jedoch war froh, dass dieser Kelch an mir vorübergegangen war, auch wenn ich damals angesichts der menschlichen Niedertracht einiger später erfolgreicher Parlamentarier*innen ein paar Tränen vergoss. Ich glaube nicht, dass ich mich in den parlamentarischen Strukturen hätte zurechtfinden können, und bin voller Bewunderung für Agnieszka Brugger. Aber auch die in Niederschlesien geborene Tochter polnischer Eltern, die kurz vor dem Mauerfall aus Polen nach Dortmund auswanderten, hatte nicht den Plan gehabt, vor ihrem dreißigsten Geburtstag im Bundestag zu sitzen. »Ich habe nur immer

279

die Aufgabe, die ich gerade hatte, mit viel Energie und Leidenschaft gemacht.«

Mach du das doch
Wenn man sich Agnieszka Bruggers Lebenslauf ansieht, würde man sie für eine sehr ehrgeizige Frau halten, die eine Station nach der anderen strategisch geplant hat. Die Liste ihrer politischen Aufgaben ist beeindruckend. Ich erwähne der Einfachheit halber nur jene der 19. Legislaturperiode: stellvertretende Fraktionsvorsitzende der Bundestagsfraktion Bündnis 90/Die Grünen, Koordinatorin des Arbeitskreises »Internationale Politik & Menschenrechte« der Bundestagsfraktion Bündnis 90/Die Grünen, Mitglied im Verteidigungsausschuss, stellvertretendes Mitglied im Auswärtigen Ausschuss und stellvertretendes Mitglied im Innenausschuss. Erwähnenswert ist auch noch, dass sie 2010 Gründungsmitglied des Instituts für Solidarische Moderne wurde, eine Programmwerkstatt für linke Politik-Konzepte. In den letzten Jahren war sie in diesem Institut nur Mitglied, hat sich aber in anderen rot-rot-grünen Kreisen eingebracht.

Agnieszka spricht von »einer Reihe von Zufällen«, eine Äußerung, die man oft von Frauen hört. (Auch ich würde von mir sagen, dass ich zufällig Autorin geworden bin.) Es gab aber auch Menschen, die sie ermuntert, ermutigt und unterstützt haben. Und wenn jemand sagte »Mach du das doch«, hat sich Agnieszka gedacht: Warum nicht? Man kann ja schauen, wie das läuft und sich anfühlt. So kam es zu ihrer ersten Kandidatur für den Bundestag. Mit dem Listenplatz 11 rechnete sie nicht damit, gewählt zu werden. »Und dann um vier Uhr morgens hat mein Mann mich geweckt (der damals noch mein Freund war) und gesagt: Hey, herzlichen Glückwunsch, du bist im Bundestag!«

Davor war Agnieszka Landesvorsitzende der Grünen Jugend in Baden-Württemberg. Hilfreich war gewiss die Quote. »Ich wäre wahrscheinlich nicht gefragt worden, wenn es einfach klar gewesen wäre, dass das ein Mann macht. Es gab auch in der Grünen Jugend immer genügend Männer, die ehrgeizig waren. Und es gab immer schon viele Frauen, die es eigentlich auch gekonnt hätten, sich selbst aber mehr hinterfragen, während Männer oft einfach ins kalte Wasser springen; hätte ja auch total in die Hose gehen können. Oder in den Rock.«

Als sie Abgeordnete wurde, trat Agnieszka als Landesvorsitzende zurück. »Die Grüne Jugend muss jenseits des pragmatischen politischen Tagesgeschäfts Visionen entwickeln und der Partei auf die Nerven gehen. Da ist es nicht hilfreich, wenn ihre Vorsitzende als Berufspolitikerin im Bundestag sitzt. Aber bis heute habe ich ein sehr intensives Verhältnis zur Grünen Jugend, und diese nimmt in meinem Herzen einen wichtigen Platz ein. Mir war es wichtig, das nicht nur in gute Hände zu übergeben, sondern auch Frauen* zu ermuntern, sich das zuzutrauen. Ohne die Quote würde man vielleicht nicht so genau hinschauen.«

Natürlich wurde Agnieszkas Lebensplanung durch ihren Eintritt in den Bundestag durcheinandergewirbelt. »Ich habe es aber nicht bereut.« Sonst wäre sie auch kein drittes Mal angetreten. Ursprünglich hatte sie sich vorgenommen, diese Tätigkeit nicht allzu lange auszuüben, weil sie dachte, es würde den Charakter negativ verändern. Aber im Bundestag ist sie eines Besseren belehrt worden. Sie hat junge Kolleg*innen kennengelernt, die schon nach sechs Wochen die Nase in die Wolken gereckt haben, und sie hat Kolleg*innen getroffen, auch von anderen Parteien, die schon dreißig Jahre im Bundestag sitzen und ihre Begeisterungsfähigkeit nicht verloren haben. »Es ist nicht eine Frage der Dauer, sondern des Charakters, der Einstellung und der Fähigkeit, kritisch zu reflektieren.« Bei jeder Wahl hat Agnieszka sich genau überlegt, ob es noch das Richtige für sie ist, ob sie immer noch etwas Sinnvolles bewirken kann. »Und ich komme immer wieder zu dem Schluss, dass es eine der schönsten Aufgaben der Welt ist. Natürlich verdienen Abgeordnete sehr gut, aber für kein Geld der Welt würde ich so viel arbeiten, wenn ich nicht den Eindruck hätte, ich kann, auch wenn es manchmal mühsam ist und es Rückschritte gibt, doch Dinge an der einen oder anderen Stelle zum Guten wenden.« Gerade auch beim Klein-Klein, vor dem ich selbst zurückschreckte, weil mir der weite politische Horizont eher liegt, könne sie oft mehr ausrichten als im Großen. »Wenn zum Beispiel nach einem Besuch in einer Schulklasse drei Schüler*innen anfangen, sich politisch zu engagieren.«

Agnieszka wurde mit vierundzwanzig in den Bundestag gewählt. Ich stelle mir vor, dass es ziemlich hart sein muss, als so junge Frau mit roten Haaren und Piercings ernst genommen zu werden. Und dann geht sie auch noch in den Verteidigungsausschuss. Doch Agnieszka wurde, sagt sie, daran gemessen, was sie geschrieben und gesagt hat, wie sie aufgetreten ist. »Das fand ich eine schöne Erfahrung, denn auch ich hatte das eine oder andere Klischee und Vorurteil über die Anzugträger.« Also kein Sexismus im Bundestag? Nein, so ist es auch nicht, wehrt Agnieszka ab, die sich immer als Feministin gesehen hat und in der Schule von den Jungs als Emanze verspottet wurde. Nie hat sie sich, wie das in ihrer Generation vor ein paar Jahren üblich war, vom Feminismus distanziert.

Ich frage nach #MeToo. Die Bewegung komme, so Agnieszka, bisher im Bundestag wenig vor, aber sie könne sich gut vorstellen, dass es gerade in hierarchischen Beziehun-

gen, also zwischen Abgeordneten und Mitarbeiter*innen, zu
Übergriffen kommt. »Mir ist bisher kein Fall bekannt, aber
das bedeutet nicht, dass es sie nicht gibt. Ich würde mir wünschen, dass alle, besonders die Männer, die so etwas sehen,
genauer hinschauen und handeln.«

Und jetzt ein Baby!
Und jetzt erwartet sie auch noch ein Kind. Eigentlich ganz
normal und schön für eine Dreiunddreißigjährige. Es ist mir
nicht gelungen, im Internet eine Antwort darauf zu finden,
ob sie im Bundestag ihr Kind wird stillen dürfen. Auch sie
selbst wusste es zum Zeitpunkt des Interviews nicht. »Ich
weiß nur, dass gerade in den letzten Jahren die jungen
Kolleginnen, die Mütter geworden sind, sich einiges mühsam erkämpfen mussten in den altehrwürdigen Hallen des
Bundestages, der in Fragen der Vereinbarkeit von Familie
und Beruf deutlich dem 21. Jahrhundert hinterherhinkt. Es
schwingt wohl immer noch die Angst mit, dass die Würde
des Hauses beeinträchtigt werden könnte.«
    Mittlerweile hat Agnieszka Brugger herausgefunden, dass
es seit nicht allzu langer Zeit in jedem Bundestagsgebäude
einen Raum zum Stillen gibt. »Es kann doch eigentlich
nichts Schöneres geben als gerade Politiker*innen, die vorle-
ben, dass Beruf und Familie vereinbar sind. Deshalb würde
ich mir wünschen, dass die Vereinbarkeit von Familie und
Politik von Anfang an mitgedacht wird. Es gibt jetzt auch
eine Elterninitiative über die Fraktionsgrenzen hinweg, von
Frauen und Männern, die sich zum Beispiel einen politik-
freien Sonntag wünschen. Auch Menschen, die alleine leben,
und auch Politiker*innen ohne Kinder brauchen mal einen
freien Sonntag. Das wäre bestimmt der Art und Weise, wie
und was sie in der Politik machen, zuträglich. Ich kenne das
von mir, diesen Anspruch an mich selbst, immer erreichbar

sein zu müssen, dauernd arbeiten zu müssen, weil man sonst seinen Job nicht gut macht. Das ist ein gefährlicher Trugschluss.«

Natürlich wird Agnieszka jetzt immer öfter von Journalist*innen gefragt, wie sie das Kind mit ihrem Job wird vereinbaren können. Wie wollen Sie das alles unter einen Hut bringen? Wie lässt sich das leben? »Ich würde mir wünschen, dass auch Männer gefragt werden, wie sie das denn schaffen werden. Männern gratulieren die meisten einfach nur.«

Neuerdings bekommen Ehemänner und Partner*innen von Politikerinnen mit Kleinkindern im Bundestag einen Hausausweis, damit sie die Mütter während der Arbeit entlasten können. Gerade bei den Grünen kommt es immer öfter vor, dass die Partner*innen sich eine längere Auszeit vom Beruf nehmen und nun auch mit dem Kind an den Arbeitsplatz ihrer Frau kommen können. »Wir sind aber ganz sicher nicht diejenigen in der Gesellschaft, denen es am schwersten gemacht wird«, schränkt Agnieszka ein. »Wenn ich daran denke, was eine alleinerziehende Krankenschwester oder eine Pflegekraft mit Schichtbetrieb leisten muss, um alles unter einen Hut zu bekommen, dann ist das eine ganz andere Situation. Das sind für mich die wahren Held*innen.«

Generell sieht Agnieszka aber nicht viele Frauen oder Männer im Bundestag mit Kindern herumlaufen, »das ist vielleicht ein bisschen grünenspezifisch«. Bei den Grünen ist der Wunsch, sich nicht zwischen Karriere und Kindern entscheiden zu müssen, sowohl bei Frauen als auch bei Männern mittlerweile stark ausgeprägt. »Das ist ja auch viel vernünftiger. Wozu hat man denn eine Familie und ein Kind, wenn man die nie sieht?« Agnieszka selbst will ungefähr zwei Monate zu Hause bleiben, hat sich aber noch nicht festgelegt. »Es wird ja alles andere als unkompliziert werden, per-

manent zwischen Berlin und Ravensburg hin- und herzu-
pendeln. Aber ich habe eine Reihe von guten Vorbildern,
die mir schon konkrete Tipps und Ratschläge geben. Und ich
habe«, fügt sie hinzu, »einen tollen Mann, der mich immer
schon sehr unterstützt hat.«

Krieg und Frieden
Einer der Gründe, warum ich unbedingt mit Agnieszka
Brugger sprechen wollte, sind ihre Themen, Themen, die
auch mich ein Leben lang umgetrieben haben: Krieg und
Frieden und alles, was damit zusammenhängt – Aufrüstung,
Rüstungsexporte, Flucht, Gewalt. Agnieszka war sechzehn,
als sie anfing sich für Politik zu interessieren: der Irakkrieg,
9/11 und Schröder/Fischer, die ihrer Meinung nach mit ihrer
Ablehnung des Irakkrieges das Richtige getan haben.
   »Viele wichtige Fragen wie Klimawandel und soziale
Gerechtigkeit können gar nicht bearbeitet werden, wenn
Menschen um ihr Leben fürchten müssen. Deshalb ist eine
grundlegende Frage des menschlichen Daseins, wie wir endlich so vernünftig werden, unsere Konflikte mit Worten und
zivilen Mitteln auszutragen.« Agnieszka hat in ihrem Studium dann auch Friedens- und Konfliktforschung zu einem
Schwerpunkt gemacht. »Ich bin sehr skeptisch, was militä-
risches Eingreifen angeht, aber im Studium habe ich festgestellt, dass es im äußersten Fall und unter eng begrenzten
Bedingungen notwendig sein kann. Bei aller Kritik und großer Zurückhaltung hängt es sehr vom konkreten Einzelfall
ab.«
   Ich gebe ihr recht. Im Fall des Angriffs der NATO auf
Serbien konnte ich zum ersten Mal in meinem Leben einen
Militäreinsatz nicht unumschränkt verurteilen, wie es die
deutsche Linke überwiegend getan hat. Agnieszka geht es
ähnlich. »Ich finde es befremdlich, wenn Leute gerade in

diesen Fragen eine klare Schwarz-oder-Weiß-Haltung einnehmen. Ich weiß bis heute nicht, was zum Beispiel 2011 bei Libyen die richtige Entscheidung war. Muammar Gaddafi hat damals in der Sprache des Ruanda-Völkermords angekündigt, Bengasi zu vernichten. Auf der anderen Seite haben wir gesehen, dass die Militärintervention ebenso zu einer Reihe von Gefahren geführt und anschließend zu Chaos und Bürgerkrieg beigetragen hat. Für die Menschen war es keine gute Option. Es gibt eine *responsibility to protect*, aber es gibt auch eine *responsibility while protecting*, und da wurde das Mandat des UN-Sicherheitsrates massiv überdehnt.«

Ein aktuelleres Thema hätte sich Agnieszka nicht aussuchen können. Das wirkt sich natürlich auch auf ihre Arbeit aus. In der letzten Legislaturperiode waren im Verteidigungsausschuss von über dreißig Leuten nur sechs Angehörige der Opposition. »Auf unseren Schultern ruht dann auch die Verantwortung, die Regierung zu kontrollieren. Gerade in den letzten Jahren war das schon sehr heftig. Es gab keinen Urlaub, in dem nicht irgendetwas passiert ist, irgendeine Krise oder ein Rüstungsskandal. Wenn man seinen Job gut machen wollte, musste man rund um die Uhr erreichbar sein.«

Auch die Besuche in den Krisengebieten dieser Welt nehmen mit. »Aber auch da versuche ich mir dieses Positive und Optimistische zu bewahren. Ob in Mali oder in Afghanistan, immer wieder stelle ich fest: Trotz des Leids, trotz der Gewalt, gerade bei Kindern und Frauen, gibt es so viel Hoffnung, auch so viel Lebensfreude. Obwohl wir in Sicherheit leben, sind in Europa viele Menschen eher unglücklich und unzufrieden. Ich würde mir mehr Wertschätzung wünschen und dass wir nicht alles Gute als selbstverständlich ansehen. Die Haltung vieler Menschen in den Kriegsgebieten beeindruckt mich immer wieder und gibt mir dann auch die Kraft, in diesem Bereich weiterzumachen. Ich war viel in Afghanistan, um mich über den Bundeswehreinsatz dort und die Lage vor Ort zu informieren, und fast jedes Jahr in Mali. Man sollte sich aber nur nicht einbilden, dass man dann das Land kennt. Wenn ich von einer Reise nach Afghanistan zurückkomme, habe ich immer mehr Fragen als Antworten. Dieses wunderschöne Land mit beeindruckenden Menschen ist voller Widersprüche.«

Resolution 1325

Am 31. Oktober 2000 wurde im UN-Sicherheitsrat die berühmte Resolution 1325 einstimmig verabschiedet. Darin wurden Konfliktparteien erstmals dazu aufgerufen, die Rechte der Frauen zu schützen und Frauen gleichberechtigt in Friedensverhandlungen, Konfliktschlichtung und den Wiederaufbau einzubeziehen. Die Resolution gilt als Meilenstein zur Ächtung sexualisierter Kriegsgewalt an Frauen und Mädchen. 2005 forderte der damalige UN-Generalsekretär Kofi Annan die Mitgliedstaaten auf, nationale Aktionspläne zur Umsetzung der Resolution 1325 aufzustellen. Deutschland hat es 2013 getan. Seitens vieler NGOs wird bemängelt, dass die Resolution 1325 bisher keine institutionelle Kraft entfalten konnte.

Agnieszka sieht aber neben Kritikpunkten auch Positives: »Sie hat auf jeden Fall den Fokus auf diese wichtigen Themen gelenkt, vor allem auf die Lage von Frauen und Kindern als besonders verletzbare Gruppe in Krisen und Konflikten. Wir sehen in fast allen Kriegen dieser Welt, dass sexualisierte Gewalt zu einem normalen Mittel geworden ist, um Herrschaft auszuüben und politische Ziele mit Terror und Angst durchzusetzen. Darauf explizit hinzuweisen, ist total wichtig. Und auch auf die Rolle von Frauen bei Friedensverhandlungen. Es ist ärgerlich und sicherheitspolitisch dumm und kurzsichtig, wie wenige Frauen immer noch in Friedensprozessen vertreten sind.«

Auf der letzten Münchner Sicherheitskonferenz im Februar 2018 konnte Agnieszka Brugger beim traditionellen Women's Breakfast Ellen Johnson Sirleaf kennenlernen, die von 2006 bis 2018 Präsidentin von Liberia war. 2011 wurde ihr für ihren gewaltfreien Kampf um Frauenrechte und die Sicherheit von Frauen der Friedensnobelpreis verliehen. Liberia wurde zwischen 1989 und 2003 von einem der blutigsten Bürgerkriege auf dem afrikanischen Kontinent zerrüttet. Etwa 250000 Menschen kamen ums Leben, eine Million wurde vertrieben. Auf allen Seiten wurden Kindersoldaten eingesetzt.

»Früher habe ich immer gesagt, dass es in der Geschichte genügend blutrünstige Frauen gab, die für die Kriege auf der Welt mitverantwortlich waren. Es gibt eine bestimmte Strömung in der Frauenfriedensbewegung, mit der ich nicht viel anfangen kann. Sie behauptet, Frauen seien per se die besseren und vor allem die friedfertigeren Menschen, weil sie die Kinder gebären und sich um sie kümmern. Auf der anderen Seite muss ich allein aus meiner Erfahrung über die Jahre schon zugeben, dass ich oft erlebt habe, dass Frauen die Dinge anders angehen. Ich habe auch eine Reihe von männlichen Generälen erlebt, die der Auffassung sind, dass Frauen es besser machen würden. Frauen sind oft viel pragmatischer und weniger eitel.«

So oder so müsse die Hälfte der Bevölkerung in einem Friedensprozess berücksichtigt werden. »Viel zu oft ist es leider so, dass der, der über die größte Waffe verfügt und das meiste Leid angerichtet hat, einen besonderen Platz am Tisch bekommt. Klar, man verhandelt mit denen, die die Gewalt ausüben, damit sie beendet wird. Aber die anderen müssen auch mit an den Tisch. Und kommen immer wieder zu kurz.«

Agnieszka sagt oft, wenn auch mit einem Augenzwinkern, dass die Jamaika-Verhandlungen nicht gescheitert wären, wenn auf allen Seiten ausschließlich Frauen miteinander gesprochen hätten. Diesmal war sie zum ersten Mal bei Regierungsverhandlungen dabei und konnte beobachten, wie sich die Frauen verhielten: »Frauen hatten trotz der nicht unerheblichen inhaltlichen Unterschiede einen wertschätzenderen Umgang miteinander, ein echtes Interesse am Ergebnis. Sie hatten keinen Bock auf männliche Hahnenkämpfe. Sie hatten auch die stärkeren Nerven. Ich fand das schon interessant, wie viele unterschwellige, bösartige Kommentare von den Männern kamen und wie Personen wie Angela Merkel und Katrin Göring-Eckardt das einfach eiskalt an sich abperlen ließen, während ich dasaß und es kaum aushalten konnte, wie die Männer sich danebenbenommen haben. Angela Merkel hat das mit einer unglaublichen Souveränität hingenommen, aber dann an den richtigen Stellen einen wirklich coolen Spruch gebracht. Das hat mich sehr beeindruckt, bei allen politischen Differenzen, die ich mit ihr habe. Da musste ich schon schmunzeln, dass sie sich nicht als Feministin bezeichnen will. So unfeministisch kommt sie mir gar nicht vor, auch und gerade im Umgang mit anderen Frauen, sogar über Parteigrenzen hinweg.«

Auch in den Jahren, als es um den Feminismus still wurde, etwa ab Mitte der Achtziger, blieb die UNO eine Keimzelle feministischen Denkens. Das haben nur wenige außerhalb der Vereinten Nationen zur Kenntnis genommen, weil die Fachfrauen in den verschiedenen UNO-Gremien eher im Stillen arbeiten. Es gebe in der UNO eine explizite Politik, Frauen und Genderfragen von Anfang an mitzudenken, betont Agnieszka. Letztlich sei es Frauen in hohen UNO-Positionen zu verdanken, dass Vorkommnisse wie Missbrauch und Prostitution im Zusammenhang mit UNO-Blauhelmeinsätzen auf die Tagesordnung kommen; dass es einzelne Staaten gibt, die eben wegen dieser Berichte rein weibliche Polizeieinheiten entsenden. Denn in vielen Krisenregionen hat Agnieszka Frauen sagen hören: Ich gehe nicht zur Polizei, das sind genauso korrupte Männer wie alle anderen. Dass es sich bei der Resolution 1325 noch überwiegend um eine Diskussion und um Einzelbeispiele handelt, »zeigt auch, dass der Weg zur Erfüllung der Ziele aus dieser wunderschönen und wichtigen Resolution noch sehr weit ist«, gibt Agnieszka zu. »Ich erlebe in vielen Krisenregionen, dass die Frauen sich immer wieder benachteiligt fühlen, weil die Männer sich am Tisch gegenseitig die Plätze zuschanzen.« Viele dieser Krisenregionen sind ja auch gerade solche, wo Frauen nicht respektiert werden und keinen hohen Status genießen.

Eine feministische Friedenspolitik
Wie sollte eine feministische Friedenspolitik aussehen?

Agnieszka: »Frauen müssten eine wichtige Rolle in Friedensverhandlungen und in den darauf folgenden politischen Prozessen spielen. Darauf müsste genau geachtet werden; dass nicht immer nur die Täterperspektive eingenommen, sondern auch das Leid aufgearbeitet wird, das der Krieg verursacht. Gerechtigkeit wird immer brüchig sein, denn man kann ja nicht ungeschehen machen, was passiert ist. Es geht auch gar nicht um Moral, sondern darum, dass nur durch Aufarbeitung der schlimmen traumatisierenden Erfahrungen eine neue Gesellschaft aufgebaut werden kann.«

Ich habe den Eindruck, als wäre das in Ruanda ansatzweise passiert.

»Oberflächlich betrachtet hat man dort einiges angestoßen, man hat es zumindest versucht. Es gibt aber auch eine Reihe von Studien, die viele kritische Fragen dazu stellen, was dort eben dann alles doch nicht passiert ist, weil es mit einem Tabu belegt ist, Stichwort *transitional justice*. Das Problem hatten wir vor Jahrzehnten ja auch in Europa. Die Frage, wie mit Tätern umgegangen werden soll, die Diskussion rund um Amnestie und Bestrafung – das sind sehr schwierige Fragen.«

Auch die Frage, mit wem verhandelt werden soll. Soll man mit Dschihadisten verhandeln? Soll man in Afghanistan mit den Taliban zusammenarbeiten?

Bei Afghanistan kennt sich Agnieszka aus: »Ich habe da eine sehr pragmatische Haltung. Natürlich ist das erste Ziel immer, die unmittelbare Gewalt zu beenden, und dazu muss man leider mit denen sprechen, die sie ausüben, auch wenn das nicht schön, gerecht und fair ist. Natürlich würde auch ich gerne alle Übeltäter schnell und hart bestraft wissen. Das ist eine heikle Angelegenheit, und genau deshalb sollten Frauen immer mit an den Tisch. Denn sonst sendet man ja auch an alle Krisenregionen der Welt die Botschaft aus: Je mehr Waffen ihr habt, je mehr Gewalt ihr verübt, desto mehr Macht und Einfluss habt ihr dann später bei Verhandlungen. Es ist auch selten schwarz oder weiß. Natürlich kann ich mir schwer vorstellen, dass sich die Taliban auf das Thema Frauenrechte und die Rolle der Mädchen in der Gesellschaft progressiv einlassen. Trotzdem wäre es gerade für Frauen und Mädchen ein Fortschritt, wenn die Gewalt dort endlich aufhört. Das sind eben diese Widersprüche, mit denen man immer wieder konfrontiert wird und die man auch schwer unabhängig vom Einzelfall entscheiden kann. Mir erzählen zum Beispiel NGOs, die in den letzten Jahren Schulen in Afghanistan gebaut haben, dass in einigen Gebieten, die jetzt wieder umkämpft sind oder wo die Taliban die Kontrolle übernommen haben, auch die Taliban-Lokalfürsten sich nicht mehr trauen, Mädchenschulen zu schließen, weil die von ihren eigenen Töchtern besucht werden, die das nicht akzeptieren würden. Da merkt man, dass sich doch etwas verändern kann.«

Das Gejammere der Rüstungskonzerne

Eines von Agnieszka Bruggers Themen sind Rüstungsexporte und Abrüstung. Für mich, der das waffenstarrende Deutschland das Geburtsland meiner Mutter zerstört hat und die sich noch an den englischen Fliegeralarm erinnern kann, ist der Gedanke unerträglich, dass genau dieses Land heute zu den fünf größten Waffenexporteuren der Welt gehört.

Agnieszka: »Ich finde es zynisch zu sehen, wie die Chefs der Rüstungskonzerne es immer wieder schaffen, auf die strengen Regeln hinzuweisen, die wir in Deutschland haben und unter denen die Konzerne angeblich leiden. Die Tatsache, dass wir zu den Top Fünf weltweit gehören, passt nicht zu dem Gejammere der Rüstungskonzerne und der Bundesregierung, die uns immer etwas von strengen Regeln erzählt. Diese Regeln werden dauernd gebrochen und missachtet. Das wissen alle hier, es ist einfach megaverlogen. Gerade aktuell beginnt der Prozess wegen des Exports von Kleinwaffen von Heckler & Koch nach Mexiko. Ruhig kann man da nicht bleiben.«

Nach den Rüstungsexportrichtlinien der Bundesregierung dürfte Deutschland Rüstungsgüter nur in NATO-Staaten und in die EU exportieren, also in befreundete Länder mit ähnlichen Werten. Aber auch diese Regel ist kein Blankoscheck, geprüft werden muss trotzdem. Nur in besonders begründeten Fällen, bei denen es ein außen- und sicherheitspolitisches Interesse gibt und keine Gefahr von Menschenrechtsverletzungen besteht, darf es Waffenexporte auch jenseits von EU, NATO und NATO-gleichgestellten Staaten geben. »Und jetzt schaut man sich die Zahlen über die letzten Jahre hinweg an, und dann zeigt sich, dass aus dieser eigentlich sehr eingeschränkten und wohlbegründeten Ausnahme eine gefährliche Regel geworden ist, denn zwei Drittel der deutschen Waffenexporte gehen in Länder außerhalb von NATO und EU.« Saudi-Arabien ist immer dabei und natürlich auch die Türkei, die zwar zur NATO gehört, aber derzeit an aktiven Kriegshandlungen beteiligt ist. »Das ist ein mehrfacher Bruch der eigentlich richtigen und leider nur auf dem Papier strengen Regeln.«

Als Außenstehende frage ich mich, wie das möglich sein kann.

»Ja, das fragen sich viele Bürger*innen bei dem Thema. Weil das einige Mitglieder der Bundesregierung alleine hinter verschlossenen Türen entscheiden dürfen. Wir haben als Grüne mit mehreren Klagen mehr Rechte für das Parlament in Bezug auf Information und Transparenz erkämpft. Wir wollen jetzt auch ein strengeres Rüstungsexportkontrollgesetz, um diese Regel noch mal konkreter, verbindlicher und einklagbar zu machen – auch zum Beispiel durch Menschenrechtsorganisationen. Eine weitere Absurdität, eine zynische Absurdität ist doch, dass jedes Unternehmen, dem eine Genehmigung versagt wird, Waffen zu exportieren, den Gerichtsweg beschreiten kann. Aber die Menschenrechte haben in diesem Prozess keine Stimme. Deshalb treten wir auch für ein Verbandsklagerecht für Menschenrechtsorganisationen ein. Das wäre ein wichtiges Mittel, um bei diesen schwierigen Themen auf Augenhöhe handeln zu können.«

Agnieszka ist aber auch nicht komplett gegen Waffenexporte. »Ich finde diese Regeln, die damals unter Rot-Grün geschrieben wurden, eigentlich sehr gut. Auch das ist meine konkrete Erfahrung aus vielen Gesprächen mit Frauen in Krisenregionen: Die Abwesenheit von staatlicher Ordnung und staatlicher Gewalt ist oft Teil des Problems. Ich kenne viele Menschen in Afghanistan, die sagen: Wenn wir eine vernünftige Regierung und eine gute Polizei hätten, hätten die Taliban schon längst nicht mehr den Zulauf, den sie haben. Viele finden deren Ideologie nicht richtig, sie teilen nicht deren religiöse Ansichten und schon gar nicht das, was sie über Frauen denken. Aber sie sagen: Wenigstens sind sie nicht korrupt und schaffen hier mal Ordnung.« In Ermangelung einer guten Polizei eben.

Auf meine Frage, ob sie denn Waffenexporte an den afghanischen Staat befürworten würde, antwortet Agnieszka mit »Jein«, man müsse sich das Risiko stets im Einzelfall ansehen. »Ich sage ›Jein‹, weil wir zum Beispiel bei Mali genau die gleiche Diskussion haben. Wir bilden dort die Sicherheitskräfte aus. Es gibt eine Menge Probleme, und es sind langwierige Prozesse über viele Jahre, deren Lösung nicht allein darin bestehen kann, Soldaten zu trainieren. Es geht darum, den Sicherheitssektor so zu reformieren, dass es eine starke zivile und politische Kontrolle gibt; dass die unterschiedlichen Gruppen der malischen Gesellschaft in den Sicherheitskräften vertreten sind, dass Frauen- und Menschenrechte respektiert werden, und zwar nicht nur einmal an so einem Flipchart, sondern auch im Alltag; dass Verbrechen der Sicherheitskräfte geahndet werden, dass massiv gegen Korruption vorgegangen wird. Wenn ein solcher Prozess mal Erfolg hat, kann man über die immer noch sehr schwierige Frage diskutieren: Statten wir diese Sicherheitskräfte auch irgendwann mit Waffen aus oder nicht?

Aber wir erleben gerade folgende Situation: Entweder lehnt die Linkspartei das alles in Bausch und Bogen ab, oder SPD und Union sagen: Wir bilden doch jetzt die Sicherheitskräfte in Mali aus. Frau Brugger, Sie sind doch für die Ausbildung, aber Waffen wollen Sie denen nicht geben. Dann sage ich: Ja, Waffen will ich denen erst einmal nicht geben. Die Ausbildung ist eine Mission, die ich für richtig halte. Ob dieses schwierige Unterfangen erfolgreich ausgeht, wird sich aber erst in ein paar Jahren zeigen. Das kann auch oft genug scheitern. Nach einer erfolgreichen Ausbildung und Reform des Sicherheitssektors diskutiere ich gerne ergebnisoffen über die Frage der Waffen. Aber auch erst dann und nicht schon vorher. Die jetzige Bundesregierung nimmt ihre Verantwortung auch nicht ausreichend wahr, kontrolliert nicht, was mit Ausrüstung und Wissen in anderen Staaten passiert. In Mali gab es zum Beispiel eine Reihe problematischer Vorfälle bis dahin, dass Waffen in den Händen von Aufständischen gelandet sind.«

Frauen in der Bundeswehr
Im Jahr 2000 hat die Bundeswehr entschieden, Frauen aufzunehmen. Seit 1978 hat sich Alice Schwarzer für diese Entscheidung starkgemacht. Ich zitiere aus der *Emma* vom 1. Januar 2010: »Im Juni 1978 fordert Alice Schwarzer als erste öffentliche Stimme in Deutschland den uneingeschränkten, freiwilligen Zugang von Frauen zur Bundeswehr inclusive Dienst an der Waffe. Die bekennende Pazifistin Schwarzer kritisiert ›das Berufsverbot für Frauen‹ im Namen der angeblichen ›Natur der Frau‹. Die Wogen schlagen hoch. Fast die gesamte Frauenbewegung und die Linke einschließlich der SozialdemokratInnen kritisieren diesen Vorstoß.« Ich fand Schwarzers Argumentation damals folgerichtig, aber die Stimmung ihr gegenüber war in der Frauenbewegung überwiegend feindselig. Sie wurde auch immer wieder falsch interpretiert. Sie hat nicht »Frauen in die Bundeswehr« gefordert, sondern bloß das Recht von Frauen, sich freiwillig für die Bundeswehr zu entscheiden.

Ich brauche Agnieszka gar nicht erst zu fragen, wie sie die

Sache sieht. »Ich kann mich noch erinnern, dass ich es damals, als ich noch sehr bundeswehrfern war, trotzdem richtig fand, Frauen in die Bundeswehr aufzunehmen, weil mir die Begründung der Männer, warum Frauen nicht in die Bundeswehr dürfen, schon damals nicht gepasst hat. Als Jugendliche war ich gegenüber der Bundeswehr eher kritisch eingestellt. Aber im Zuge meiner politischen Arbeit hat sich das sehr verändert. In der Bundeswehr ist es wie überall in der Gesellschaft. Es beeindruckt mich zutiefst, wie die Soldatinnen und Soldaten diesen gefährlichen Job mit Verantwortung ausüben. Wie überall in der Gesellschaft gibt es aber natürlich auch in der Bundeswehr Menschen, die sich nicht an unsere gemeinsamen Werte halten. Wir Grüne haben im Verteidigungsausschuss seit Jahren die Vorfälle mit Rechtsextremismus und Sexismus in der Bundeswehr thematisiert.«

Brauchen wir die Bundeswehr?
»Ich finde eine Welt, in der die Menschheit klug genug ist, Konflikte zivil auszutragen, erstrebenswert, und deshalb engagiere ich mich ja auch politisch. Aber ich bin auch pragmatisch genug, zu sehen, dass wir in einer Welt leben, die leider nicht friedlich ist, in einer Welt, in der die Macht oft auch mit Gewalt erkämpft wird. Wenn wir keine Bundeswehr haben, wer soll denn dann die Aufträge der Vereinten Nationen ausführen? Gerade die Missionen, die an den Konfliktursachen ansetzen und eine starke zivile Komponente haben, sind wichtig. Und ja, es braucht auch manchmal Militär, um Raum für Sicherheit zu schaffen oder um die Zivilbevölkerung zu schützen. Diese Logik, wir bekämpfen jetzt jemanden, und danach ist Frieden, ist noch nie aufgegangen. Interessanterweise sind übrigens die Soldatinnen und Soldaten, die in Afghanistan den Krieg ganz unmittelbar miterlebt

haben, gerade diejenigen, die, wenn auch in anderen Worten als die Grüne Sicherheitspolitikerin, zivile Antworten einfordern. Sie sagen: Wir können den Konflikt nicht militärisch lösen. Die Unterstützung von Friedensprozessen muss sich primär auf diplomatische, zivile und polizeiliche Mittel stützen. Das hat mich sehr beeindruckt; dass gerade sie es waren, weil man sich das normalerweise nicht so vorstellt.«

Ich erinnere mich nur zu gut an den Krieg in Bosnien, der mir persönlich besonders nahegegangen ist, weil er sich in einem Land abspielte, das an der Grenze zu Österreich liegt und das ich mehrmals bereist habe. Die Berichte über Nachbarn, die durch die Aufstachelung zum Hass plötzlich zu Todfeinden wurden, über die jeweils »anderen«, die getötet oder aus ihren Häusern verjagt wurden und dann mit nichts als einem Koffer oder Bündel in Österreich und Deutschland ankamen, haben mich aufgerüttelt. Manchmal waren es Leute, die noch nie ihr Dorf verlassen hatten und es einfach nicht fassen konnten, was da über sie hereingebrochen war.

Im Juli 1995 wurden in der Gegend von Srebrenica mehr als 8000 Bosniaken, Männer und männliche Kinder und Jugendliche zwischen dreizehn und achtundsiebzig Jahren, unter der Führung von Ratko Mladić von der Armee der Republika Srpska, der Polizei und serbischen Paramilitärs getötet – trotz der Anwesenheit der niederländischen Blauhelmsoldaten, die nicht über das UNO-Mandat verfügten, zum Schutz der Zivilbevölkerung einzugreifen. Da hat man sich dann schon gefragt, wozu eine UNO-Mission gut ist. Vor allem in den Niederlanden wird bis heute darüber diskutiert, ob die UN-Soldaten vor Ort Handlungsalternativen gehabt hätten.

Agnieszka weiß, dass sich die UNO-Missionen seither verändert haben. Mandat hin oder her, nach meinem Verständnis hätten die Blauhelme auf jeden Fall einschreiten müssen, um Menschenleben zu retten, und Agnieszka meint, ein solches Eingreifen wäre durchaus vom Mandat gedeckt gewesen.

Eine zivile Antwort

Wir sind in Eile. Agnieszkas Mitarbeiter hat an der Tür geklopft, der nächste Termin steht bevor. Also Schlagwort Europäische Verteidigungspolitik: »Grundsätzlich der richtige Weg, es kommt aber darauf an, wie man es macht. Alle paar Monate gibt es die neuerliche Debatte: Wir wollen und müssen und sollen auf europäischer Ebene in diesem Bereich zusammenarbeiten. Ich halte die Europäische Union, ähnlich wie die Vereinten Nationen, für die richtige und bessere Akteurin, weil sie, anders als die NATO, diesen starken zivilen und politischen Ansatz hat. Aber ich sehe dann immer wieder im Konkreten, wie die nationalen Eitelkeiten jenseits der schönen Absichtserklärung genau das verhindern, von den Beschaffungsprojekten bis zur Sicherheitspolitik. Man sollte nicht immer nur über die militärischen Instrumente sprechen, sondern endlich viel mehr über den politischen Überbau. Ich wünsche mir eine intensivere europäische Zusammenarbeit mit einer ausgeprägten zivilen Komponente, die sich wirklich um ein internationales Engagement und die Übernahme von Verantwortung bemüht. Dafür muss man viel stärker an den Konfliktursachen ansetzen.«

Hätte man im Jugoslawien-Konflikt mit zivilen Mitteln an den Konfliktursachen angesetzt, wären die Brandherde vielleicht rechtzeitig einzudämmen gewesen. Man hat die Hassprediger so lange zündeln lassen, bis es zu spät war und am Ende nur noch die militärische Option übrig blieb. Ganz im Sinne der Rüstungsindustrie. Ich werde nicht müde, mich darüber aufzuregen, auch weil ich dadurch gezwungen wurde, ganz gegen meine Überzeugungen auf eine militärische Lösung zu setzen.

Agnieszka gibt mir recht: Man müsse rechtzeitig hinschauen. »Ich habe eine Kollegin, die sich sehr viel mit Nordafrika und Mali beschäftigt hat. Ein Jahr vor Ausbruch der Gewalt hat sie gesagt: Wir müssen jetzt etwas tun. Und sie hat sich auch Schritte überlegt, was zu unternehmen wäre, um das Risiko eines Gewaltausbruchs zu mindern. Das hat natürlich niemanden interessiert. Ein Jahr später haben sich alle mit dem Mali-Thema beschäftigt. Ich habe großen Respekt vor Menschen, die sich als Pazifist*innen bezeichnen, aber im Bundestag stehe ich unmittelbar vor der Entscheidung, was jetzt zu tun ist. Da kann ich dann nicht einfach sagen: Da hätte man aber viel eher was machen können! Auch wenn ich das damals lautstark gefordert habe. Auch wenn das total wichtig und richtig ist, hilft diese Binnenperspektive in dem konkreten Moment, da Menschen von Gewalt betroffen sind oder bedroht werden, nicht weiter.«

Unter welchen Bedingungen befürwortet Agnieszka deutsche Militäreinsätze im Ausland?

»Die Grünen haben sich nach der rot-grünen Regierung sehr selbstkritisch mit den damaligen Entscheidungen beschäftigt und auch Kriterien entwickelt, die ich immer noch für hochaktuell und richtig halte, auch wenn das jetzt schon viele Jahre her ist. Für mich sind sie immer noch mein persönlicher Leitfaden, anhand dessen ich diese Gewissensentscheidung für mich beantworte. Der Einsatz von Militär kann nur dann zulässig sein, wenn er zur Wahrung und Wiederherstellung der internationalen Sicherheit und des Weltfriedens sowie zum Schutz von Bevölkerungsgruppen vor Vertreibung und Völkermord notwendig ist. Er muss hinsichtlich seiner Risiken verantwortbar sein und darf nicht zum Politik-Ersatz werden.

Dazu kommt die Frage der völkerrechtlichen Legitimation. Wir Grüne bestehen darauf, dass es ein UN-Mandant gibt. Wenn man immer wieder das Völkerrecht bricht, mit welcher Absicht auch immer, dann richtet man langfristig einen riesigen Schaden an. Alle großen Militärinterventionen – Libyen, Afghanistan, Irak – sind gescheitert. Meine zentrale Frage ist: Gibt es eine zivile Antwort? Gibt es eine zivile Strategie, die dem Primat des militärischen Einsatzes vorzuziehen ist? Wir tragen ja auch eine Verantwortung für die Soldat*innen. Wir heben im Bundestag Jahr für Jahr für jeden Einsatz die Hand oder nicht die Hand. Wir dürfen sie nicht in einen Einsatz schicken, bei dem man eigentlich schon absehen kann, dass er gefährlich ist und keinen Erfolg haben wird.«

Links und vernünftig

Agnieszka Brugger ist Mitglied des Koordinationsteams Grün.Links.Denken. »Ich bin in der Partei und war auch hier im Parlament sehr lange Koordinatorin des linken Parteiflügels. Im Parlament habe ich das jetzt gerade abgegeben, weil ich in den Fraktionsvorstand gewählt wurde. Ich wurde bei den Grünen schon immer im linken Flügel verortet, auch wenn wir eine sehr heterogene Gruppe mit vielen unterschiedlichen Akzenten sind. Viele sind davon überrascht. Sie sagen, ich sei doch als Politikerin so vernünftig und pragmatisch. Ich finde aber, dass links sein und vernünftig sein sich überhaupt nicht ausschließen. Ganz im Gegenteil: Das gehört für mich untrennbar zusammen.«

ZU GUTER LETZT

Vor mir liegt ein grünes Taschenbuch von Marion Knaths, Inhaberin der Firma »sheboss«: *Spiele mit der Macht. Wie Frauen sich durchsetzen.* Es bietet eine faszinierende Lektüre: Wir lernen, wie Männer sich gegenseitig die Bälle zuwerfen und Frauen ausgrenzen. Wir lernen die Männermachtspiele kennen und wie Frauen die Regeln dieser Spiele wie eine Fremdsprache erlernen können. Wir lernen, dass Rangordnung vor Inhalt kommt, dass es angezeigt ist, sich immer an die Nummer eins in der Hackordnung zu wenden und besser ein Pokerface aufzusetzen, als freundlich zu lächeln, wir lernen, uns Machtsymbole wie einen schwarzen Mercedes zuzulegen und uns nur ja nicht mit dem Fahrrad zur Arbeit zu begeben, wir lernen, Prestigeaufgaben an Land zu ziehen, anstatt fleißig zu sein, strengen Bekleidungsregeln zu folgen, um in der Rangordnung ernst genommen zu werden, Informationen nicht mit jedem und jeder zu teilen, sich in Sitzungen »Airtime« als Mittel der Dominanz zu nehmen, wie es uns viele Männer vormachen, auch wenn sich das Gesagte kürzer ausdrücken ließe, wir lernen, potenziellen Konkurrentinnen zu vermitteln, dass sie die Schönsten sind, um sie solidarisch zu stimmen, nicht unbedingt beliebt sein zu wollen, sich in den Vordergrund zu drängen, und wir lernen zurückzufoulen, wenn es denn sein muss. Wir lernen, uns Raum zu nehmen und Macht zu genießen.

Es ist, wie gesagt, eine faszinierende Lektüre, weil das

Buch tiefe und schockierende Einblicke in die Welt männlicher Kommunikation liefert, aus der Frauen häufig ausgeschlossen sind, auch wenn dies von den Männern nicht unbedingt beabsichtigt ist; weil weibliche Sozialisation sie für eine andere gesellschaftliche Rolle vorbereitet hat. Marion Knaths hat sich in der männlich dominierten Arbeitswelt emporgearbeitet und kennt die Spiele der Macht aus dem Effeff. Sie will anderen Frauen helfen, sich dort zu bewegen wie Fische im Wasser und als Sahnehäubchen noch ihre »soften« weiblichen Stärken einzusetzen, auch wenn männliche Vorgesetzte diese vermutlich weder erkennen noch wertschätzen. Mit Einsicht sollten Frauen nicht rechnen.

Ich war glücklicherweise nie in der Situation, mich dieser Tipps bedienen zu müssen, bin aber überzeugt, dass sie jenen durchaus dienlich sind, die sich im Haifischbecken bewähren wollen. Ich habe nach dem Studium als Übersetzerin ganze vier Monate in Büros gearbeitet und wurde beide Male nach der Probezeit gekündigt. Mein erster Arbeitsplatz befand sich in der Wiener Innenstadt und war die Kanzlei eines Patentanwalts. Eines Tages beauftragte er mich, für seine Frau in den USA in englischer Sprache einen Büstenhalter zu bestellen. Ich weigerte mich. Mein zweiter Versuch war eine Firma, die technische Großanlagen herstellte. Dort gab es eine Stechuhr, die, da ich regelmäßig zu spät kam, meine Anfangszeiten durchweg rot anzeigte. Es war aber nicht so, dass ich meine Arbeitszeit mutwillig verkürzt hätte, im Gegenteil, ich verlagerte sie nur nach hinten, weil das besser in meinen Biorhythmus passte. Es wollte mir einfach nicht einleuchten, warum eine Übersetzung zwischen acht und siebzehn Uhr angefertigt werden musste.

Beim Patentanwalt holte ich mir in der Mittagspause zusammen mit anderen Arbeitssklav*innen aus der Umgebung in einem billigen Selbstbedienungslokal namens WÖK (Wiener öffentliche Küchenbetriebsgesellschaft), einst eine Hilfsorganisation zur öffentlichen Ausspeisung Armer und Bedürftiger, meinen unappetitlichen Mittagsfraß. Ich starrte auf das Tablett, und meine Tränen tropften in die Pampe. Mein künftiges Leben lag vor mir wie ein freudloses graues Betonband, das an seinem Fluchtpunkt in den Tod mündete. Als der Patentanwalt mich nach einem Monat kündigte, weinte ich erneut und wagte nicht, es meiner Mutter zu gestehen.

Nach den Erfahrungen der zweiten Firma, in der ich drei Monate Probezeit absolvierte, waren meine Lebensgeister wieder erwacht. Ich nahm mein Scheitern zur Kenntnis. Nein, ich würde nicht dem grauen Band folgen, dazu war mir mein Leben zu schade. Ich erkannte, dass ich nicht das Zeug hatte, mich in eine vorgegebene Struktur einzufügen, und beschloss, es ohne Sicherheitsnetz zu versuchen. Irgendwie würde es schon klappen. Von da an arbeitete ich selbstbestimmt, mal eine Übersetzung hier, mal eine Tipparbeit dort, mal ein Job als Hostess bei einer Konferenz, mal eine Reiseleitung. Immerhin verdiente ich genug, um mich von meinen Eltern zu lösen.

Und so ist es geblieben. Seit ich mehrere Minirenten beziehe, habe ich zum ersten Mal in meinem Leben ein regelmäßiges Einkommen. Irgendwie hat es immer geklappt. Niemals bin ich von einem Mann abhängig gewesen. Hätte ich mich an Marion Knaths' Ratschläge gehalten, wäre beruflich vielleicht etwas aus mir geworden. Ich hätte mich als Übersetzerin in einer internationalen Organisation bewähren können, ich hätte Auslandskorrespondentin für eine Zeitschrift oder den Österreichischen Rundfunk werden können und möglicherweise Nationalratsabgeordnete oder sogar Frauenministerin.

Es war keine bewusste Entscheidung, diese Karrieren nicht anzustreben, ich war einfach psychisch nicht in der Lage dazu. Ich liebte meine Freiheit, wollte mir keine Arbeitszeiten vorschreiben lassen und verreisen, wann es mir passte. Ab und zu habe ich mit mir selbst gehadert, wenn ich sah, wie andere an mir vorüberzogen, aber heute bin ich zufrieden. Mein ganzes Leben habe ich mehr oder weniger nach meinem eigenen Rhythmus gestaltet, konnte nachts feiern und morgens ausschlafen und musste nur selten mit anderen konkurrieren. Mit fünfundsiebzig arbeite ich immer noch, was ich als großes Glück empfinde. Der Pensionsschock ist mir erspart geblieben. Aber ich habe auch weder Kinder und Enkelkinder noch Besitztümer, die über einige Hundert Bücher und ein paar Möbel, Kleider und Schuhe hinausgehen, ein wie mir scheint geringer Preis für meine Freiheit.

Am 1. Mai 2018 veröffentlichte die *taz* ein Interview mit einer dreiunddreißigjährigen Frau namens Luise Meier, das mich elektrisierte. Die Philosophin und Kulturanthropologin hat ein Buch geschrieben, in dem sie die von Marx vernachlässigten Bevölkerungsgruppen, namentlich die Frauen und solche, die Marx zu seiner Zeit gar nicht kennen konnte und die er unter »Lumpenproletariat« subsummierte, in die Marx'sche Theorie einbaut. Das Buch *MRX-Maschine* ist eine erfrischende theoretische Auseinandersetzung mit der warenförmigen Welt, der Universalisierung des Proletariats, dem fehlenden A, also der Leerstelle, bei Marx und dem »Oszillieren zwischen Marx und Murx«.

In der Zeitschrift *Freitag* fand ich einen Artikel, in dem Meier den Feminismus als Kampf gegen die gesellschaftlichen Zustände definiert und Walter Benjamin zitiert: »Dass es so weitergeht, ist eine Katastrophe.« Wie wahr. Frauen, die Marion Knaths' Ratschläge befolgen, sorgen dafür, dass es so weitergeht, vielleicht etwas softer, die Anpassung etwas gerechter verteilt, aber im Mainstream die Schienen entlang. »Mit dem richtigen Office-Outfit einen Job im Verteidigungsministerium zu landen«, räumt Meier ein, »und sich als Schläferzelle einzuarbeiten, um das Ganze am Ende in den Sand zu setzen, ist als Strategie für besonders talentierte Revolutionärinnen und Revolutionäre sicher eine Option.« Für den Rest, der dazu weder in der Lage noch willens ist, gebe es Strategien jenseits ihres deprimierenden Fazits: »Die traurige Geschichte des Proletariats ist eine von Spaltungen entlang der Klassen, des Geschlechts, der Rassen, der Nationen, der Konfessionen und der Kulturen.« Wie wir ja auch 1975 in Mestre skandierten: *Il nostro lavoro non pagato è la debolezza del proletariato.*

Vom Quotenfeminismus hält Meier nichts. Der Feminismus, der niemandem wehtun und nur hier und da kleine Verbesserungen erringen will, »wird immer nur die Brotkrumen aufsammeln, die die Mächtigeren für entbehrlich halten«. Luise Meier will nicht auf Daddys Schoß sitzen und mittels immer stärkerer Anpassung an die patriarchalen und kapitalistischen Gegebenheiten zur Musterschülerin aufsteigen. Die Frontlinie verlaufe zwischen Kollaboration und Verweigerung. »Feminismus, der mehr sein will als Karriere-Coaching und T-Shirt-Aufdruck«, müsse die Geschichte der Frauenkämpfe freilegen, die durch »Taktlosigkeit und Rechtswidrigkeit« gekennzeichnet sind.

Meier ruft in ihrem Buch zur Destabilisierung des Systems auf, zur Störung des Getriebes. Wie etwa die von Alice Schwarzer 1971 initiierte Aktion »Wir haben abgetrieben!« in der Illustrierten *Stern*, in der sich in der Öffentlichkeit stehende Frauen selbst einer Rechtswidrigkeit bezichtigten. Andere Methoden seien Streiks, Sabotage und Meuterei, veraltete proletarische Taktiken, die aus der Mode gekommen sind. Auch eine Gleichberechtigungsforderung, »die Menschen *nur* als Frauen beziehungsweise *nur* als Männer betrachtet und weiter nichts in ihnen sieht«, ist für Meier problematisch. »Es geht nicht darum, Männer und Frauen gleich zu behandeln, sondern darum, die Illusion einer Vergleichbarkeit von Frauen gemäß der Norm der Weiblichkeit und ihrer vermeintlichen Unterscheidbarkeit von Männlichkeit aufzugeben«, schreibt sie in *MRX-Maschine*. Der junge Mann im rosa Rock ist »Queerness als Praxis des Ungewohnten« und vermeintlich Unnatürlichen und so Teil des revolutionären Projekts. Es gehe, so Meier, um die Ablehnung des Gewohnten und »das Bestehen auf dem Potenzial oder der konkreten Möglichkeit einer anderen Welt«. Es gehe um die »Anwesenheit des Abwesenden«.

»Fuck-up + Solidarität = Revolution« lautet Meiers MRX-Maschinen-Formel. Sie funktioniert nur als kollektive Praxis. »Zu einer, die abfuckt, gehört immer eine, die sich solidarisch zeigt.« Die Autorin ruft dazu auf, sich dort, wo wir gerade stehen, der Ausbeutungserfahrung bewusst zu werden. Ausbeutung sieht nicht überall gleich aus, es gibt eine Hierarchie. Aber auch Selbstausbeutung und Scheinselbständigkeit sind Ausbeutung. Wir alle sind Proletarier*innen. Unter dem Begriff »Fuck-up« subsumiert sie drei Formen des Scheiterns: 1. das Scheitern aus Versehen, also meine Unfähigkeit, meine Stechkarte vor acht Uhr in den Schlitz zu stecken, 2. das bewusste Scheitern, also Sabotage, gezieltes Verweigern und 3. das Scheitern aus Lust, es also zum Beispiel vorzuziehen, nachts lange aufzubleiben und morgens auszuschlafen. Es gilt, die eigene Unzufriedenheit zu erkennen und sie in kollektive Alternativen zu lenken.

Ich habe in meinen Unterlagen einen Text aus dem Jahr 1989 gefunden, also dreißig Jahre her. Ich lebte damals in Köln, war eben erst mit meinem ersten Mann verheiratet, einem Feministen von Gottes Gnaden, die Mauer war noch nicht gefallen, *Aimée & Jaguar* noch nicht geschrieben, #Me-Too noch unvorstellbar, und im CERN, der Europäischen Organisation für Kernforschung, wurden gerade die Grundlagen für das World Wide Web gelegt. Der Text ist Teil einer Essaysammlung und wurde im Münchner Verlag Frauenoffensive von Karen Nölle-Fischer unter dem Titel *Zukunft, gibt's die?* herausgegeben.

Mein Aufsatz, aus dem ich zitiere, trägt den Titel »Unfälle, die sich häufen. Lose Gedanken über Hoffnung, Revolution und Frauenmacht«. Manches konnte ich damals nicht wissen, immerhin haben sich feministische Theorie und Aktivismus weiterentwickelt, aber manches passt erstaunlich gut in Luise Meiers MRX-Maschine. Und der Text illustriert, wie manche von uns zum Zeitpunkt der Geburt der heute Dreißigjährigen gedacht haben. Er ist Teil meines politischen Vermächtnisses, auch wenn ich heute einiges anders sehe. Schließlich singt auch Joan Baez immer ihre alten Lieder.

»Wie könnte eine feministische Revolution aussehen? Gewiss wäre sie kein Sturm auf das Winterpalais, keine schlagartige gewaltsame Machtübernahme. Schon eher eine schleichende Destabilisierung, eine lauernde Subversion, von der Männeröffentlichkeit nur als leichte Irritation wahrgenommen, eine kaum merkliche Verschiebung der vertrauten Reaktionsmuster von Frauen, ein Paradigmenwechsel, der wie ein Juckreiz stört, im nächsten Augenblick aber nirgends zu orten ist. Durchzogen von schockartig wirkenden Attentaten auf männliche Selbstverständnisse, die die Verunsicherung sprunghaft vorantreiben. Eine, zwei, drei, viele Adrienne Goehlers, die, gestützt auf die Solidarität der Frauen, mit Frechheit und Klugheit Räume besetzen, die nicht für sie vorgesehen sind. Unfälle, die sich häufen. Kaputte Kinoprojektoren, Viren in den Computerprogrammen, Kinder im Rathaus, ungemachte Betten, eine eigenartige Langsamkeit der Webstühle, Studentinnenstreiks gegen die Zulassung von Männern zum Gynäkologiestudium, die Veröffentlichung der Namen von Vergewaltigern und schlagenden Ehemännern in Kaufhäusern, Betrieben, U-Bahn-Stationen, eine Fotografin vor jedem Pornoladen, plötzliche Richtungsänderungen gerade dort, wo es am wenigsten erwartet wird. Verkäuferinnen, die Männern das Lächeln verweigern, Kellnerinnen, die Frauen den besten Tisch zuweisen, Sekretärinnen, die bei Stellenbewerbungen Frauen vorreihen, TV-Sprecherinnen, die Nachrichten über Frauenkämpfe aus dem Papierkorb fischen, Abgeordnete, die im Bundestag von Dingen reden, die ihre männlichen Kollegen vor aller Welt die Contenance verlieren lassen, wie einst Waltraud [Schoppe, Anm. d. A.], als sie noch wusste, was sie tat. Und immer und überall die Blockierung der ›richtigen Politik‹ durch die leidige Forderung nach Quotierung.

Frauen haben es leicht. Sie brauchen keine Nelke im Knopfloch zu tragen, um einander zu erkennen. Sie sind zwar als Frauen auch für Männer identifizierbar, doch als ›Gleichberechtigte‹ werden sie nicht weggesperrt in Gettos und Townships. Sie können sich im schalen Wasser der Männerwelt bewegen wie flinke Fische. Sie sind als Arbeitende unentbehrlich, auch in der Liebe. Das macht ihre Gegner verletzlich. Geliebt werden nur mehr jene Männer, die es verdienen. Liebhaber, die nicht kooperieren, haben das Nachsehen. Der ›Zwang zur Heterosexualität‹ ist kein Naturgesetz. Was Männer in der Liebe zu bieten haben, können Frauen allemal besser. Männer aber finden bei Männern nur selten Halt. Sie sind auf Frauen angewiesen. Eine massenhafte Verweigerung der Dienstleistungsliebe würde ganz von alleine zur Erfüllung unserer Forderung nach ›Vergesellschaftung der Hausarbeit‹ führen. Die Prostituierten haben Hochbetrieb. Die Nachrichten über den Zustand ihrer Klienten beflügeln unsere weiteren taktischen Schritte. Die Diskussion über die ›Pille für den Mann‹ wird vertagt. Das Vertrauen in unsere ›Partner‹ ist unangebracht. Empfängnisverhütung ist das Letzte, was wir vorzeitig aus der Hand geben dürfen. Memmingen ist immer noch gesellschaftliche Realität. Nationale und internationale Gebärstreiks wären eine für die Männerwelt äußerst bedrohliche Antwort. Die Frauen haben ohnehin anderes zu tun. Der Frustmutterschaft ist der Boden entzogen.

Der schwerfälligen Ordnung der Männer setzen wir den schwankenden Boden des Chaos entgegen. Eine Stadt der Frauen stelle ich mir nicht männerlos vor, sondern als quirligen Souk, in dem – den Franzosen in Algier gleich – sowohl die graubetuchten Krawattenträger mit Taschenrechnern und Aktenköfferchen als auch die bierbäuchigen Klötze mit lauten Stimmen und Gockelgang den fremdländischen Worten, Gesten und Blicken der Frauen hilflos ausgeliefert sind. Vor allem aber ihrem Lachen, das immer dann ertönt und von einer zur anderen weitergereicht wird, wenn sie sich gerade besonders wichtig vorkommen. Überall lauern Fallen. Ein falscher Witz, und sie sind geliefert. Und keine, die sie wenigstens zu Hause in Schutz nehmen würde. Denn anstatt sich in Sklavenmanier durch Distanzierung von den anderen schnell verbrauchte Brosamen im Hause des Herrn zu verdienen, lernen die Frauen die Vernunft der Solidarität. Jeder gemeinsam errungene Erfolg verringert die Gefahr des Verrats, jeder Erfolg einer Einzelnen erweitert die Perspektiven der anderen.

Doch die männliche Ordnung ist nicht nur dumpf, sondern auch mächtig. Wissenschaft, Technik, Verwaltung und

Staatsgewalt sind weiterhin in Männerhand. Wir brauchen also nicht nur Chaos, sondern Agentinnen, die die Instrumente der Männerordnung souverän zu handhaben wissen. Ihr Verhalten bedarf der genauen Kontrolle und verständnisvollen Begleitung. Als Grenzgängerinnen sind sie vor Korrumpierungsversuchen nicht gefeit. Sie dürfen auf keinen Fall von den Frauen isoliert werden. Denn nicht zuletzt von ihnen hängt die Finanzkraft der Bewegung ab.

Mit der zunehmenden Entsolidarisierung von den Männern verlieren viele Frauen ihre bisherigen Einnahmequellen. Ehen zerbrechen, aufmüpfige Frauen werden arbeitslos. Mit Geschäftsfrauen werden Verhandlungen aufgenommen. Frauen kaufen, so weit es geht, nur mehr bei Frauen ein, diese wieder revanchieren sich mit finanziellen Zuwendungen und der Schaffung von Arbeitsplätzen. Frauenbanken gründen sich. Angestellte von Banken, Versicherungsgesellschaften, großen Firmen und öffentlichen Einrichtungen bemühen sich um Einkommensumverteilung, jede, wie sie kann. Hackerinnen streunen durch Datenbanken. Frauen mit wohlhabenden Ehemännern und Prostituierte zweigen unauffällig Geld ab. Kollektives Wohnen mit gemeinsamer Kinderbetreuung senkt die Lebenshaltungskosten und beschleunigt den für die Aufrechterhaltung der Untergrund-Infrastruktur notwendigen Informationsfluss. Zeitschriften, Radios, TV-Stationen und Presseagenturen in Frauenhand sorgen für Öffentlichkeit.

Männer sind nicht prinzipiell ausgeschlossen. Besonders als Väter sind sie willkommen, sofern sie den Forderungen der Frauen nach unsexistischer, an den Bedürfnissen der postpatriarchalen Gesellschaft orientierter Erziehung gerecht werden. Männerschulungen helfen nach. Als politische Bündnispartner bedürfen die Männer, den Grenzgängerinnen gleich, einer wachsamen Kontrolle. Sie bieten den Frauen ihr Know-how und durchwühlen als Spione Männerkanäle nach Informationen, die Frauen unzugänglich sind – Polizei und Puffs, Klos, Clubs und Kirchen sind vor Verrätern nicht mehr sicher. Bei der ideologischen Betreuung ihrer Geschlechtsgenossen und der Abwehr von Gewalt gegen Frauen haben die Männer viel zu tun. Im Übrigen halten sie sich im Hintergrund, arbeiten zu, kochen, kümmern sich um die Kinder und erfüllen andere ihnen von den Frauen zugeteilte Aufgaben. Auch bei größter Sachkompetenz ist es ihnen auf absehbare Zeit nicht gestattet, Führungspositionen zu übernehmen.

Die große Zahl der aktiv Beteiligten und die vielfältigen emotionalen Verstrickungen mit den Männern verhindern bis auf weiteres ein hartes Durchgreifen der Staatsgewalt. Doch je mehr diese sich zurückhält, desto größer werden unsere internen Probleme. Nach der ersten Phase des erfolgreichen Zusammenschlusses gegen den gemeinsamen Feind tritt eine Entspannung ein, die unterschiedlichen Einschätzungen Raum lässt. Einem nationalen Befreiungskampf gleich ist die Mann/Frau-Gegensätzlichkeit nur ein grobes Raster. Erst in der Feinstruktur tun sich die Widersprüche auf. Geschäftsfrauen haben andere Interessen und Zukunftsvisionen als Sozialhilfeempfängerinnen, Frauen, die Männer lieben, tun sich mit der harten Linie der prinzipiellen Frauensolidarität schwerer als Lesben. Kinderlose Karrierefrauen müssen immer wieder an die Bedürfnisse der Mütter erinnert werden. Weder die ›Vergesellschaftung der Produktionsmittel‹ noch die ›Aufhebung der Familie‹ sind in diesem Stadium mehrheitsfähig. Das macht nichts, denn darum geht es noch lange nicht. Nur wenn es gelingt, den Stolz jeder Einzelnen auf die gemeinsam erzielten Erfolge mit einer lustvollen und gewaltfreien Diskussion unserer ständig nachwachsenden Konflikte zu verbinden, werden immer mehr Frauen von der Sinnhaftigkeit des Widerstands überzeugt sein.

Dann wird die Frauensubversion ansteckend wirken, der Internationalismus des Frauenleids umschlagen in eine hoffnungsvolle Fraueninternationale. Jeder Vorstoß in einem Land zieht Aktionen in anderen Ländern nach sich. Frauen reisen um die Welt, um sich in anderen Kontinenten inspirieren zu lassen. Von Fraueninitiativen in Afrika lernen Europäerinnen Überlebensstrategien im ländlichen Raum und Geburtshilfe in Frauenhand, von Amerikanerinnen die berechnende Zielstrebigkeit der Perlenkettenfeministinnen. Die Sowjetinnen besuchen Schnellsiedekurse in westlichem Feminismus und bieten den Grünen BRD-Frauen Nachhilfeunterricht in der Theorie revolutionärer Kindererziehung. Aus Italien lernen die Chinesinnen, den Anfängen der Miss-Wahlen zu wehren, in Chile bereiten wir uns auf den Ernstfall staatlicher Gewaltmaßnahmen vor. Einmal im Jahr kommen wir alle zusammen und tauschen unsere Erfahrungen aus.

An dem Tag, an dem ich diesen Text schreibe, warten Hunderttausende auf dem Platz des Himmlischen Friedens und Millionen in ganz Peking auf die Entscheidung des Politbüros der KPCh. In zehn Stunden soll das Ultimatum zur Räumung des Platzes ablaufen. Die Studentinnen und Studenten ziehen ihre entspannte Heiterkeit aus der Überzeugung, dass die Volksbefreiungsarmee nicht auf das Volk schießen wird, dass das Unvorstellbare nicht eintreten kann, nicht eintreten darf. Und wenn sie doch schießen? Wird sich der Augenblick der Euforie gelohnt haben, die Gewissheit, einige Stunden lang Hoffnungspol der Welt gewesen zu sein? Die Welt an den Fernsehschirmen hält – aus unterschiedlichen Gründen – den Atem an. Doch die Studentinnen und Studenten können nicht anders, aus ihrem Traum vom himmlischen Frieden gibt es kein Zurück. Die Solidarisierung der Arbeiter macht aus der Hoffnung eine reale Chance. ›Ihr seid 2,3 Millionen‹, sagen sie den Soldaten selbstbewusst, ›wir aber sind 1,1 Milliarden.‹ Auch aus unserem Traum gibt es kein Zurück. Das, was die Frauen in den letzten zwanzig Jahren gedacht haben, ist weltweit in Millionen Büchern, Zeitschriften, Flugblättern und Gehirnen festgehalten, kann nicht mehr vergessen werden. Das mag historisch tröstlich sein, doch das halbherzige Angebot der Teilhabe schwächt unter schlechter werdenden Lebensbedingungen das Kurzzeitgedächtnis der Frauen. Um zu leben, heute zu leben, sind viele Frauen zur Aufgabe ihrer selbst bereit, zum Verrat an Wissen über den Status ihres Geschlechts. Dass es nur ein Abklatsch eines möglichen Lebens ist, tut wenig zur Sache. Der Satz ›Sozialismus oder Barbarei‹ und seine feministische Abwandlung vermag nicht mehr zu schrecken. Seit dem Nationalsozialismus haben wir gelernt, in Millionen Toten zu rechnen. Die Barbarei ist mitten unter uns, und dennoch leben wir. Immerhin leben wir, während andere sterben.

Die großen Analysen sind geleistet. Das Grundsätzliche wird nicht mehr in Frage gestellt. Nicht einmal Männer sind heute mehr so verwegen, die Herrschaft ihres Geschlechts auf Kosten der Frauen zu leugnen. Doch es geht bei Männern wie Frauen die Überzeugung um, dass Männer das Recht hätten, diese Herrschaft zu beanspruchen, solange sie ihnen niemand wegnimmt. Wer wird schon freiwillig auf Privilegien verzichten, sagen die Männer augenzwinkernd, und die Frauen nicken in eilfertiger Selbstverleugnung. Nun denn, zwingt sie! Doch beim geringfügigsten Zugeständnis verfallen die Frauen in Rührung, kippen um, werden weich und samtpfötig. Frauen brauchen Liebe.«

Einer der unangenehmeren Aspekte des Alters ist neben den ästhetischen Zumutungen des Körpers die kürzer werdende Zeit, die vor mir liegt. Wie wird sich die Welt entwickeln? Ich schwanke zwischen einer Neugier, die sich nur ansatzweise befriedigen lassen wird, und der Erleichterung, die auf uns zukommenden Katastrophen nicht miterleben zu müssen. So ist der Lauf der Geschichte: Manche werden in Horrorszenarien hineingeboren, andere schlüpfen dazwischen. Ich habe das Glück, in einer Zeit des Friedens zu leben, doch die allgegenwärtige Informationsflut, der meine Eltern weitaus weniger ausgesetzt waren, hat mich gezwungen, den Krieg, die Gewalt, den Hunger, die Wasserknappheit, die Vermüllung der Meere, das Flüchtlingselend, den Terrorismus, das Sterben der Kinder anderswo zur Kenntnis zu nehmen. Ich kann am Ende meines Lebens nicht sagen, ich habe es nicht gewusst. Gleichzeitig sehe ich, dass sich überall Menschen zusammenschließen, um ihre Lebensbedingungen zu ändern. Immer und immer wieder.

Und die Frauen? Viele werden den von Marion Knaths angebotenen Weg einschlagen, und vielleicht werden sie nicht, wie Luise Meier befürchtet, auf Daddys Schoß sitzen, sondern durchaus das Leben der Menschen verändern, wenigstens ein wenig, die Katastrophen aber werden sie wohl nicht verhindern können. Meine Mutter hat als alte Frau mit den Achseln gezuckt und »Nach mir die Sintflut« gesagt. Darüber habe ich mich geärgert. War es ihr egal, wie mein Leben ablaufen würde?

Ich habe keine Nachkommen, um die ich bangen muss, aber ich liebe die Menschen. Ich liebe die Welt – diese runde Kugel, die sich in meinem Wohnzimmer um ihre Achse drehen und von innen beleuchten lässt. Ich liebe die Länder, die ich bereist habe, Italien, England, Mosambik, Südafrika,

Uruguay, Bosnien, Polen und viele mehr, sie und ihre Bewohner*innen sind mir ans Herz gewachsen. Und auch die, die ich nicht mehr bereisen kann, weil es zu beschwerlich geworden ist. Nur noch Benin! Benin möchte ich noch sehen. Ansonsten befriedige ich mein Fernweh an der beleuchteten Erdkugel und mit Büchern. Ich liebe auch die Sprachen, die die Menschen in diesen Ländern sprechen. Die vielfältigen Grammatiken, die Hinweise geben, wie unterschiedlich strukturiert Menschen denken. Es ist mir ein großer Kummer, dass ich von den etwa 7000 Sprachen der Welt nur so wenige halbwegs beherrsche; dass ich mich ausgerechnet auf Deutsch am besten verständigen kann, ist ein Zufall der Geschichte. Es ist zu spät, um mit der Erkundung der Welt zu beginnen, es ist zu spät, um eine neue Sprache zu lernen. Das Unterfangen, Polnisch zu lernen, wird mir bis ans Lebensende reichen.

Bis es so weit ist, beobachte ich mit Interesse den beunruhigenden Lauf der Welt und den immer wieder neu aufflammenden Widerstand der Frauen*. Ich bin gespannt, was kommt.

LITERATUR

Kirsten Achtelik: *Selbstbestimmte Norm, Feminismus, Pränataldiagnostik, Abtreibung,* Verbrecher Verlag, Berlin 2015

Aharon Appelfeld: *Meine Eltern,* Rowohlt Berlin, Berlin 2017

Julie Bindel: *The Pimping of Prostitution. Abolishing the Sex Work Myth,* Palgrave Macmillan, London 2017

Christina von Braun: Antigenderismus. Über das Feindbild Geschlechterforschung, in: *Frauen II, Kursbuch 192,* Hamburg 2017

Phyllis Chesler: *Woman's Inhumanity to Woman,* Thunder's Mouth Press/Nation Books, New York 2001

Jenny Diski: Diary, in: *London Review of Books,* Bd. 31, Nr. 21, 5. November 2009

Virginie Despentes: *King Kong Theorie,* Berlin Verlag, Berlin 2007

Thordis Elva/Tom Stranger: *Ich will dir in die Augen sehen,* Droemer Knaur, München 2017

Marie-Thérèse Escribano, in: *Zündende Funken. Wiener Feministinnen der 70er Jahre,* Löcker, Wien 2018

Silvia Federici: *Aufstand aus der Küche. Reproduktionsarbeit im globalen Kapitalismus und die unvollendete feministische Revolution,* Edition Assemblage, Münster 2012

Erica Fischer: *Aimee & Jaguar. Eine Liebesgeschichte, Berlin 1943,* Kiepenheuer & Witsch, Köln 1994

Erica Fischer: *Himmelstraße. Geschichte meiner Familie*, Rowohlt Berlin, Berlin 2007

Ülküm Fürst-Boyman, in: *Zündende Funken. Wiener Feministinnen der 70er Jahre*, Löcker, Wien 2018

Germaine Greer: *Der weibliche Eunuch*, S. Fischer, Frankfurt/Main 1974

Meredith Haaf, Susanne Klingner, Barbara Streidl: *Wir Alphamädchen. Warum Feminismus das Leben schöner macht*, Hoffmann und Campe, Hamburg 2008

Laura Kipnis: *Unwanted Advances. Sexual Paranoia Comes to Campus*, HarperCollins, New York 2017

Marion Knaths: *Spiele mit der Macht. Wie Frauen sich durchsetzen*, Hoffmann und Campe, Hamburg 2007

Brigitte Lehmann: Das Hurenprojekt, in: *Zündende Funken. Wiener Feministinnen der 70er Jahre*, Löcker, Wien 2018

Betty Mahmoody: *Nicht ohne meine Tochter*, Bastei Lübbe, Bergisch-Gladbach 1988

Luise Meier: *MRX-Maschine*, Matthes & Seitz, Berlin 2018

Shila Meyer-Behjat: Eine Qual hinter dem Vorhang, in: *Frauen II, Kursbuch 192*, Hamburg 2017

Karen Nölle-Fischer (Hg.): *Zukunft, gibt's die? Feministische Visionen für die Neunzigerjahre*, Frauenoffensive, München 1989

Laurie Penny: *Unspeakable Things. Sex, Lies and Revolution*, Bloomsbury, London 2014

Luise F. Pusch: *Das Deutsche als Männersprache*, Suhrkamp, Frankfurt/Main 1984

Charlotte Roche: *Feuchtgebiete*, Dumont, Köln 2008

Katrin Rönicke: *Bitte freimachen. Eine Anleitung zur Emanzipation*, Metrolit, Berlin 2015

Katrin Rönicke: *Sex. 100 Seiten*, Reclam, Leipzig 2017

Marcel Reich-Ranicki: *Mein Leben*, DVA, München 1999

Niki de Saint Phalle: *Mon secret*, La Différence, Paris 1994

Helke Sander/Barbara Johr (Hg.): *BeFreier und Befreite. Krieg, Vergewaltigung, Kinder*, Fischer, Frankfurt/Main 1995

Mithu M. Sanyal: *Vulva. Die Enthüllung des unsichtbaren Geschlechts*, Wagenbach, Berlin 2009

Mithu M. Sanyal: *Vergewaltigung. Aspekte eines Verbrechens*, Edition Nautilus, Hamburg 2016

Karin Schrader-Klebert: Die kulturelle Revolution der Frau, in: *Frau, Familie, Gesellschaft, Kursbuch 17*, Suhrkamp, Frankfurt/Main 1969

Alice Schwarzer: *Prostitution. Ein deutscher Skandal*, Kiepenheuer & Witsch, Köln 2013

Christina Thürmer-Rohr: *Vagabundinnen – Feministische Essays*, Orlanda Frauenverlag, Berlin 1987

Christina Thürmer-Rohr: *Mittäterschaft und Entdeckungslust*, Orlanda Frauenverlag, Berlin 1990

Senta Trömel-Plötz: *Gewalt durch Sprache. Die Vergewaltigung von Frauen in Gesprächen*, Fischer, Frankfurt/Main 1984

Jack Urwin: *Boys Don't Cry. Identität, Gefühl und Männlichkeit*, Nautilus, Hamburg 2017

Mathilde Vaerting/Anne Koedt: *Frauenstaat und Männerstaat. Der Mythos vom vaginalen Orgasmus*, Frauen Selbstverlage Berlin West 1975

Amina Wadud: *Inside the Gender Jihad*, Oneworld Publications, London 2006